Laozi
de
Zhihui

# 老子的智慧

李大华 /著
六块钱 /绘

北京大学出版社
PEKING UNIVERSITY PRESS

## 图书在版编目(CIP)数据

老子的智慧/李大华著;六块钱绘. —北京:北京大学出版社,2019.3
ISBN 978-7-301-29438-3

Ⅰ. ①老… Ⅱ. ①李… ②六… Ⅲ. ①老子—哲学思想—研究 Ⅳ. ①B223.05

中国版本图书馆 CIP 数据核字(2018)第 061005 号

| | |
|---|---|
| 书　　　名 | 老子的智慧<br>LAOZI DE ZHIHUI |
| 著作责任者 | 李大华　著　六块钱　绘 |
| 责 任 编 辑 | 魏冬峰 |
| 标 准 书 号 | ISBN 978-7-301-29438-3 |
| 出 版 发 行 | 北京大学出版社 |
| 地　　　址 | 北京市海淀区成府路 205 号　100871 |
| 网　　　址 | http://www.pup.cn　新浪微博　@北京大学出版社 |
| 电 子 信 箱 | zpup@pup.cn |
| 电　　　话 | 邮购部 010-62752015　发行部 010-62750672<br>编辑部 010-62750673 |
| 印 刷 者 | 河北博文科技印务有限公司 |
| 经 销 者 | 新华书店<br>890 毫米×1240 毫米　A5　13.125 印张　294 千字<br>2019 年 3 月第 1 版　2025 年 4 月第 4 次印刷 |
| 定　　　价 | 58.00 元 |

未经许可,不得以任何方式复制或抄袭本书之部分或全部内容。
版权所有,侵权必究
举报电话: 010-62752024　电子信箱: fd@pup.pku.edu.cn
图书如有印装质量问题,请与出版部联系,电话: 010-62756370

# 序　　言

潘志贤

••••

　　道家文化源远流长。作为一个学派,我们通常说道家起源于春秋时期的老子,光大于战国时期的庄子。如今有诸多学者甚至认为,道家的起源可以往前推到华夏祖先轩辕黄帝时期,因为在道家的人物传记中都说黄帝得道而不死。无论采取哪一种观点,道家作为一种学派,其历史都已经够悠久的了。在诸子百家时期,道家不称自己的学派为"显学",但黄老并称,俨然是一大学派了。在历史长河的淘汰中,先秦的"百家"学派,大多湮灭了,剩下来的只有儒家和道家,加上外来的佛家文化,构成了儒、释、道三足鼎立的状态,至今仍是我们不可或缺的社会生活内容。

　　能够在历史的大浪淘沙中存留下来,并延续到今天,这本身就足够说明其魅力了。那么,道家文化的魅力在哪里呢?在于其完整而通透的宇宙自然观、社会历史观、政治哲学观、真理观、宗教观、人生观、生命观等等。从个体方面来说，它能够从多个方面给人以滋养与快乐；从社会方面来说，它能够给社会以相对正确的方向感。由于道家思想的社会价值，从而产生了社会实践的力量。其中伟大而成功的社会实践有两次，一次是汉代初期的"无为而治""与民生息"，形成了"文景之治"；另一次是唐朝初期的儒道互补，在社会下层采取"有为"，社会顶层采取"无为"，形成了"贞观之治"。汉初践行"无为而治"，虽然有战后国力衰弱、民力凋敝而不得已的情势所迫，但与汉初辅佐君王的那些谋士、高参的道家情怀也是分不开的，诸如张良、萧何、曹参、陈平等皆好黄老之术，崇尚"治道贵清静而民自定"。唐朝推行的是开放兼容的文化政策，对内三教并行，对外广泛吸纳异域文化；而在治理方略上，实行的是法、儒、道的兼综，制定了中国历史上最好的一部法律《唐律》，在社会治理上落实儒家的社会人伦，在君臣关系上厉行道家的无为而治，从而治理出了一个辉煌的中央帝国。道家历史上的两次社会政治实践，都与中国盛世"文景之治""贞观之治"相联系，这让道家文化的追随者引以为傲，也对道家的生命力充满了信心。

虽然从汉武帝开始，中国社会进入一个漫长的思想文化的专制时代，但并没有改变中国文化多元的事实，道家文化虽处于"在野"状态，却担当了补偏救弊的社会批判者角色，由此使得中国文化始终保持了一种自我反省的能力。而从道家当中酝酿而成的本土宗教——道教，则又担当了道家文化承载者的角色，由于宗教团体的作用，使得道家的文化典籍、道家文化精神，皆以一种活的源流的方式存在下来，继续滋养着中国人。道家与道教在称呼上原本无区别，只是在现代才有学派与宗派的诉求。从实际关系上看，这中间既有差别，又无差别。一方面，学派与宗教诉求不同，学派更倾向于思想与精神超越,没有确定的宗教生活与团体,而宗教更倾向于社会实践,拥有自己的宗教生活与宗教团体,这是两者的区别;另一方面,学派和宗教都追求超越,都有共同的社会政治理想,又都宗奉《道德经》,这是两者的无区别。总之,人们只是在需要特意区别的时候才认为两者有区别,在无须区别的时候两者就是同一种文化现象。

然而,叙述历史不是目的,而是要接着历史往下叙述,也就是说道家和道教有什么现代或未来的价值。无论是"在朝",还是"在野",存在就表明有价值,这是过去的情形;到了现代,儒家也不"在朝",道家也无所谓"在野",倒是儒家与道家都有了自己的新形态,这就是人们所称的"新儒家"和"新道家"。所谓"新",也不应当是新衣,而是创造性的转化,一种具有传统文化根柢的新文化现象。简要地说,传统的东西具有新的价值,这正是我们要弘扬传统文化的意义所在。我们认为,道家思想在现当代是一种人类文明中不可或缺、也不可替代的人文财富,因为道家的许多价值是因应人类共同面对的问题而提出的,又有一些价值是在中国土壤中产生、却是独有的。比如说,敬畏天地自然。与其他所有学派与教派不同,道家对天地自然最是敬畏,人虽为万物之长,但人只是天地自然的一部分,与天地自然相比是渺小的,故此,人应当"知天之所为者,知人之所为者",不能够以人为代替天地自然作为,道家的这个理念如能落实在处理人与自然的关系,将会使我们的生存环境更平衡、更和谐、更友善。又如,道家主张的自由、宽容与公平的价值,这既是老子、庄子时代的人们所要追求的,也是当今的中国人所要追求的,是民主、法治社会所赖以存在的价值基础。还有,老子主张的"长生久视"的生命理性,衍生出了一个中国本土的宗教——道教,这个宗教把老子的生命理念变成了一种生命理性的实践，这种实践从过去到现在都始终在改变着人们对生命的理解，提升了生命的意志和生活的意义，增强了生命的质量。相信随着社会的进步与科技的昌明，人们能够从道家和道教中有更多的发现，也能够开发出有益身心健康的物质和精神产品。这些都是道家和道教对人类社会独有的人文贡献。

我们希望能够出版一套道家、道教文化现代解释的著作，能够古今相通、中西合璧，且深入而浅出，既合于专业人士阅读，也适合大众阅读，使读者能够在轻松惬意中领悟到隽永的意义，在流畅的文字中得到准确的知识，将道家和道教文化价值弘扬开去。先期推出的主要有老子的智慧、庄子的智慧、道教通史、道教故事、道教人物，以及道教生命伦理等。但这样的设想对作者的确是一个很高的要求了。幸好，我们找到了这方面的资深专家来做这件事。与其说我们邀请到了他们，不如说这是他们对我们善良愿望的眷顾，我们且看他们如何说罢。

# 绪　　言

　　《老子》这本书，也就五千来字，依照现代人的理解，似乎还算不上书，毕竟它不过是半篇论文的篇幅。然而，那只是老子惜墨如金的缘故，他用这么少的文字就把天地、社会与人生论述清楚了，其智慧广大精妙，其远见超绝古今，也是中国文化在世界范围传播最广泛的典籍。古来解读这本书的书也不知写了多少，却总难尽其言，而这正是它的魅力所在。

　　其实《老子》这本书很好读，如老子所言"吾言甚易知，甚易行"，它朗朗上口，韵味十足；这本书也很好理解，它明白如素，浑沌如初；但要完全弄懂它，就没那么简单了，这也是古今的智者一遍又一遍地参悟它的缘由。本书也只是试图去参悟它的一种努力，尽管如此，笔者在解读《老子》这本书的过程中，也有自己的看法：第一，读《老子》书，需要历史的同情，尽力置身于老子的时代，还原老子的生存处境，"在场"看老子；第二，需要用现代的眼光看老子，他的这本书不只是写给他那个时候的人读的，他想留给后人，留给千秋万代的后人，现代人读它会有现代感；第三，需要尽可能地关注前人的研究，两千年的研究，也就是两千年智识的沉积，仁者智者各有所见，哪怕偏颇，也能给人启发。这些话算是对有志于这本经典的研究者说的。可是，一般人都能读懂，这才是本书的目的。至于说读者收获有多少，那就要看下的功夫了。

　　本书尊重前人的研究成果，但不陈列这些成果，寻求撮其所善，取其所长，结合作者自己的长期教学与研究的心得，深入开掘老子的思想内涵，阐述其现代社会价值与意义。

　　本书名为"老子的智慧"，全面铺开论述八十一章，由于《老子》书的次序本身并不重要，故写作上不循章节秩序，而是以问题为主题，诸如老子的宇宙论与本体论、治国论、思想方法、清静论、自知论、天道与人道论、人与自然的关系、德性论、观的艺术等，力图发前人之所未发，达到一个有深度的解读。为了方便读者阅读，在行文方式上，文字力求简易通俗、深入浅出，对于一般读者来说，只要阅读正文就能理解，但要寻根问底，则需要参阅注释，著意玩味，反复斟量。

　　最后，对于体例方面简单说几句话。本书对于各种流行和考古新发现的本子采取了对参，以流行的河上公和王弼本为主，谨慎对待不同之处；而对于河上本和王弼本之间则采取互校，择善而从。同时，对于以往的研究成果，已经确证原文的衍文之处，如第二十八章"知其白，守其黑，为天下式"，将存疑之处悬置起来，不予解释。至于《老子》正文和古今注释引文中的断句和标点，皆由我自己做出，无关他人。

# 目　录

- **自然之道** …………………………………………… 001
  - 众妙之门 …………………………………………… 004
    - 第一章 …………………………………………… 004
  - 道有无形象 ………………………………………… 010
    - 第四章 …………………………………………… 010
  - 无物之象 …………………………………………… 015
    - 第十四章 ………………………………………… 015
  - 道如何生物 ………………………………………… 018
    - 第六章 …………………………………………… 018
    - 第二十一章 ……………………………………… 020
  - 道法自然 …………………………………………… 024
    - 第二十五章 ……………………………………… 024
  - 反者道之动 ………………………………………… 032
    - 第四十章 ………………………………………… 032

道是如何产生物的 ·············································· 037
　　第四十二章 ·············································· 037
**天道与人道** ·············································· 043
　天地不仁 ·················································· 046
　　第五章 ·················································· 046
　天下有道与天下无道 ········································ 051
　　第四十六章 ·············································· 051
　道为天下贵 ················································ 056
　　第六十二章 ·············································· 056
　不争而善胜 ················································ 060
　　第七十三章 ·············································· 060
　损有余而补不足 ············································ 066
　　第七十七章 ·············································· 066
　天道无亲 ·················································· 070
　　第七十九章 ·············································· 070
**治国论** ·················································· 075
　处无为之事 ················································ 077
　　第二章 ·················································· 077
　圣人之治 ·················································· 084
　　第三章 ·················································· 084
　玄德 ······················································ 093
　　第十章 ·················································· 093
　百姓谓我自然 ·············································· 105
　　第十七章 ················································ 105

绝圣弃智 …………………………………………… 108
　第十九章 …………………………………………… 108
躁则失君 …………………………………………… 115
　第二十六章 ………………………………………… 115
天下神器 …………………………………………… 118
　第二十九章 ………………………………………… 118
道佐人主 …………………………………………… 122
　第三十章 …………………………………………… 122
兵者不祥之器 ……………………………………… 127
　第三十一章 ………………………………………… 127
爱养万物不为主 …………………………………… 130
　第三十四章 ………………………………………… 130
　第三十五章 ………………………………………… 132
以百姓心为心 ……………………………………… 137
　第四十九章 ………………………………………… 137
民之难治 …………………………………………… 143
　第五十三章 ………………………………………… 143
以正治国 …………………………………………… 147
　第五十七章 ………………………………………… 147
政察民缺 …………………………………………… 156
　第五十八章 ………………………………………… 156
治人事天莫若啬 …………………………………… 162
　第五十九章 ………………………………………… 162
治大国若烹小鲜 …………………………………… 166
　第六十章 …………………………………………… 166

| 为无为，事无事 | 168 |
| 第六十三章 | 168 |
| 国之贼 | 171 |
| 第六十五章 | 171 |
| 天下莫能与之争 | 175 |
| 第六十六章 | 175 |
| 民不畏威 | 179 |
| 第七十二章 | 179 |
| 民不畏死 | 183 |
| 第七十四章 | 183 |
| 民何以轻死 | 187 |
| 第七十五章 | 187 |
| 小国寡民 | 191 |
| 第八十章 | 191 |

## 道与德 … 195

| 上善若水 | 198 |
| 第八章 | 198 |
| 宽容与公平 | 201 |
| 第十六章 | 201 |
| 大道与仁义 | 208 |
| 第十八章 | 208 |
| 道者同于道 | 213 |
| 第二十三章 | 213 |
| 知雄守雌 | 219 |
| 第二十八章 | 219 |

上德与下德 ·················· 223
　第三十八章 ················ 223
道尊德贵 ·················· 231
　第五十一章 ················ 231
三宝 ····················· 235
　第六十七章 ················ 235
柔弱处上 ··················· 241
　第七十六章 ················ 241
水德 ····················· 243
　第七十八章 ················ 243

## 清静与观的艺术 ················ 247

以家观家 ·················· 249
　第五十四章 ················ 249
静观玄览 ·················· 256
　第一章 ·················· 256
　第十六章 ················· 256
作为本来状态的清静 ············· 261
　第十六章 ················· 261
　第四十六章 ················ 262
作为修养的清静 ··············· 265
　第十五章 ················· 265
　第二十六章 ················ 267
作为国君的清静之道 ············· 271
　第三十七章 ················ 271

| | |
|---|---|
| 大国以下小国 | 274 |
| 　第六十一章 | 274 |

## 知人与自知 ... 277

| | |
|---|---|
| 天下莫能与之争 | 279 |
| 　第二十二章 | 279 |
| 自见者不明 | 282 |
| 　第二十四章 | 282 |
| 知止不殆 | 285 |
| 　第三十二章 | 285 |
| 知人者智,自知者明 | 291 |
| 　第三十三章 | 291 |
| 知不知 | 295 |
| 　第七十一章 | 295 |

## 如何看待财富 ... 299

| | |
|---|---|
| 金玉满堂,莫之能守 | 302 |
| 　第九章 | 302 |
| 甚爱必太费 | 307 |
| 　第四十四章 | 307 |
| 不贵难得之货 | 312 |
| 　第六十四章 | 312 |

## 为学与为道 ... 317

| | |
|---|---|
| 众人熙熙,如春登台 | 320 |
| 　第二十章 | 320 |
| 大器晚成 | 325 |
| 　第四十一章 | 325 |

为道日损 ………………………………………… 331
　　第四十八章 ………………………………………… 331

## 相反相成　335

美之为美 ………………………………………… 338
　　第二章 ………………………………………… 338
有无之间 ………………………………………… 343
　　第十一章 ………………………………………… 343
微明 ………………………………………… 346
　　第三十六章 ………………………………………… 346
贵以贱为本 ………………………………………… 349
　　第三十九章 ………………………………………… 349
大成若缺 ………………………………………… 355
　　第四十五章 ………………………………………… 355

## 长生久视　357

玄牝之门 ………………………………………… 359
　　第六章 ………………………………………… 359
天地何以长久 ………………………………………… 362
　　第七章 ………………………………………… 362
为腹不为目 ………………………………………… 364
　　第十二章 ………………………………………… 364
贵大患若身 ………………………………………… 366
　　第十三章 ………………………………………… 366
出生入死 ………………………………………… 370
　　第五十章 ………………………………………… 370

复归其明，无遗身殃 ········································ 372
 第五十二章 ·············································· 372
物壮则老 ················································· 375
 第五十五章 ·············································· 375

## 生活中的智慧 ············································ 379

善言与善行 ··············································· 381
 第二十七章 ·············································· 381
不言之教 ················································· 384
 第四十三章 ·············································· 384
不行而知 ················································· 387
 第四十七章 ·············································· 387
不可得而贵贱 ············································· 389
 第五十六章 ·············································· 389
善为士者 ················································· 392
 第六十八章 ·············································· 392
哀者胜矣 ················································· 394
 第六十九章 ·············································· 394
被褐怀玉 ················································· 398
 第七十章 ················································ 398
信言不美 ················································· 401
 第八十一章 ·············································· 401

# 自然之道

众妙之门

## 众妙之门

在老子的思想体系中,"道"是最难理解的了,也是道家学术的精髓与魅力所在。老子在许多地方论述了"道",以下我们将逐层地去了解它。

### 第一章

道可道,非常道;名可名,非常名。无名,天地之始;有名,万物之母。故常无,欲以观其妙;常有,欲以观其徼。此两者同出而异名,同谓之玄,玄之又玄,众妙之门。①

[译文] 道,可以说得出的,就不是永恒的道;名,可以称谓的,就不是永恒的名。无名,是天地的初始;有名,是万物的根本。所以,经常从"无"中去观察领悟道的奥妙;要常从"有"中观察体会道

---

① 河上公本、王弼本同。帛书本为:"道,可道也,非恒道也。名,可名也,非恒名也。……故恒无欲也,以观其妙;恒有欲也,以观其嗷。"(本书的《老子》帛书本和竹简本文字,皆采取刘笑敢的《老子古今》,北京:中国社会科学出版社 2006 年版)

的端倪。① 无和有这两者从同一个源头出来,而有不同的名称。它们都可以说是深远的,极深极远,它是所有玄妙的总门。

[释文] 世上的任何东西都是可以用名称称呼的,尽管有些新生事物暂时没有名称,但人们很快都会给它以名称,就像小孩出生,大人很快要给他一个名字,没有名字便不好称呼,也不好区别人和事。这就涉及名称与实体之间的关系了,既然名字是被赋予的,那么就有个是否恰当的问题。因为一个小孩,他并不必然叫某某名字,他完全可以叫另一个名字并入。也就是说,名字与实体是两回事。实体之所以被叫作什么,那是一个约定俗成的过程,地球之所以叫地球,是从航海家与地理学家发现地球是圆形的球体开始的,之前我们还以为是天圆地方呢。既然名字是叫出来的,是不是任何东西都可以随意地给它起名字呢?从道理上说应当是可以的,但在实际过程中并不如此,因为人们在起名的时候,会有两个考虑:一要寻求名称与实体之间的对应性;二要讲求次序性。所谓对应性,就是人们在赋予名称的时候,实际也在给对象以内涵的揭示,或者是在给对象以相似性,如地球形体像球,"狗腿子"品性像走狗,如果起的名与对象毫无干系,那就是失败的名称。所谓次序性,就是在起名时并不讲求品性与内涵的揭示,而是寻求先后与长幼的次序,如在众兄弟中,古时讲求伯、仲、叔、季,现在讲老大、老二、老三。这些名称一旦确立下来,就成了不能僭越的"名分","名正言顺",就意味着认同并遵守这些名称所规定的"名分",如孔子说的:"名不正,则言不顺,言不顺,则事不成。"不过,名称与实体终究是两回事,正因

---

① 徼:边际,界限。此句有两种断句,除了本书采取的断句之外,帛书、河上公、王弼等采用的是"常无欲""常有欲"的断句。

为如此，在老子、孔子之后，出现了一个独立的学派——"名家"，像惠施与公孙龙等，这派专事名称与实体的区别，只是他们又过于讲求名实的差异与对待了，以至于人们将他们称为"诡辩论者"，但是，他们的辩论也不是没有意义的。

　　老子在这里讲述的也正是名称与实体的问题，只是他要讲述的并非一般的名称与实体，而是天地、宇宙根本的名称与实体。他说的对象就是"道"，他有了"可道"与"常道"、"可名"与"常名"的区别，其中"常名"就是"常道"的另一说法。老子的意思是"常道"才是他所说的对象，"可道"则不是，能用言语表达的只是"可道"，而不是"常道"，"常道"是不能用言语表达的；同样"常名"与"可名"的关系亦如是。这听起来有点奇怪，老子第一章开篇要讲的就是道，却又说这个道其实是不能讲的，一讲出来就不是那个"道"了，而只是可说的那个道了。这正是老子的本意。在老子看来，我们的言语都是要表达具体内容的，所用的名称也都有所指，但是，言语、名称正因为有内容、有所指，那么它们就有了局限性了。语言的出现本来给我们理解和解释世界的多样性和丰富性提供了很好的工具，但是，我们某些时候也会在表达时陷入窘境，即语言不足以表达思想的隐微之处，或者根本找不到对应的词语，这就是言语、名称的局限性。老子在这里就是这个意思了。我们用"道"来指称这个对象是不准确的，用言语来论说它也是很有问题的，"道"只是它的一个说法和名号，并不等于它本身；言语所表达的总是具体的内容，而"道"不是具体的，如果用具体的内容表述它，就如同给人穿了一套不合身的过小的衣服。对此，庄子有个说法，叫"道不当名"，也是说名称不足以表示道，一有了名称，就陷入了有限和局促。唐朝的道家王玄览对此也有个说法，他把"常道"说成是"真道"，把"可道"说成是"假道""滥道",因为常道无生灭,可道有生灭,无生灭的可以产生有生灭的,而有生灭的不能产生无生灭的。①

尽管"可道"不足以表达"常道","可名"不足以表达"常名",他还是用言语、名称说了它,道理很简单,如果不用言语和名称,那个"常道""常名"就更无法理解、把握;如果没有名称,人们根本就不知道你说的是什么;如果没有对它说出点什么,人们也不知它是何物。正是由于给它以名称,并不断地说出它的某些内涵,人们才多少对它有些了解,就在不断地说它的过程中,也才不断地薄近它,接近于对它的了解,也许最终的理解是靠非言语的、被称为"顿悟"的方式,但离了言语、名称,一切都谈不上了。这就是《老子》五千言要表达的意思。

庄子对老子的思想多有发明之义,在《齐物论》里,庄子说了类似的话:大道不可称谓,大辨反而不言论,大仁反而无所谓仁,大廉不讲逊让,大勇不害人。道要是昭显了就不是道,言辨清楚了则必有所不达,仁爱有亲疏之常就不能周全,廉洁清明了不能取信于人,勇敢而伤害了人则不能成功。以上这五个方面都是想得到"圆",却出现了"方"的结果。②

大道所以不可称谓,大辩所以不可言论,因为真正的道是隐微的,真正的分辨无须言辩,说多了反而影响到对常道、常名的理解,使得本来想要的"圆"却出现了"方"的结果。在《知北游》里,庄子借助泰清、无穷、无为、无始的对话,形象生动地表述了上述意思,泰清

---

① 《玄珠录》:"常道本不可,可道本无常。不可生天地,可道生万物。有生则有死,是故可道称无常。""此道有可是滥道,此神有可是滥神,自是滥神滥道是无常,非是道实神实是无常。"

② 《齐物论》:"夫大道不称,大辩不言,大仁不仁,大廉不谦,大勇不忮。道昭而不道,言辩而不及,仁常而不成,廉清而不信,勇忮而不成。五者圆而几向方矣!"

向无始问"道",无始回答:"道不可以听闻,听到了就不是道了;道不可以看见,看见了就不是道了;道不可以言说,言说了就不是道了。知道使形状成为形状的是其不显示为形状的道理吗?所以,道是不可以用名称来称谓它的。"

无始又说:"有人问道,而回答了问道的人,其实是不知道的,那么问道的人也终究不了解什么是道。道不可以问,要是有人问了,也不必要回应他。不可以问而勉强问,这是追求空;不该回应而勉强回应了,这是处在外。以'处在外'来对待'勉强问',像这样的,对外不可能观见宇宙,向内不可能了解自己生命的原初,所以,这样的人的境界不可能超过昆仑山,不可能遨游太虚。"①

在这个对话中,无始告诫泰清,你要是听到人回答说自己不知道"道"的话,那么说明他知道得深,他知道了内在的东西;若有人回答说自己知道"道"的话,那说明他知道得浅,他只知道外在的东西,因为道不可听闻,不可看见,不可言说。如果有人执著听闻、看见与言说来了解"道"的话,那么他不可能行得远,不可能有超越的境界。

"无名"与"有名",是想说名称所表达的事物总是有一个开头的,而且都是从"无名"到"有名"的,"有名"之能够做"万物之母",最开始的名称总是最简约的,由简而繁,这种变化象征着事物由简单性到多样性的繁衍,但是,无论事物怎样繁衍,都是从"道"那里出来的,所以"无名""有名"是"同出而异名","道"是天地的总根。

"常无"与"常有"句,是如何看的问题,这里的"看",不是看现

---

① 《知北游》:于是泰清印而叹曰:"弗知乃知乎,知乃不知乎!孰知不知之知?"无始曰:"道不可闻,闻而非也;道不可见,见而非也;道不可言,言而非也!知形形之不形乎!道不当名。"无始曰:"有问道而应之者,不知道也;虽问道者,亦未闻道。道无问,问无应。无问问之,是问穷也;无应应之,是无内也。以无内待问穷,若是者,外不观乎宇宙,内不知乎大初。是以不过乎昆仑,不游乎太虚。"

象,而是看"道"。"道"有显微的表现,立足于"常无",可看到"道"的微妙东西;立足于"常有",可看到"道"的边际、形迹,也就是说,"道"不会让人感受不到它的存在。

"同谓之玄,玄之又玄,众妙之门",有些不可思议了。无有之"妙",有有之"徼",何以都可以说是"玄"呢?① 因为两者都是"道"的表现,都不是一般物的表现,即便是可见的道的边际与形迹,既不是睁眼就看得见,也不是伸手就可以拿得到,也如同感觉得到的,未必看得见、摸得着,更不用说那个无有之妙了。"玄之又玄"意味着"玄"虽然是"道"的表现,但依此来理解"道"就浅了,"玄"只是"道"浮出来的表现,"道"究竟有多深多远,没人知道,老子也只是说它深之又深,远之又远。虽然它如此深,那么远,世上种种神妙的变化,却都是从这个门出去的。从这个门往里面看,幽深玄远;从这个门往外面看,大千世界,无际无边。此真是两般风景。

---

① 扬雄《太玄经玄攤》:"玄者,幽攤万类而不见形者也。资陶虚无而生乎规,攔神明而定摯,通古今以开类,攤措阴阳而发气。"王弼《老子注》:"玄者,冥也,默然无有也。"范应元《老子道德经古本集注》:"玄者,深远而不可分别之义。"

## 道有无形象

### 第四章

道冲,而用之或不盈。渊兮,似万物之宗。①[挫其锐,解其纷,和其光,同其尘。]②湛兮,似或存。吾不知谁之子,象帝之先。

[译文] 道冲虚,而它的实用从未盈满。渊深啊,好像是万物的宗主。虚灵啊,好像是无却实有。我不知道它是从哪里产生的,似乎是出现在上帝之先。

[释文] 这章讲的是道体与道用。道的冲虚,说的是道的体;而用之不盈,则是道的实用。这种关系,其实涉及两种情形:一是一般意义上的体用关系,如物体之体、物体之用;二是本体的体,本体

---

① 河上、王弼、傅奕、帛书本、景龙本个别字略异,如河上本用"渊乎",景龙本用"用之久不盈",帛书本"兮"作"呵",这里采王弼本。

② "挫其锐,解其纷,和其光,同其尘"四句与第五十六章重叠,陈鼓应认为:"这四句疑是五十六章错简重出,因上句'渊兮似万物之宗'与下句'湛兮似或存'正相对文。"(《老子注译及评介》,北京:中华书局 2009 年版,第 71、72 页。以下引注省略出版社及其年月,只注页码)从之,此处不解释。

的用。虽然都可以体用来说,但意义迥然相异。在第一种情形下,凡是物体、器物,皆有其功用,如第十一章所说的"埏埴以为器,当其无,有器之用。凿户牖以为室,当其无,有室之用"。陶质的器皿、开门户的房屋,都算是器物、实物,这是它们的实体;而这器物、实体的空虚之处,就是它们的功用。所以说,凡有一物之体就有这物的功用。但是,作为道的本体和它的用,则抽象玄妙,它的体是冲虚不实的,它的用则是实在的,之所以"用之不盈",就因为它的体是冲虚的,似乎任凭你往里面填东西,永远也不会盈满。这里当然是比喻的方式,也如同说,道能生万物,也就能容得下万物。

"渊兮,似万物之宗",是在描述道与物的关系。渊之深,足以生养、包纳万物,好像它就是万物的宗主。在描述道与物的关系时,也就表达了道是一个境域、境界,在这个境域、境界里面,没有什么不接受道的长养。"湛兮,似或存"①,是描述道的存在样式或状态,似乎是虚无,其实是实有,虚无是表达无所不在、无所不入,实有是表达它是真实的存在,只是看不见而已。这也如同第一章讲的那样,无与有,其实都是玄,都是道的存在方式。由于老子所描述的道具有这两个方面,故而后人在理解"道"的时候,容易各执一端,有的人从实有方面(如元气),有的人从虚无与抽象方面。

"吾不知谁之子,象帝之先",这是从时间关系上描述"道"。"谁之子",有两种理解,一是把"子"理解为"似",②也就是说,我不知道

---

① 朱谦之《老子校释》引:"'湛,《说文》:没也。'《小尔雅·广诂》:'没,无也。'此云'湛常存',言其虚灵不昧,似无而实有也。"(北京:中华书局1984年版,第20、21页。以下引注省略出版社及其年月,只注页码)

② 朱谦之《老子校释》:"《广雅释言》'子,似也。''吾不知谁之子',即吾不知谁似也,语意已足。此段意谓神耶帝耶? 此世所称生杀之主,而道独居其先。道者疑似之间,若不知其谁子;然而自本自根,未有天地自古以固存也。"(第21页)

这个"道"似谁;二是我不知道"道"是怎么产生的,依照常识,什么事物都是有生有灭,都是产生出来的,那么道呢?"象帝之先"①,"象"在这里也是"似"的意思,与"似万物之宗""似或存"相近。"帝",古今多理解为"天帝"。② 依老子的意思,这个道似乎在天帝之先就存在了。老子这里既设问、又自答的方式值得玩味。依照常识设问,回答却是非常识的,常识的要求是无论什么都有生灭,都是某人、某物之"子",但"道"却存在于生灭之外,它在天帝之前就存在了。

为何要用"似""似或""象"呢?这种语气表达的是不甚肯定的意思,老子是否不肯定?其实是肯定的,只是两个因素使老子采取了这种语气:一是表达的对象是"道",而非具体的物,所以不能够用"是""乃"等直言判断句式,而只能采用描述的语言,而描述就只能用"似""或"和"象"了;③二是老子把自己摆在一个"道"的描述者的位置,他只是述道者,并没有说"我""吾"就是道,这与《老子想尔注》把"我""吾"理解为道的态度是不同的。

道体与道用的关系,以描述的语言表达虽然不够清晰准确,但符合对象以及这种关系的实际。由此也滋生了对这种关系的无限想象和推测。在这段话里,道既是"用之而不盈",那么道应当是一种境域与境界;道既是"万物之宗",那么道应当是万物的生成者;道

---

① 唐玄宗《御注道德经》:"吾不知道所从生,明道非生,法故无父。道者似存乎帝先尔。帝者,生物之主。象,似也。"陈鼓应认为:"'象帝之先'的'象',可有两种解释,其一,可释为'命名'、称呼'。其二,'象'释为比拟、比喻。"(《老子注译及评介》,第72页)

② 河上公、王弼,以及高亨等皆理解为"天帝"。刘笑敢进而分辨了"天帝"与"上帝"的区别,认为"天帝"不同于"上帝",只有老子所说的"道",才能与"上帝"接近。(见《老子古今》上册,北京:中国社会科学出版社2006年版,第123页。以下引注省略出版社及其年月,只注页码)

③ 刘笑敢认为:"宇宙之根本不是任何具体存在,不可能以确切的语言来描述,因此疑似之词反而是最准确或最恰当的。"(同上)

既是"似或存",那么道既是有,也是无;道既是"象帝之先",那么它应当是一个久远的存在,它与万物之间有时间关系。这些关系说到底集中在两个方面:一个是生成关系;一个是体现关系。对于前一个关系,老子说得比较透彻;对于第二个关系,庄子说得透彻一些。如《齐物论》里说"已而不知其然谓之道";《天地》里说"夫道渊乎其居也,漻乎其清也";《天道》里说"广广乎其无不容也,渊渊乎其不可测也";《知北游》里面有一段东郭子与庄子的对话,更清楚而形象地表达了道的普遍存在。

东郭子向庄子请教:

"人们平常所说的'道',在哪里啊?"

庄子回答:

"无所不在。"

"请说说在哪里。"东郭子想要庄子说得具体些。

庄子说:

"在蝼蚁那里。"

东郭子感到困惑,又问:

"为什么那么低下?"

庄子则不理会东郭子,继续说:

"在稊稗那里。"

"为什么更低下了?"

"在瓦甓那里。"

"为什么越来越低下了?"东郭子更不解了。

"在屎溺那里。"

东郭子不再问下去,干脆不吭声了。看到东郭子这样子,庄子这才回过头来对他说:

"先生刚才问道,没有问到实质。主管市场的官员正获向负责屠宰的吏卒问如何才知道猪的肥瘦,吏卒用脚踩了踩猪的腿就知道了,说什么'越是下部越知猪的肥瘦'。您只是不要说一定有某种东西是逃于道的。至道是这样的,至道之言也是这样的。周、遍、咸,这三者名称相异,其实相同,指的是同一个东西。"

庄子之所以在回答东郭子的问道时,把道的存在往低贱的东西上说,就是想表明,既然道存在于蝼蚁、稊稗、瓦甓、屎溺当中,那就没有什么东西道不存在其中了,这正好体现了道的周延、普遍与圆成。

# 无物之象

## 第十四章

视之不见,名曰夷;听之不闻,名曰希;搏之不得,名曰微。此三者不可致诘,故混而为一。其上不皦,其下不昧。绳绳兮不可名,复归于无物。是谓无状之状,无物之象,是谓惚恍。迎之不见其首,随之不见其后。执古之道,以御今之有。能知古始,是谓道纪。①

[译文] 看它看不到,叫作夷;听它听不到,叫作希;摸它摸不着,叫作微。这三者不可以追问,所以浑然为一。它的上面看起来不光耀,下面看起来不昏昧。它动行无穷极啊,不可以名称,又回复到无物无象的状态。这就叫作没有形状的形状,没有物体的物象,

---

① 王弼本"搏之不得",少一个"之"字,依河上本改。河上本"能知古始",写为"以知古始",依王弼本改。傅奕本写为:"一者,其上之不皦,其下之不昧。绳绳兮不可名复归于无物。""是谓笏芒。""执古之道,可以御今之有,……"帛书本写为:"视之而弗见,名之曰微。听之而弗闻,名之曰希。捪之而弗得,名之曰夷。三者不可致诘,故绲而为一。一者,其上不谬,其下不忽,寻寻呵不可名也,复归于无物。""随而不见其后,迎而不见其首。执今之道,以御今之有。以知古始,是谓道纪。"

这就叫作恍惚。迎着它,看不见它的前头;跟着它,又看不见背后。把持古来之道,以驾驭当今的事物。能认识古代的初始,就做道的纲纪。

[释文] "视之不见,名曰夷;听之不闻,名曰希;搏之不得,名曰微。此三者不可致诘,故混而为一。""夷",谓无色;"希",谓无声;"微",谓无形。①"搏",持之义。这是从色、声、体三个方面对于"道"的描述,它既不可以看得见,又不可听得见,还不能摸得着,三个方面虽则不同,但反映了道的超越存在。它不是经由感官触及,色、声、体三个方面虽然表达了不同感受,即三者皆不可追问,却都指向了同一个问题,即它超越了三者的局限,所以可以混同为一。②

"其上不皦,其下不昧。绳绳兮不可名,复归于无物。是谓无状之状,无物之象,是谓惚恍。迎之不见其首,随之不见其后"句,这是对于道的存在状态的另一种描述。"其上不皦,其下不昧","皦"指光明,"昧"指昏暗。这是说"道"是光明而不曜眼,深玄而不昏暗。"绳绳兮不可名,复归于无物","绳绳",谓渺茫、无穷极之义。这是说道之所至,辽远而无穷极,是无所不在的存在,又回归到无物无象,也就是说,它在,又不在。"是谓无状之状,无物之象,是谓惚恍",道是有个形状的,但不可等同具体的形状;它是有个象的,但不等同于具体的象。既然是有形而不同于具体的形、有象而不同于具体的象,所以说它是"恍惚",即似是似不是。说它是,表明它确实存在;说它不是,表明它不等于具体的存在。"迎之不见其首,随之不

---

① 《老子河上公章句》:"无色曰夷,言一无采色,不可得视而见之。""无声曰希,言一无音声,不可得听而闻之。""无形曰微,言一无形体,不可得搏持而得之。"

② 王弼《老子注》:"无状无象,无声无响,故能无所不通,无所不往。不得而知,更以我耳、目、体不知为名,故不可致诘,混而为一也。"

见其后",前面的"其上""其下",是上看下看,这里的"迎之""随之",是前看后看,它无首无尾、无前无后。

"执古之道,以御今之有。能知古始,是谓道纪",这是总结性的论断。道是一个古老的存在,它是万物的根源、宗本,万物都是从这个"天下母"生养出来的,但它又不只是古老的存在,还是现实的存在,当我们说道无所不在的时候,就意味着它是现实的。在生养万物方面,它像"天下母";而无所不在的方面,则与"天下母"有所殊异,它睁着眼睛看着天下事,无不在其观照之下。正是因为如此,才可以说执掌这个古老的道,可以驾驭当今的所有事物。同样,也正因为它现实地存在着,才是可以认知的。[1] 由于道是古老的存在,是万物的开初,所以得道,也就是得了"古始";得了"古始",也就得到了道的关键。

---

[1] 王弼《老子注》:"无形无名者,万物之宗也。虽今古不同,时移俗易,故莫不由乎此以成其治者也。故可执古之道以御今之有。上古虽远,其道存焉,故虽在今可以知古始也。"

## 道如何生物

## 第六章

谷神不死,是谓玄牝。玄牝之门,是谓天地根。绵绵若存,用之不勤。①

[译文] 冲虚之谷的神是不死的,这就叫作玄牝。玄牝的门户,也就是天地的根本。它绵延续存,其作用永不穷竭。

[释文] 这段话有两种不同的理解:一种是宇宙论的、本根的;一种是修炼论的。前者如王弼,后者如河上公。

先说前者。以上大意的解释属于前者。"谷神","谷"是冲虚之谷,也称山谷;"神",有人理解为"神妙",②有人理解为"至物",

---

① 帛书本写为"绵绵呵其若存,用之不勤"。
② 朱熹《朱子语类》:"谷只是虚而能受,神谓无处不应。"(第一百二十五卷)严复《老子道德经评点》:"以其虚,故曰'谷';以其因应无穷,故称'神';以其不屈愈出,故曰'不死'。"

即"道"。① 把"谷神"解为"至道",应该是符合老子的意思的。

"玄牝"本是母性生殖器,这里喻能生物的"道"。"玄牝之门"也就是至道之门,也称"众妙之门"。② 因为玄牝是天地万物发生的根源,所以是天地的根本。

"绵绵若存,用之不勤",指道的存在状态,似在,又似不在。似在,是说它无所不在;似不在,是说它不显明,好像不在一样。它断断续续,延绵不绝,它既是有,又是无。无论它显示为"有",还是表现为"无",它都是确实存在的,它持续地产生万物,推动变化,所以说它是"用之不勤"。

在这段话里面,老子把"道"比喻为"玄牝",就是要明确"道"的属性是"她",是母性,她以雌性而生产万物,又以柔性爱养万物。

作为修炼论的理解,这是以人体为小宇宙,玄牝等语词便都指人修炼中的部位或窍穴。"谷神","谷"是"养"的意思;"神"指元神,也有指五脏之神。③ "谷神不死",就是善养元神,就可以不死。"玄牝",有的人理解为人的鼻和口,认为玄为天,牝为地,皆为五气出入

---

① 王弼《老子注》:"谷神,谷中央无者也,无形无影,无逆无违,处卑不动,守静不衰,物以之成而不见其形。此至物也。"任继愈《老子新译》:"'谷',即山谷的谷,即空虚。谷神,也就是老子的'道'。"(上海:上海古籍出版社1988年版,第72页。以下引注省略出版社及其年月,只注页码)

② 朱熹《朱子语类》:"'玄',妙也;'牝',是有所受而能生物者也。至妙之理,有生生之意焉。"任继愈《老子新译》:"'玄牝'是象征着深远的、看不见的生产万物的生殖器官。老子把物质的不断变化这一作用当作万物发生的根源。"(同上)

③ 汉魏乃至南朝时期的修炼论,皆认为五脏各有神主宰,所谓"五脏神"。《老子河上公章句》:"神为五藏之神也。肝藏魂,肺藏魄,心藏神,脾藏意,肾藏精与志。五藏尽伤,则五神去。"道教上清派也宗奉五藏神的观念,甚至认为,人有八景二十四神,修炼当思念这些神。

之门户;①丹家理解为玄窍,为藏元神、丹道之所,关于这一窍穴,各家理解不尽相同,大多认为此窍最难认识,需根据修炼的程度与境界去把握。

"玄牝之门,是为天地根",修炼家鼻口之门,就是玄牝之门,是天地元气往来所出入的地方,为生命的根本。

"绵绵若存,用之不勤",修炼家理解为修养中气息绵绵微妙,若有若无;②丹家理解为炼丹过程中的怀胎温养功夫。

虽说两般功夫,一个是对天地宇宙根本之道的理解,一个是修养过程中对于生命本性及其运动的理解,但两般功夫,一个道理,乃是大宇宙与小宇宙的区别,都是从老子哲学中生发而来,而且,中国人对大小宇宙的理解是完全相通的。③

## 第二十一章

孔德之容,惟道是从。道之为物,惟恍惟惚。惚兮恍兮,其中有象;恍兮惚兮,其中有物;窈兮冥兮,其中有精,其精甚真,其中有信。自古及今,其名不去,以阅众甫。吾何以知众甫之状

---

① 《老子河上公章句》:"玄,天也,于人为鼻。牝,地也,于人为口。天食人以五气,从鼻入藏于心。五气清微,为精神聪明,音声五性,其鬼曰魂。魂者,雄也,主出入人鼻,与天道通,故鼻为玄也。地食人以五味,从口入藏于胃。五味浊辱,为形骸骨肉血脉六情,其鬼曰魄。魄,雌也,出入于口,与地通,故口为牝也。"

② 《老子河上公章句》:"鼻口呼吸喘息,当绵绵微妙,若可存,复若可无有。"

③ 作为道教理论家和修炼家的李道纯,在解释这段话的时候说:"谷神不死,虚灵不昧也。……虚灵不昧,神变无方,阴阳不测,一阖一辟,往来不息,莫知其极。动静不忒,不劳功力,生生化化而无穷。"(《道德会元》)此可谓一语双关。

哉？以此。①

[译文]　大德的样子是依随于道的。道这个东西啊,是恍恍惚惚的。惚啊恍啊,其中有形象;恍啊惚啊,其中有实物;窈啊冥啊,其中有精微;这个精微是真实的存在,其中是可以信验的。从古到今,它的名字不曾废去;依靠它来观览万物的开始。我何以知道万物开始的状况呢？就是依靠它。

[释文]　第一句话是阐述道与德的关系,德是跟随道的,德需要道的规定,才是大格局的,德应该体现道的精神。② 这段话只有这一句论述道与德的关系,其他的话都是论述道的表现。

"道之为物"句,是说"道"本身就是恍恍惚惚的,这是它的本来样态,也就是似有若无,"有"未必就能摸得着、抓得住,"无"并非纯粹虚无,它又是确实存在的。③ "恍惚"就是不定的,倘佯的,无所不在,又无所在。

"惚兮恍兮,其中有象",谓倘佯、徘徊中,有了可见的形象,这形象可能是具象,也可能是不定之象,如云如雾,总算是有迹象可见了。

"恍兮惚兮,其中有物",谓它虽然都是恍惚,却是去而又来,往

---

①　这里采取王弼本。河上本写为:"道之为物,唯恍唯忽。忽兮恍兮,其中有象;恍兮忽兮,其中有物。""吾何以知众甫之然哉,以此。"傅奕本写为:"芴兮芒兮,其中有象","幽兮冥兮,其中有精";帛书本写为:"忽呵恍呵,中有象呵。恍呵忽呵,中有物呵。窈呵冥呵,其中有精呵。其精甚真,其中有信。自今及古,其名不去,以顺众父。吾何以知众父之然？以此。"

②　王弼《老子注》将"孔"理解为"空":"惟以空为德,然后乃能动作从道。"

③　成玄英《道德真经疏》:"不有而有,虽有不有,不无而无,虽无不无,有无不定,故言恍惚。"释德清说:"恍惚,谓似有若无,不可定指之意。"(《老子道德经解》,武汉:崇文书局 2015 年版,第 49 页)

返回复的,所谓"反者道之动"。在惚恍与恍惚中,有物悄然而生了。这物也未必能够捉得住,它可能还只是观念中的"物",还不是一个具体的、有名可称的物。

"窈兮冥兮,其中有精,其精甚真,其中有信",窈冥是深远难识之义,刚才恍惚是就道的存在与造物的本身状态而言,现在是就"道域"的可视状况而言,如同立于道门——"众妙之门",看上去幽深玄远,但那里面"道"正在行造物之事。"精"是精微,却说不准是何精微之物,有称为"精气"的,①有称为"小之微"的,②有称为"精妙"的,③还有称为"精实神明"的,④相对来说,《庄子》的"小之微"的理解更切实一些,精气当为后来的学说,《老子》书中有精、有气之说,却无"精气"之说,老子应当只是想说窈冥之中有了精微之物,却不一定把它称为"精气"。至于说"其精甚真,其中有信",则是想说这个精微之物是真实的、可验证的存在。

"自古及今"句,是想表明,道是一个久远的存在,又还是一个现实的存在,从古到今,它的名——"常名"——没有变化,而名没有变化,是因为它的作用没有变化。在历史性与现实性中间,相对来说,老子更想强调它的历史性,要知道天地万物是因为它才有了开始。

最后,老子是想说,我们从现象中都只能够观察现象,如从万物的生根开花结果,到新的生根开花结果,只能见到同类事物的循环往复,见到事物数量上的增减,却难见到质的增减,不能够从现象中间观察到它们是如何开始的,即不知道它们是怎么来的,只有将

---

① 朱谦之《老子校释》引《管子·内业》:"精,气之极也;精也者,气之精者也。凡人之生也,天出其精。"(第89页)
② 《庄子·秋水》:"夫精,小之微也。"
③ 唐玄宗《御注道德经》注为"精妙"。
④ 《老子河上公章句》注为"道唯窈冥无形,其中有精实神明相薄,阴阳交会"。

"道"作为对象,从它那里,我才能够观察到万物的开始。

在庄子笔下,道除了具有老子笔下的那些特性,还有了情性,更具有现实性。《大宗师》里也是采用了描绘的方式:

道有情信,却无为无形;可以传递、领会,但不可以手授,可得到但不能看见。它自己就是自己的本原和根源,还没有天地的时候,自古以来它就存在;它能够使鬼和天帝变得神灵,也能够生天生地;它在太极的上面,但对它来说也不算高;在六极的下面,也不算深;它在天地产生之前就存在了,但不算久;它比上古时代还要早,却不算老。上古时代的狶韦帝得到了它,可以掌握天地;伏戏帝得到了它,可以与气母相合;北斗得到了它,可以永远不出差错;日月得到了,可以永世不停息;堪坏得到了它,可以入昆仑山而为神;冯夷得到了它,可以游走山川;肩吾得到了它,可以居于泰山;黄帝得到了它,可以升登云天;颛顼得到了它,可以稳居北方玄宫;禺强得到了它,可以居住在北方;西王母得到了它,可以坐于少广山,没有人知道她什么时候出生的,也没有人知道她究竟可以活多少年;彭祖得到了他,向上可以到达舜的时代,向下可以延及春秋五霸时期;傅说得到了它,可以辅佐武丁,奄然清泰,搭乘东维,骑着箕尾,而与列星相媲美。①

所以说现实性,在于谁得了道,谁就能感受到它的现实存在,谁得了道,谁就能获得超越,道不仅是一个古老的宗祖,更是一个现实的存在,它与现实之间是体现与被体现、支配与被支配的关系。

---

① 《大宗师》:"道有情有信,无为无形;可传而不可受,可得而不可见;自本自根,未有天地,自古以固存;神鬼神帝,生天生地;在太极之先而不为高,在六极之下而不为深,先天地生而不为久,长于上古而不为老。狶韦氏得之,以挈天地;伏戏氏得之,以袭气母;维斗得之,终古不忒;日月得之,终古不息;勘坏得之,以袭昆仑;冯夷得之,以游大川;肩吾得之,以处大山;黄帝得之,以登云天;颛顼得之,以处玄宫;禺强得之,立乎北极;西王母得之,坐乎少广,莫知其始,莫知其终;彭祖得之,上及有虞,下及五伯;傅说得之,以相武丁,奄有天下,乘东维,骑箕尾,而比于列星。"

## 道法自然

### 第二十五章

有物混成,先天地生。寂兮寥兮,独立不改,周行而不殆,可以为天下母。吾不知其名,字之曰道。强为之名曰大。大曰逝,逝曰远,远曰反。故道大,天大,地大,人亦大。域中有四大,而人居其一焉。人法地,地法天,天法道,道法自然。①

[译文] 有个浑然一体的东西,先于天地而存在。寂静啊,空

---

① 河上、王弼本同。"可以为天下母",帛书写为"天地母",而竹简仍写为"天下母"。河上、王弼本"道大,天大,地大,王亦大",傅奕本写为"人亦大"。帛书本、竹简本皆写为"王亦大"。朱谦之《老子校释》引范应元《老子道德经古本集注》:"'人'字傅奕同古本,河上公本作'王'。观河上公之意,以为王者人中之尊,固有尊君之义。然按后文'人法地',则古本文义相贯。况人为万物之灵,与天地并立而为三才,身任斯道,则人实亦大矣。"又引《说文解字》"大"字解:"天大,地大,人亦大焉,象人形。"(第 102 页)严灵峰《老子达解》:"《庄子·秋水篇》:'号物之数谓之万,人处其一焉。'则此'王'字,疑亦当作'人'。"陈鼓应综述范应元、吴承志、奚侗、严灵峰、汤一介等人的考证分析,认为此处应该是"人亦大",而非"王"。(《老子注译及评介》,第 163、164 页)刘笑敢《老子古今》认为可能是竹简本抄写之误(《老子古今》,第 287 页),因竹简本为最早,其他各本皆是传抄之误。

虚啊，它独立自存，不失其本性，周而复始地运行不止，它可以称作天下的根本。我不知道如何称呼它，勉强地给它取了个名号，叫作道，又勉强称它为大。大就意味着行，行就意味着远，远就意味着还。所以说，道是大，天是大，地是大，人也是大。宇宙中有四个大，人占居其一。人取法于地，地取法于天，天取法于道，道取法于自然。

[释文] "有物混成，先天地生"，这是就道的原本存在状态说的。道是一个混成的东西，也就是一个混沌的东西，没有分别，没有眉目，没有阴阳，没有大小，尽管对它说不出什么来，但知道它是一个物（东西），而不是纯粹的虚无，也不仅仅是一个场域。这物在时间上比天地还早，所说"先天地生"，不等于说它也是产生的结果，而是说它先于天地而存在，如同人们说宇宙是何时产生的一样，宇宙随着人的存在与活动（包括研究活动）也有历史，但对于人来说，它就是一个先在。

"寂兮寥兮"句，寂寥是它的状态。寂静是道的基本特性，说老子贵清静，也就是说道是贵清静的；虚无也是道的基本特性，说老子贵清虚、贵柔弱，也是说道是贵清虚和柔弱的。正是由于有寂静和虚无的特性，它才可能是广大流行的，才有"柔弱胜刚强"，也才有"不欲以静，天下将自定"。

"独立而不改，周行而不殆"，是说道独立自存，本性不变，它不用仰仗它物而存在，毋需其他东西来规定自身，它自己就是自己的原因；①道运行不止，且能循环往复，即道并非往而不返，而是会回

---

① 王弼《老子注》："独立也，返化始终，不失其常，故曰不改。"

复到出发地。① "可以为天下母",依旧是描述与比喻,其意在它是天下的根本,因为它在天地之先,天地由它而来,且它能规定其他事物的性质,而它物不能够规定它的性质。

"吾不知其名"句,表明老子将自己定位于述道者的角色,而没有说"吾"就是道。与第一章"道可道,非常道;名可名,非常名",第二十一章"自古及今,其名不去",第三十二章"道常无名"的态度相一致,"道"的名称,只是勉强给那个"混成之物"起的号,便于人们在一听到这个名号的时候,就知道说的就是那个"混成之物",且不可把"道"的名号当成它本身。"道"原本的意思并不复杂,就是人在大路上行走,简化为道路。由于道路是一个规则性的东西,对于行路者意味着预先就存在的规则,从某地顺着规定的大路,就能够到达某地,故而道也可以表达为规律。从具体形态的道到抽象的道是一次思想与理性的跨越,它不仅可以表示规律,它也表示了天地宇宙的本原与本体,正是因为这个原因,它变得晦涩、幽暗、捉摸不定,这不是"道"这个词的问题,而是当它被借用来表示哲学上的本原和本体时所产生的问题,而且,它还只是一个名号,不完全能够代替那个"混沌之物",由此读《老子》书的人,读到深处都要经受这个名号以及名号所表达的艰深内容的熬煎。但是,这样的熬煎不是没有收获的,用的功夫越深,收获的也越多,当我们能够把天地宇宙的根本搞清楚的时候,人间社会的诸多事情都变得容易理解了。

至于说"强为之名曰大",如"字之曰道"一样,乃是勉强为之,说道大,并不确定它有多大,习惯上人们会觉得天地是最大,如《庄

---

① "周行",《老子河上公章句》:"道通行天下无所不入。"王弼认为"周行",就是"无所不至","殆"就是"危殆"(《老子注》)河上公、成玄英《老子疏》、唐玄宗《御注道德经》皆同于王弼注。不过,这里的"殆"当为"息"的意思。

子·德充符》引鲁国叔山无趾对孔子的话:"夫天无不覆,地无不载,吾以夫子为天地,安知夫子之犹若是也!"他原以为孔子像天地一样伟大,哪里知道孔子还很在乎他过往所犯下的错误,认为现在想补救过错已经晚了。显然,老子并不想说天地是最大,而是想说道比天地大,所以无法形容它的大,故说"强为之名大"。这么说便不会落入具体形态的大,要说它广大,就要说它广大无边;要说它强大,则要说它强大无比;要说它伟大,就要说它无与伦比!① 一个"强"字,也道出了老子的哲学智慧。

"大曰逝,逝曰远,远曰反","逝"是行的意思。② 为何要说大就意味着逝,逝就意味着远,远就意味着反?这里说的逝、远、反,所指的都是道的周流。前面既说道"周行而不殆",那么它就不会停留于一隅,它要运动起来,这就是"逝"了。而"逝"应当无所不至,即道没有到达不了的地方,这就要"远"了;"远"不是"往而不返"的,它从哪里出发,依然会回到开始的地方,这就是"反"(返)了。③ 就是说,道是要运行的,它的运行没有任何地方是它到达不了的,而它虽然行得很远,它却一定要返回到出发点的。

"故道大、天大、地大、人亦大。域中有四大,而人居其一焉",说出这四大,是相比于世间万事万物,道、天、地、人为大。由于书写与

---

① 《老子河上公章句》解释为:"不知其名,强名曰大。高而无上,罗而无外,无不包容,故曰大。"王弼《老子注》解释为:"吾所以字之曰道者,取其可言之称最大也。责其字定之所由,则系于大,大有系则必有分,有分则失其极矣。故曰强为之名曰大。""道是称中之大也,不若无称之大也。"河上公欲以无上之高、无外之罗、无所不包来形容这个"大",王弼则认为任何有关大的形容词,都使之限于分,而分之界域无论多大,都失却了大之"极"。王弼的理解更为合乎老子的本意。
② 朱谦之《老子校释》引《广雅释诂》:"逝,行也。"(第102页)陈鼓应《老子注译及评介》引吴澄的注:"逝谓流行不息。"(第161页)
③ 王弼《老子注》:"周[行]无所不穷极,不偏于一逝,故曰逝远也;不随于所适,其体独立,故曰反也。"

传抄的原因,"人亦大"中的"人"颇有争议,河上、王弼、帛书、竹简本等皆写为"王亦大",只有傅奕本写为"人亦大"。虽然多数写本用"王亦大",在情理上也说得过去,但与下文"人法地,地法天,天法道,道法自然"的序次不合,故依据"于义为胜"的原则,再说各种《老子》的写本,都不过是传抄的,那么以讹传讹是可能的,此处应当是"人亦大"。不说四大究竟有多大,只说它们是大,也就不会局限于"称中之大",而是一种"无称之大"。"域"字,尽管最古的写本竹简和帛书本《老子》都写成"国",而河上、王弼、傅奕诸本都写成"域",却要说"域"字才合乎老子的逻辑,这个"域"当是人所能想到的、论及的界域,也就是《庄子·秋水》所说的"至大之域",而不当局限于"国"这么小的范围。① "人居其一也",这里的"人"不是单个的人,不属于自我膨胀和富有野心的个人,而是人类。② 人之所以也可以称大,因人类富有理性智慧和创造力,可以组织成人类社会,可以约束自己的行为,在所有灵长动物中,人为万物之长。老子这句话,不能被作为人类中心主义来理解,老子虽然说人也为大,但并非说可以与天地道比大,比起天地道,人类永远都是渺小的,故此才要求人要知道敬畏。同样,人可以为大为长,却没有理由以自己为中心。敬畏是老子的核心观念之一,只有在敬畏的基础上去理解"人亦大",才合乎老子的本意。

"人法地,地法天,天法道,道法自然",这段话至少包含了三层意思。首先说"法",为取法、效法之义。为何要取法呢?广义地讲,

---

① 王弼《老子注》解释道:"无称不可得而名,故曰域也。道、天、地、王皆在乎无称之内,故曰域中有四大者也。"

② 尽管过去很多学者认同"人亦大",但他们还是认为人并非指人类,而把人看成是圣人,这便与"王亦大"的写法没有区别了,这大概是君主时代的人们思想的局限,如宋人吴澄就是如此,他说道:"人者,圣人也。"(《道德真经注》)

地、天、道各有其能,地无不载,天无不覆,道无不通,[①]这几个能力都远甚于人类,所以从人开始,递次要取法于它们。道家奉行的不是人为自然立法,而是自然为人立法,人在地、天、道面前,只有效法的份,没有为它们立法的份,人间社会的秩序,好像是人自己的作为,但须知人类所能想象的那个秩序,是取之于自然的。这就如同人间社会的东西,凡是属于美丽的,都属于自然的一样,人为的美丽最终都要回归到自然之美,自然之美是人间构想美的前提,也是其最终归宿。人其实只有为了合理与美丽而存在才是具有充足理由的。老子的这个话,表明了人与天地自然的关系,凡是合乎天地自然的,才是善的、好的。

其次,为何次序是人、地、天、道的次序呢?这是大小之比,人虽然在自然界中为尊为长为大,可是比起地、天、道,则是小了。老子之所以树立一个递次效法的秩序,也就是要为人建立起一个小大的观念。在这个秩序当中,人有理由妄自称大吗?知道了小大,就会从中学会敬畏。当然,这小大并不仅仅是体量上的,也是自然精神上的。地是大,比起天,它就是卑了,"天尊地卑"是中国文化各流派共同的观念。而天大,也不如道大,天仍然是一个有限之称,而道则是无限之称,诸如在说天的时候,还是可以界说的,还有个名字确定指称它,而说道的时候,老子只是说那是勉强的名号,没有什么名称适合它,因为没有办法界说它,只能描述,甚或只能采取否定式的描述,说它不是这个,也不是那个,而不能说它是什么。

最后,"自然"指什么,道为何还要取法于自然?依照取法的次第,自然是道要效法的,那么自然是什么,六朝时期佛道论争,佛教

---

① 李道纯《道德会元》解地、天、道:地"无不载",天"无不容",道"无不周"。

就取笑道教,说老子的道的地位最高,却又说道法自然,那无异于说是"头上长头"。这当然是误解。老子所说的"自然"并不是一个对象或实体,"自然"的本意就是自然而然,即自己成为这个样子的。①就是说,自然只是一个过程,不是对象或实体。如此,"道法自然"只是表示道遵循的最根本原则,这个原则是道自身的原则,不是别有一原则。② 因为道不仅是混成之"物",它本身也在运动中,而且它的运动足以带动天下万物的运动,且这些运动是要天下万物成为自己实现的运动,即自己成为自己的样子,用当下的话来说就是"做回自己"。根据道"自然而然"的原则,道就是要人人、事事物物都做回自己,不受他人与他物的宰制,不应当成为工具,要自己成为自己的目的。如果充当了别人或他物的工具、手段,那就不是"法自然"。

庄子在《应帝王》这一篇里,讲了一个"浑沌"的寓言故事:

南海的帝王叫做"儵",北海的帝王叫做'"忽",中央的帝王叫做"浑沌"。儵与忽时常在浑沌的地盘上相遇,而浑沌对待他们很友善。于是,儵与忽商议着,要报答浑沌的恩德,说:

"人都有七窍,用以看、听、吃、呼吸,惟独浑沌没有,我们试着为他凿出七窍来吧!"

于是,他们俩每天为浑沌凿一个窍,七天凿成了七窍,可是,浑沌却死了。

---

① 王弼《老子注》:"自然者,无称之言,穷极之词也。"《老子河上公章句》:"道性自然,无所法也。"

② 唐玄宗《御疏道德经》:"言道之为法自然,非复效法自然也。"吴澄《道德真经注》:"道之所以大,以其自然,故曰法自然,非道之外别有自然也,自然者,无有无名是也。"

这个寓言故事寓意颇深,以三个帝王的交往为题材,好像是在讲人的德性,却不完全是,更像是在讲作为浑沌的"道",浑沌之象,表达的是没有窍穴的浑沌之物,他(它)没有分别,没有界际,要是为他(它)弄出个分别与界际,那就等于凿死了他(它)。①

---

① 《庄子·应帝王》:"南海之帝为儵,北海之帝为忽,中央之帝为浑沌。儵与忽时相与遇于浑沌之地,浑沌待之甚善。儵与忽谋报浑沌之德,曰:'人皆有七窍,以视听食息,此独无有,尝试凿之。'日凿一窍,七日而浑沌死。"

## 反者道之动

### 第四十章

反者道之动,弱者道之用。天下万物生于有,有生于无。①

[译文] 返还乃是道的运动,柔弱乃是道的运用。天下万物都从有产生,有又从无产生。

[释文] "反者道之动,弱者道之用","反",论者大多解释为"返",也有解释为"反面"的,从老子思想整体看,应该释为返还之义,如十六章所说"夫物芸芸,各复归其根",二十五章"远曰反",在阐述道的运动时,老子多主张回到出发点的运动,意思是所有的运动都要回到自身,因为是事物自身的运动。只是在强调事物性质发生变化时,"反"才是走向对立面的意思,如七十八章的"正

---

① 河上、王弼本同。傅奕本写为"天下之物生于有"。帛书本写为:"反也者,道之动也。弱也者,道之用也。天下之物生于有,有□于无。"竹简本写为:"返也者,道动也。弱也者,道之用也。天下之物生于有,生于亡。"从河上、王弼本。

言若反"。① 在《老子》书中,这"反"在许多情形下可以与"归"互释,如第十四章:"其上不皦,其下不昧。绳绳兮不可名,复归于无物。"第二十八章:"为天下溪,常德不离,复归于婴儿。""为天下式,常德不忒,复归于无极。""复归于朴,朴散则为器。"

依老子的看法,事物不仅应该是自己运动,自己回到出发地,且也认为回到出发地的运动,才是好的结果,它表示了事物自身的完成,如果变成了别样的东西,那就是恶劣的结果,在人来说是没有坚守、操守和稳定的德性("常德"),在事物来说就是没有确定的性质,变得难以认知。"弱"是老子始终强调的姿态,守雌、守弱、处静,一来表现了道的品性,二来从事物变化的情态来说,柔弱胜刚强(三十六章),"坚强者死之徒;柔弱者生之徒"(六十七章),就像水可以攻克任何坚强的东西一样,"天下莫柔弱于水,而攻坚强者莫之能胜"(七十八章)。只是老子把"弱"看成是道的运用与表现,弱既可以表现道无所不容的广大与谦让,也可以表现其作为躁与动的力量泉源,还表现为万事万物的归宿。

"天下万物生于有,有生于无",天下万物是"有",而有又生有,所谓"龙生龙,凤生凤",世界的多样性就是不断地从一种"有",产生出另外一些"有",这不仅包含了同类相生,也包含了同类异化的相生。这里所说的"有"并不指称任何具体形态,只是哲学上的存在之义,如同天地可以包含在"有"当中,但天地并不等于"有",这里的

---

① 《老子河上公章句》:"反本也。反本者,道之所以动,动生万物,背之则亡。"林希逸《老子口义》:"反者,复也,静也。"王弼《老子注》:"高以下为基,贵以贱为本,有以无为用,此其反也。"任继愈《老子新译》:"向相反的方向变化,是'道'的运动。"可见两种解释皆通,不过,"返还"之义当更合老子本意。

"有"是抽象化的。① "有生于无",论家多以为这里的"无"正是指"道",如河上公认为道没有形状,所以是"无";② 王弼则凡是《老子》书中的"无",都看成是"道",因为"道"不可形名,甚至不能说成是"有",所谓"道者,无之称也",只要说成"有",就限于有限了,从而与"道"无关,所以,"有"须返回到"无"。③ 老子的这个立论引来了无穷的遐想,到底是万物生于"有","有"生于"无",即到了"无"这里就该止步了,因为"无"就代表了"道",还是说在"道"之上还存在"有"与"无"的相生链条。

《庄子·齐物论》做了一个从"有"到"无"的无穷推论,庄子是从人们的习惯性思维开始的:如果你要说这世上的事情都是"有开始"的话,那么往上推论,也就是"没有开始了",再往上推论,就连"'没有开始'也没有了";同样,如果你要说这世上的事物都是从"有"开始的,往上推论,就是"没有'有'",再往上推论,就是连"没有'有'"也没有了。④ 庄子的意思,从有始与无始、有与无去推论究竟,都不会有结果,不如我们知道造成天地万物的是一个"物物者"——道,一定不是任何的物,如《庄子·知北游》所说的:有一个先于天地而

---

① 陈鼓应认为:这里的"有","和一章'有名万物之母'的'有'相同,但和二章'有无相生'及十一章'有之以为利'的'有'不同。二章与十一章上的'有',是指现象界的具体存在物;而本章的'有'是意指形上之'道'的实存性。"(《老子注译及评介》,第217页)

② 《老子河上公章句》:"万物皆从天地生,天地有形位,故言生于有。天地神明,蜎飞蠕动,皆从道生。道无形,故言生于无也。"

③ 王弼《老子注》:"天下之物皆以有为生。有之所始,以无为本,将欲全有,必反于无。"吴澄《道德真经注》:"万物以气聚而有形,形生于气,气生于道,气形有而道则无,无与有异,故日反,言道以反而动之由也。"李道纯《道德会元》认为这里的"有"与"无"只是"有名"与"无名":"有名万物之母,无名万物之始。"即是说,"有"与"无"只是表示万物的初始。

④ 《庄子·齐物论》:"有始也者,有未始有始也者,有未始有夫未始有始也者;有有也者,有无也者,有未始有无也者,有未始有夫未始有无也者。俄而有无矣,而未知有无之果孰有孰无也。"

存在的物吗？造物者一定不是物。不能想象在有物之前，还存在着物，看起来好像有物存在。其实并没有这样的存在。①

《列子·汤问篇》是一篇商汤王向夏革请教"古初"是否有物的问答，其实也就是对于宇宙的开初有没有物，有没有穷极。商汤王问夏革：②

"远古的那时候，有没有物存在？"

夏革回答：

"远古要是没有物存在，那今天怎么会有物存在？以后的人也会说今天没有物存在，可以吗？"

汤王又问：

"那么物的存在没有先后吗？"

"物存在的终结与开始，本来是不确定的。开始可能是终结，终结又可能是开始。哪里知道究竟？然而，物以外是否存在什么，事情发生之前有什么发生，我就不知道了。"夏革回答道。

汤王再问：

"既然这样，那么上下八方，有穷极吗？"

夏革说自己不知道，可是汤王坚持要问，夏革只好回答道：

"无就是无穷极，有就是有尽头，我哪里知道呢？然而，无穷极之外又是无无穷极，无尽头之中又有无无尽头，无穷极加上无无穷极，无尽头加上无无尽头，我从这里知道无穷无尽，而不知道什么有穷有尽。"

商汤王与夏革的这一问一答，表达了人们对于宇宙的来源、时

---

① 《知北游》："有先天地生者物耶？物物者非物。物出不得先物也，犹其有物也。犹其有物也，无已！"

② 夏革，字子棘，商汤王的大夫。

空的有限与无限问题的困惑,这种困惑纠缠着人类,屈原的《天问》、荀况的《天论》以及刘禹锡的《天对》,皆是对于这个困惑的不断追问与思索。夏革本来也不知道世界到底是有限的还是无限的,但他从已知的事实与逻辑,推出世界的存在是无穷无尽的。

## 道是如何产生物的

## 第四十二章

道生一,一生二,二生三,三生万物。万物负阴而抱阳,冲气以为和。人之所恶,唯孤寡不穀,而王公以为称。故物或损之而益,或益之而损。人之所教,我亦教之。强梁者,不得其死。吾将以为教父。①

[译文] 道产生一,一产生二,二产生三,三产生万物。万物背负着阴而向着阳,阴阳相互交感而成均衡和谐状态。人们都厌恶处孤、寡和不穀的境地,而王公却以此为自己的称呼。万物或者因为减损而实际上得到了增益,或者增益了而实际上得到了减损。人所教我的,我也用来教别人。强暴的人不得好死,我则拿他作为教戒之始。

---

① 这里从王弼本。河上公本写为"孤、寡、不穀"。傅奕本写为:"万物负阴而襄阳","而王侯以自称也","人之所以教我,亦我之所以教人","强梁者不得其死,吾将以为学父"。帛书本写为:"中气以为和","而王公以自名也","故人□□教,亦议而教人","故强梁者不得死,吾将以为学父"。

[释文] 这里似乎是简单得不过是一、二、三等数字而已,但这些数字所表征的意思就不那么简单了。

"道生一"中的这个"一",古今的论家争论不小,各有其解,不妨列示出来:汉人河上公以为是"道始所生者",却不说这始生者为何;东汉时人严遵理解为"混窈冥";魏晋人王弼理解为"无";初唐时人成玄英解为"元气";中唐玄宗解为"冲气";宋人林希逸解为"太极";宋人吴澄解为"冲虚之一气";元明时人李道纯解为"气";近人蒋锡昌解为"道",① 不一而足。"元气""太极"皆属于后来的概念,春秋时候只有"太乙"的说法,战国时期的《庄子·大宗师》里说"在太极之先而不为高",《系辞》说"易有太极,是生两仪",《鹖冠子·泰录》说"故天地成于元气,万物乘于天地"。所以这类解释属于不离论者自己文化背景的,虽则与理不悖,但未必合乎老子的时代。"混窈冥"的说法过于含糊,未知是混沌之物,还是窈冥之境。把这个"一"解为"冲气""冲虚之一气",合乎老子的时代,却未必合乎老子的本意,老子用一、二、三的数列,正是想要用其抽象之义,而不当落入形下之域,冲气虽然并不指具体之物,但高度不够。而把"一"理解为"无",或直认为"道",则不够周延,如果说"一"是"道",那么"道生一",就成为道自己生自己了,如果坚持这种理解,就应当把这个"一"看成是"道"的延续,或者"变身"。在上述基础上,我认为河上公的理解具有合理性了,他虽然用"道始所生者",这样的界定不是

---

① 河上公解释为:"道始所生者一也。"(《老子河上公章句》)严君平解释为:"混窈冥也。"(《道德真经指归》)王弼解释为:"无""万物万形,其归一也。何由致一?由于无也。由无乃一,一可谓无。"(《老子注》)唐玄宗《御注道德经》:"一者,冲气也,言道出冲和妙气。"成玄英《老子疏》:"一,元气也。"林希逸《道德真经注义》:"一,太极也。"吴澄《道德真经注》:"道自无中生出冲虚之一气,冲虚一气生阴生阳,分而为二。"李道纯《道德会元》:"虚无生一气","一者万物之母"。陈鼓应引蒋锡昌《老子校诂》:"一即道也,自其名而言之谓之道,自其数而言之谓之一。"

很清晰，但他说出了基本之义，我则以为，这个"一"就是道生万物的"初始"之义。这个"初始"乃是阴阳未分的，形象未具，接近于《周易》里面的"氤氲"。① 既然万事万物皆有其初始，那么道生万物也有这么一个过程，在这个初始阶段里，阴阳未分，鸿蒙未判，却已有了生的迹象。

"一生二"，这个意思容易明白，就是指阴阳两种势力开始分离出来，并成为一种对峙、对立的态势，或许在开始的时候，彼此是平衡和调的，后来由于交感的作用，逐渐使其阳胜阴弱或阴胜阳弱的情形，把此情形称为阴阳二气或许是恰当的，但理解为"天地"也未尝不可。② 但老子不说阴阳二气，依然使用哲学的表达，其中蕴含了这样的道理，从一个不分的东西，由于它自身的原因，逐渐分离出两个东西来，这两个东西还一定是性情殊异的，就像雄雌男女一样，阴阳二气就是此种情形的典型，世界上任何的差异与对立都是从这阴阳二气的交感作用产生的。

"二生三，三生万物"，这个"三"，有认为是天地人三才，有认为是清浊二气加上"冲虚之气"或"和气"③，这些理解皆不离老子的道理，还是那句话，哲学总在最一般的意义上理解宇宙生成论的，老子这里的"三"，或许理解为多样性更合理。从一个超越的道（既是精神性的、又是混沌的实在），生出了一个未分的初始，再分判成阴阳两个方面，又在此基础上，阴阳合力而生出多样性，"三"未必一定指

---

① 《周易·系辞》作"絪缊"，《白虎通·嫁娶》引为"氤氲"："天地氤氲，万物化淳。"
② 《老子河上公章句》解"二"为"生阴与阳"；严遵《道德真经指归》解为"谓神明也"；林希逸《道德真经口义》解为"天地也"。
③ 《老子河上公章句》："阴阳生和、清、浊三气，分为天地人也。"严遵《道德真经指归》："和浊清也。"林希逸《道德真经口义》："三，三才也。"吴澄《道德真经注》："阴阳二气合冲虚一气为三，故曰生三，非二与一之外别有三也。"

三种东西,诸如天地人等,它代表了多样性。"三生万物",表达了以"有"生"有"、万物自生的过程。这一切都是从"道"那里来的,是一个宇宙的生成图式,但由于对"道"有不同的理解,就有了魏晋时候王弼"无能生有"、郭象"无不能生有,有自有"的分歧,这种分歧应当不是理解上的问题,而是老子哲学本身蕴含的问题,它给予后人以可解释性。

"万物负阴而抱阳,冲气以为和"①如何理解?论家有的以为,人的身体背负阴,向着阳,从而"冲气"为人的"冲和气",②但老子已经明言"万物",当不限于人体,从而"冲气"也未特指人体"冲和气"。故而此句的意思当为:万物皆有阴阳二气交互充盈。"冲气以为和",也有两种基本理解,一种是"阴阳两气相交而形成各种新生体"③,另一种是"万物内涵着阴阳两种对立的势力"④。我以为第二种理解更合理些,应该是阴阳二种势力相交而保持着平衡与和谐,使事物仍然是它自己,性质没有改变,即没有变成别的东西。

对于道从混沌未分,到分阴分阳的变化,庄子也有过精彩的表述:

道本来没有界际与分别,言说则是没有恒常的,正是因为如此,后来才有了界际与分别,这些界际与分别诸如:有了左有了右,有了伦常有了适宜,有了分殊有了辨别,有了竞逐有了争议,这就叫作八

---

① 《老子河上公章句》注"负阴而抱阳,冲气以为和":"万物无不背阴而向阳,迴心而就日者也。万物之中皆有元气,得以和柔。"朱谦之《老子校释》引《淮南子·精神训》高诱注:"万物以背为阴,以腹为阳。"(第175页)
② 朱谦之《老子校释》引《列子·天瑞篇》:"冲和气者为人。"(第175页)
③ 陈鼓应《老子注译及评介》,第230页。
④ 任继愈《老子新译》,第152页。

种品性。(《齐物论》)①

造化之初始,存在着"无无",存在着"无名"。从"一"开始,有了混同的"一"而没有形状。万物得以产生,这叫他做它的品性;没有形状但有了分别,而且这分别之间彼此并无间隙,这就叫作命;……((天地))②

庄子在对道的论述上更为彻底,他不仅说明了道从无形无名、无界无畔、无分无别,到了这些所有的形名、界畔、分别,而且说明了"道"是一个绝对的抽象存在,不属于任何实物。③ 庄子所说的"一",也是一个抽去了任何实物的开初、初始,却可以表达所有实物的开初、初始。

---

① 《齐物论》:"夫道未始有封,言未始有常,为是而有畛也。请言其畛:有左有右,有伦有义,有分有辩,有竞有争,此之谓八德。"

② 《天地》:"泰初有无,无有无名。一之所起,有一而未形。物得以生谓之德;未形者有分,且然无间谓之命。"

③ "无无",意味一个无形色、无大小、无死生、无古今的绝对存在,指"道"。"无名",也指称"道",所谓"道常无名"。

# 天道与人道

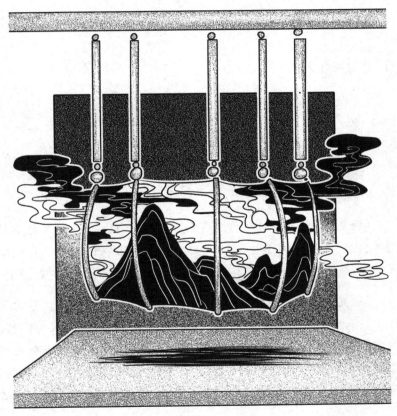

天地不仁

## 天地不仁

### 第五章

天地不仁，以万物为刍狗；圣人不仁，以百姓为刍狗。天地之间，其犹橐籥乎。虚而不屈，动而愈出。多言数穷，不如守中。①

[译文] 天地并不表现为仁慈，任万物自己生长；圣人也不表现为仁慈，任百姓自己生养。天与地之间，犹如一个大风箱，空虚而不穷竭，鼓动起来生生不息。政令繁多就会陷入穷困，不如守持适中。

[释文] "天地不仁，以万物为刍狗"一句中的"仁"指仁慈，"天地不仁"，谓天地不需要表现为仁慈。依道家的观念，表现为仁慈，其实就有了偏爱，仁慈总是对于特定的对象的，如果对待所有人和事都一视同仁，也就无所谓仁慈了。天地之所以不表现为仁慈，就因为天地没有偏私、偏爱，也就没有厌恶与憎恨。② "刍狗"本是祭

---

① 河上公、王弼本同，从之。傅奕本写为："虚而不诎，动而俞出。"帛书本写为："多闻数穷，不若守于中。"
② 李荣《老子注》："有爱则有憎，天地无心，绝于憎爱，以无爱，故曰不仁。"

祀所用的草扎的狗,用完便扔了。① 天地把万物看作是刍狗,意味着天地平淡、公平地看待万物,不会因为亲疏、好恶而对一些事物好,对另外一些事物不够好,所以都当成刍狗一样,不会用完后再把它收藏起来。② 不会表现出所谓的"仁",即不必刻意改变其自然性质,不必"有恩有为"。王弼有一个理解认为,你要是试图改变万物,那么万物就会失去它们真实的性情;你要是"有恩有为",就不能把你的恩惠施及每一物,而你既然对待事物有了偏差,就不能承载天下之物了。③ 有一种观点认为,老子这是反对儒家的仁慈、恩爱,应当说这是不确当的。老子虽然批评过仁义等,但老子的时代儒家未必就形成了,应当说老子是对周朝以来形成的以血缘关系为基础的仁爱观的批评,因为这种仁爱未能从亲尊关系中走出来,未能实现对偏爱偏私的超越。要说老子这个观点是正面价值而非负面价值,是完全正确的,④因为老子的主要意图是强调天地的无私与公正,推崇的是任自然的观念,或许天地行了仁恩的事情,却不希望人们记得其仁恩。至少,天地与万物相忘了彼此的仁恩。⑤

---

① 朱谦之《老子校释》引高诱注:"刍狗,束刍为狗,以谢过求福。"(第22页)
② 《老子河上公章句》:"天施地化,不以仁恩,任自然也。"吴澄《道德真经注》:"仁谓有心与爱之也。……天地无心于爱物而任其自生自成。"
③ 王弼《老子注》:"天地任自然,无为无造,万物自相治理,故不仁也。仁者,必造立施化,有恩有为。造立施化,则物失其真;有恩有为,则物不具存。物不具存,则不足以备载矣。地不为兽生刍,而兽食刍;不为人生狗,而人食狗。无为于万物,而万物各适其所用,则莫不赡矣。若慧由己树,未足任也。"
④ 陈鼓应《老子注译及评介》引陈荣捷评语:"'不仁'一辞大有争议,它或许可被视为老子反对儒家仁义思想的一种强烈展示。但事实上此处所描述的道家观念是肯定面的,而非否定面的,它意指天地不偏不党,公正无私,毫无人为蓄意的仁爱之意,几乎所有的注者都能理解,庄子发挥得尤为精妙,像Blakney等将之译为unkind方式,可以说全然误解道家的哲学。"(第75页)
⑤ 林希逸《道德真经口义》:"生物,仁也,天地虽生物而不以为功与,与物相忘也。养民,仁也,圣人虽养民而不以为恩,与民相忘也。不仁,不有其仁。刍狗已用而弃之,相忘之喻也。"

"圣人不仁,以百姓为刍狗"。前一句话讲天道精神,这句话则讲人道精神。"圣人"乃是道家的理想人格,不过,这个理想人格并不是"素王",不是没有权利的人,而是拥有帝王的权柄,同时具有自然与公平的精神、超越的境界,所以他没有偏私偏爱,没有小集团利益,他对待任何人、任何事情都能自然地、公正地处理,像对待用来祭祀的刍狗一样,如此,天地与圣人,天道与人道,这之间是承袭的关系,在老子看来,最好的人道精神就是天道的精神,圣人之所以成为圣人,在于他因袭、承载、依循了天地自然精神。① 而这也是符合"人法地,地法天,天法道,道法自然"的精神的。

"天地之间,其犹橐籥乎",这句把天地比喻成大风箱,这风箱看起来空虚,但其妙用无穷无尽,它只要鼓动起来,万物就会生生不息,在这生息之间,就涵养着万物自得其所、自得其乐的合理性在其中了。是何种力量使得这橐籥鼓动起来呢?是自然之道。② 万物要生长,就是万种的力,而这些力却要依循自然合理性,彼此既相制约,又相均调,而道的作用就在其中了。

"多言数穷,不如守中。"③话到这里突然一转,从天地、圣人转到治国理政,从理想境界转入现世的告诫。为政者如果政令频出,不断地折腾,百姓将不堪其言,不堪其负,而令国家很快就倾覆了。与其那样,为政者还不如明智点,守持适中为好。先说这个"中"字,有人解为"一道"④,有人解为橐籥中间之处⑤,有人解为"守德于中"⑥,

---

① 王弼《老子注》:"圣人与天地合其德,以百姓比刍狗也。"《老子河上公章句》:"圣人爱养万民,不以仁恩,法天地任自然。"
② 王弼《老子注》:"天地之中,荡然任自然,故不可得而穷,犹若橐籥也。"
③ 吴澄《道德真经注》:"数,犹速也。"
④ 成玄英《道德经疏》:"中,一道也。"
⑤ 吴澄《老子注》:"中谓橐之内,籥所凑之处也。"
⑥ 《老子河上公章句》:"不如守德于中,育养精神,爱气希言。"

有人解为"冲和自然"①,有人解为"中和"②。这些解释主要为三种,第一种解为"一道"和"冲和自然",都指的是"道";第二种解为处所,如橐籥中间之处;第三种为修炼中身体的中心关窍,如"守德于中"及"中和",而不是儒家所说的"过犹不及"的意思。③《庄子·齐物论》:"彼是莫得其偶,谓之道枢。枢始得其环中,以应无穷。"应该说,庄子的这个"道枢"——"环中"之意,是比较合乎老子的这个比喻的。"橐籥"如"环","守中"如守"环中"。只是庄子的比喻指是非问题,老子的比喻指治国中的偏私偏爱问题。"中"本来是指橐籥中间的方位的,但是这里只是借喻,意谓治国理政中的道要、枢中,也就是治国者当守持公平中正、不偏不私之道。相对于"多言数穷",老子则又有深意了。如果一个领导人自以为行的是公平之政,但政令频出,不断地教化百姓,算不算守中呢?老子既然做了比较和选择,那么"多言数穷",就不可能守中了,这两者是对立的。这其中包含了诸多没有展开的东西,如治国者说的越多,错的也越多,治国者并不见得聪明过人,所谓"君之智,未必最贤于众也"④;政令频繁,宰制了百姓的正常理智,百姓手足无措,如教农民如何种地,工匠如何做工,士兵如何打仗,就是不让百姓自己决定自己该干的事情,等等。⑤

---

① 唐玄宗《御注道德经》:"故不如抱守冲和自然皆是也。"
② 陈景元《道德真经藏室纂微篇》:"若法天地之虚静,同橐籥之无心,抱守中和,其自然皆足矣。"
③ 陈鼓应《老子注译及评介》引张默生《老子章句新释》:"'不如守中'的'中'字,和儒家的说法不同,儒家的'中'字,是不走极端,要合乎'中庸'的道理;老子则不然,他说的'中'字,是有'中空'的意思,好比橐籥没被人鼓动时的情状,正是象征着一个虚静无为的道体。"(第77页)
④ 《慎子·民杂》。
⑤ 严复《道德经点评》:"今夫儒、墨、名、法所以穷者,欲以多言求不穷也,乃不知其终穷。何则?患常出于所虑之外也。惟守中可以不穷,庄子所谓得其环中,以应无穷也。夫中者何?道要而已。"见《严复全集》卷九,福州:福建教育出版社2014年版,第24页。

天下有道

## 天下有道与天下无道

### 第四十六章

天下有道,却走马以粪。天下无道,戎马生于郊。罪莫大于可欲,祸莫大于不知足,咎莫大于欲得。故知足之足,常足矣。①

[译文] 天下要是有道,战马都退还到田里耕地。天下要是无道,那么马崽都出生在战场上了。罪过没有比欲望更大的了,灾祸没有比永不满足更大的了,过失没有比想要得到更大的了。所以,知道满足于满足,就永远是满足的。

[释文] "天下有道,却走马以粪。"这一句先是提出了一种理想类型"天下有道",这种理想类型不是人之道,而是天之道,也就是自然之道。在自然之道流行天下的时候,马匹都退还到了田地里。② 说马匹退还田地,意思是马本来就是用来奔跑与作战的,《说

---

① 这里采用河上公本。王弼本少"罪莫大于可欲"句,傅奕本、帛书本皆有此句。"却走马以粪",傅奕本写为"却走马以播"。"咎莫大于欲得",傅奕本、帛书本皆写为"咎莫憯于欲得";"常足矣",帛书和竹简本皆写为"恒足矣"。

② 吴澄《道德真经注》:"却,退也。"

文》:"马,怒也,武也。"①当战场无所可用的时候,即便是本来用来作战的马,就只好退还田里做着牛干的活儿。所以,老子说了个"却"字,即退还的意思。②"天下无道,戎马生于郊",这个"天下无道",方家解释不尽相同,有认为是君主无道,有的认为未必指天下无人间之道,只是无自然之道而已。因为这段话似乎是针对战争这种极端情形而言的,故而,论者也多从战争和国君方面做了理解,这么说是不赔老子之意的。只是这里有一个思想方法的问题,老子说"天下有道"或"天下无道"的时候,他所指向的那些类型中,自然包含了有道之君和无道之君,却可能不唯独指他们,如有道之君不会发动战争,会主张和平,马儿都到田地去耕作了;而无道之君会发动战争,常年的战事使得马驹都出生在郊野了。但是,有道之君不一定会产生"却走马以粪"的结果,反之,无道之君也不一定会"戎马生于郊",可以导致这两种结果的条件有很多,有道之君也可能因为某种原因发动连年的战争,无道之君也可能心里想却无力发动战争。一群好战的大臣也可以推动国君发动战争,社会风尚的好坏都可以左右国家的兴与废。也就是说,天下有道与天下无道,并不唯独体现在有道之君或无道之君上。

　　由于老子将天之道与人之道对立起来,天之道为理想类型,那么人之道就是利益世界,由利益驱动的世界,终将会陷入自相残害的境地。所以说,老子所说的天下有道或天下无道,都不是指是否

---

① 段玉裁引《释名》:"马,武也。大揔武事业也。"
② 《韩非子·喻老》:"天下有道,则无急患,则曰静。遽传不用,故曰却走马以粪。天下无道,攻击不休,相守数年不已,甲胄生蟣虱,雀处帷幄,而兵不归,故曰戎马生于郊。"《老子河上公章句》认为:天下有道,"谓人主有道";天下无道,"谓人主无道"。李荣、唐玄宗等也持相同看法。刘笑敢认为:"战争是天下无道的结果。无道的道不必是儒家之道或道家之道,而是任何道德、道理、道义。任何正确的原则都无效了,解决问题就只有诉诸于武力。战争的结果是人禽不安。"(《老子古今》上册,第468页)

具有人之道,而是是否具有天之道,或者说是否具有自然之道。在这个方面,王弼的理解是颇得老子要领的:"天下有道,知足知止,无求于外,各修其内而已,故却走马以治田粪也。"①依王弼的理解,老子说的这个"天下有道",不是寻常意义上的道德境界与社会风尚,而是以天为则的自然境界与自然和谐。

"罪莫大于可欲,祸莫大于不知足,咎莫大于欲得",这几句话都应当是针对"人之道"的种种情形。"可欲""不知足""欲得",表明的是凡俗的欲望世界,即天下熙熙攘攘,皆为利来利往的世界。既然是一个利益世界,那么其欲望总会是无止境的。然而,贪欲与需求并不是一回事,贪欲是人的永不会满足的欲望,并非必要的需求,即当满足了必要的生活需求之后,人们依旧会追逐更多的利益,所以,贪欲并不是需求。需求表达的是必要的物质需要,当这些"必要的物质利益"达到需求的时候,就当满足。在人欲横流的社会里,贪欲本身成为人的需求,而不是物质必需。因此,有的人就把贪欲看成了人的本性。诸如一个贪官,他所贪的东西几代人也消费不尽的情形下,这些东西已经远非他的消费所需,但他还会继续贪,因为他不是需要物质利益,而是需要贪。所以,罪过、灾祸与过错,皆是由此而来,可以说,古往今来,概莫能外。"天下有道",则表现为"知足",即生活必须得到满足的时候会知足。人何以会知足呢?这就要看行的是什么道,如果是人之道,就不可能知足;如果行的是天之道,就是可能的。因为天之道讲求一种自然精神,人以自然需求为目的,当自然需求得到满足时,其他的东西便是多余的,对待多余的就当止步、知足。

---

① 王弼《老子注》。

老子的这个思想容易被人理解为拒绝接受,理解为对于利益的轻蔑,甚或理解为不食人间烟火,这其实是不明老子之意。老子的知足绝非不需要物质利益,也不是在任何情况下都会自我满足,他要表达的只是人经常会满足,也就是人的必要需求满足之后的满足,这就是"知足之足",前一个"足"是物质必须的满足,后一个"足"是得到这些东西之后的态度。既然有了这个态度,当然也就是"常足"了。常足就会欲心不生,清静自在了。

对于老子的"天下有道"和"天下无道",《庄子》有过进一步的描述:

"凤凰啊,凤凰啊,怎么这么衰落呀! 未来的世界不可以等待它来,过去的世界不可以追回来。天下有道,圣人就会成就天下;天下无道,圣人也只能苟全性命。如今之时,仅仅免遭刑戮而已! 幸福比鸿毛还轻,没有人知道如何承受;灾祸比大地还厚重,没有人知道规避。算了吧,算了吧,以德教人! 危殆啊,危殆啊,在地上画出行迹,要人遵循! 迷阳迷阳,不要伤我的脚! 我行随顺物性,不要伤我的脚!"①

这是楚国的贤人狂接舆到了孔子门前所唱的一段词,其中表示了"天下有道"与"天下无道"的人们的处境。这里还没有区分天道与人道的区别,即并不知道庄子所说的"天下有道"是天道,还是人道。在《天地》篇里,庄子又谈到了圣人的生活处境与人生的选择:

圣人啊,他像小鸟一样居住与食用,用度极其简单,也像小鸟那

---

① 《人间世》:"孔子适楚,楚狂接舆游其门曰:'凤兮凤兮,何如德之衰也。来世不可待,往世不可追也。天下有道,圣人成焉;天下无道,圣人生焉。方今之时,仅免刑焉! 福轻乎羽,莫之知载;祸重乎地,莫之知避。已乎,已乎! 临人以德。殆乎,殆乎! 画地而趋。迷阳迷阳,无伤吾行。吾行郤曲,无伤吾足。'"

样悄无声息地出行,而不会惊动四周。天下要是有道,那么他就会使天下万事万物都繁荣昌盛;天下要是无道,那么他就会择一个僻静之地修养自己的德性。活够了千年,然后悄然离开,升了仙,乘了白云,奔了帝乡而去。①

在这段话里,庄子也没有将天道与人道作出区分,而且似乎天下有道也就是天下有人道一样,但是,人间之道不是庄子的理想类型,人间之道不可能满足天之道的条件,可以说,在老子和庄子的理想类型中,历史上从来就没有满足过那些条件,尽管老子和庄子都崇尚"古始",但即便尧舜时代也不是那个条件。

---

① 《天地》:"夫圣人,鹑居而鷇食,鸟行而无彰。天下有道,则与物皆昌;天下无道,则修德就闲。千岁厌世,去而上仙,乘彼白云,至于帝乡。"

## 道为天下贵

### 第六十二章

道者万物之奥。善人之宝,不善人之所保。美言可以市尊,美行可以加人。人之不善,何弃之有?故立天子,置三公,虽有拱璧以先驷马,不如坐进此道。古之所以贵此道者何?不曰求以得,有罪以免邪?故为天下贵。①

[译文] 道是万物的荫庇。它是善良人的宝物,也是不善良人的保护。好听的话可以换来尊敬,漂亮的行为可以影响人。人要是不善良,哪里是可以抛弃的?所以,树立天子,设置王公大臣,虽然有供奉拱璧在先、驷马在后的仪式,不如进献此道。古代的人之所以重视道,难道不是因为道可以追求而得、有罪可借以免除吗?所

---

① 这里采取王弼本,但又依据《淮南子》和帛书本作了更正,如"美言可以市","市"字后加了"尊"字,"行可以加人"前加上了"美"字,"不曰以求得"更正为"不曰求以得"。河上公本写为:"何不日以求得。"傅奕本写为:"道者,万物之奥也","美言可以市,尊言可以加于人","不如进此道也","古之所以贵此道者何也","不曰求以得"。帛书本写为:"虽有共之璧以先驷马,不如坐而进此","古之所以贵此道者何也?不谓求以得,有罪以免与"。

以,道为天下人所贵重。

[释文] "道者万物之奥","奥",河上公解为"万物之藏",①王弼解为"庇荫",②意思差不多,因为道无所不容,故而万物皆可借此深藏其中,得到保护。二十五章所谓"道大",三十四章所谓"大道泛兮,其可左右",皆为此意。于此可知,老子所说的"道",既是实在,又是境域,作为境域的道,无所不容。"善人之宝,不善人之所保",道是善良之人的宝物,而不善良之人也赖之以保全,因为道无弃物,道无遗物,好人坏人都可以凭借它的庇佑,这也表明道无限的容量。"美言可以市尊,美行可以加人。人之不善,何弃之有?"③这两句话乃是对于前面句子的解释,"美言"为赞美之言,犹如八十一章所言"信言不美,美言不信",也如《庄子》所说"溢美"之言,夸大的好听的话。"美行"为漂亮的举动,如投人所好的行为,影响他人的判断。④故此,接下来说到了"人之不善"。尽管如此,道也不弃。

"故立天子,置三公,虽有拱璧以先驷马,不如坐进此道。古之所以贵此道者何?不曰求以得,有罪以免邪?故为天下贵。"前面说的是个人,后面说到国家。对于国家来说,虽有天子、三公的秩序尊严,又有拱璧、驷马的辉煌仪式,还不如向国家进献此道。最后两句

---

① 《老子河上公章句》:"奥,藏也。道为万物之藏,无所不容也。"
② 王弼《老子注》:"奥,犹暖也。可得庇荫之辞。"朱谦之《老子校释》:"彭耜《释文》曰'奥,李乌报切。言道体无外而万物资给于奥中。'"(第252页)《隋书·经籍志》曰:"'道者,盖为万物之奥',即本此。合此二义,则道为万物之奥,即为万物之温煖处也。"
③ 《淮南子》书中"道应训"作"美言可以市尊,美行可以加人",朱谦之《老子校释》:"此文以'美言'与'美行'对文,又'尊''人'二字,尊,《文部》,人,《真部》,此文、真通韵,宜从《淮南》。"这里据以更正为"美行可以加人"。(第254页)
④ 《老子河上公章句》:"美言者,独可于市耳。夫市,交易而退,不相宜。善言美语,求者欲疾得,卖者欲疾售也。""加,别也。人有尊贵之行,可以别异于凡人,未足以尊道。"

说为何自古至今人们要遵从道的原因：一是道可以追求而得；二是道可以免人的罪。这二者都是制度和礼仪文明做不到的。第一个方面为人的主动追求，善人追求而能得道；第二个方面为不善之人虽不能得道，但只要遵从道，也能免罪。所以，道应当为天下所贵重。

不争而善胜

## 不争而善胜

### 第七十三章

勇于敢则杀,勇于不敢则活。此两者,或利或害。天之所恶,孰知其故?是以圣人犹难之。天之道,不争而善胜,不言而善应,不召而自来。繟然而善谋。天网恢恢,疏而不失。①

[译文] 勇于刚强则会死,勇于不刚强则会活。这两种勇敢的结果,有的得利,有的受害。天的所好所恶,谁知道其中的缘由呢?所以,圣人都难以勇于刚强。天之道,不与人争斗,却善于取得胜利,不说话而能善于回应,不召唤而自动到来。虽然迟缓而善于谋划。天网极其广大,却稀疏而不漏失。

[释文] "勇于敢则杀,勇于不敢则活"句如何理解呢?"勇敢"在老子的时代不是一个通用的双音节词,"勇"就相当于"勇敢",如

---

① 河上、王弼本相同。傅奕本写为:"默然而善谋。"帛书本少"是以圣人犹难之"一句,另外,"繟然而善谋"写成"坦而善谋";"天网恢恢"写成"天网袿袿"。景龙本、敦煌本也无"是以圣人犹难之"句,任继愈以为"古代的注解误入正文的"。(《老子新译》,上海:上海古籍出版社1978年版,第218页)

"慈，故能勇"。所以，"勇于敢"，也就不是勇敢的意思。"敢"字，相当于刚强的意思，它相对于柔弱，如三十六章说"柔弱胜刚强"，七十八章说"弱之胜强，柔之胜刚，天下莫不知，莫能行"①。刚强、坚强，在老子这里都只是负面的意义，意味着逞强、示暴、施暴，做一些冒险、力所不及的事，或者把自己的意志强加于对方，"强梁者，不得其死"（四十二章），"故坚强者死之徒，柔弱者生之徒。是以兵强则灭，木强则折。强大处下，柔弱处上"（七十六章）。强梁者不得善终，以暴易暴者也终为暴力所毁伤。无论是"勇于敢"，或"勇于不敢"，都是勇敢地采取了行动，一种是勇敢地采取了刚强，另一种则勇敢地采取了柔弱，其实都表现了某种意志。"勇于敢"好理解，"勇于不敢"则易被忽略，以为采取柔弱不需要意志似的，其实不然。无论遇到何种境况，无论是得势或不得势，都坚守柔弱的姿态，这既表示了谦逊的本色，又表示了对他人的尊重。柔弱并不等于怯弱，不等于缺乏力量，也不等于缺乏战胜敌人的手段，柔弱的姿态本身就是手段。有人把老子"勇于敢"理解为"血气之勇"，把"勇于不敢"理解为"义理之勇"，不无道理，因为后者是一种理智的勇敢。② 这两种"勇于"，产生的结果相反，在老子看来，"勇于不敢"总会带来利，"勇于敢"带来的是害。

"天之所恶，孰知其故，是以圣人犹难之"句，意思是天会体现某种意志，它会有好恶之情，那就是好生恶杀。而这个缘故，并非常人所能明了，以圣人之明，当能够理解天意，故圣人也不例外，难以行

---

① 陈鼓应《老子注译及评介》引蒋锡昌语："'坚强者死之徒，柔弱者生之徒。''敢'即'坚强'，'不敢'即'柔弱'。"（第322页）
② 李道纯《道德会元》："敢于好勇，杀身之本也。勇于不敢，终身无害。勇于敢，血气之勇也。勇于不敢，义理之勇也。颂曰：敢勇常轻死，顽牛不畏鞭。试看狂劣者，鼻孔几番穿。"

"勇于敢"之事,何况无圣人之明的人呢!①

"天之道,不争而善胜"句,是讲天道的作为。前面说"天之所恶,孰知其故",这里则说出了天所不曾说出的好恶。"不争而善胜",就是"勇于不敢",不与人争斗,却能胜人,如不战而屈人之兵一样。②

"不言而善应"句,天虽不说什么,但善于回应天地自然的变化,使其体现出规律性,如"天何言哉,四时行焉,百物生焉"③;另一种理解是,福善祸淫,天能够及时做出善与恶的回应。④ 这两种理解都不出老子的本意。

"不召而自来",意思是天道看起来离人很远,却能让天下的人和事都处在其观照之下,需要的时候毋须召唤,它总能及时到来。这个意思也可从两个方面理解:一是天使万物体现出自然必然性,处柔弱却能使万物归顺;⑤二是人事的善恶报应,不待召唤而降临。⑥ 这两种理解都是合理的,而且,在老子那里也的确没有万物

---

① 《老子河上公章句》:"谁能知天意之故不犯之也?言圣人明德,犹难于勇敢,况无圣人之德而能行之乎?"王弼《老子注》与河上公理解相同。唐玄宗《御注道德经》:"圣人犹难为勇敢之事。"苏辙《道德真经注》:"夫天道之远,其有一或然者,孰知其好恶之所从来哉?故虽圣人犹以常为正,其与勇敢未尝不难之。列子曰:迎天意,揣利害,不如其已。患天道之难知,是以历陈之也。"任继愈《老子新译》同于苏辙,也认"圣人犹难之"为"圣人也难以说得明白"(第218页)。

② 王弼《老子注》:"天唯不争,故天下莫能与之争。"成玄英《老子疏》:"自然之道,但不与物争,而谦退卑己者,必获于胜善之报也。"

③ 《老子河上公章句》注为:"天不言,万物自动以应时。"苏辙《道德真经注》的看法与河上公同。

④ 王弼《老子注》:"顺则吉,逆则凶,不言而善应也。"唐玄宗《御注道德经》:"天何言哉,福善祸淫曾无差忒,故云善应。"成玄英《老子疏》:"祸福之报,其犹影响,不待言辞而善恶必应。"

⑤ 《老子河上公章句》:"天不呼召,万物皆负阴而向阳。"王弼《老子注》:"处下则物自归。"林希逸《道德真经口义》:"阴阳之往来,不待人召之而自至。"

⑥ 成玄英《老子疏》:"善恶报应,随其行业,不待呼召而必自来也。"

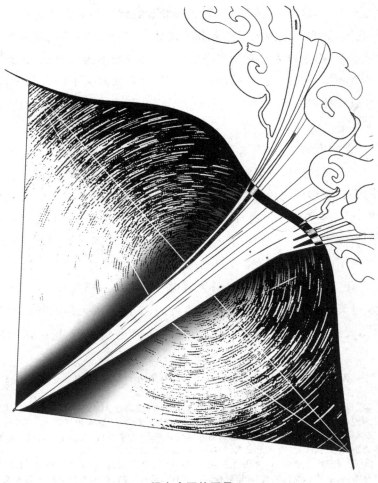

损有余而补不足

与人事的区分。

"繟然而善谋","繟然",有的写成"坦然",有的写成"默然",①意思不冲突,这里从"繟"。"繟然"为舒缓的样子。意谓天道虽然宽舒、迟缓,其实善于为天下的人和事谋划。这个谋划,不是要服务于天道本身,而是以人与事物本身为目的,设身处地为其谋划,让天下人和事物实现自己应该成为的目的。不是要宰制天下的人和事,而是要成就他们自身。②论家多以"善谋"为赏善惩恶的报应,当不达老子本意。

"天网恢恢,疏而不失",指自然之道像一张广大无边的网,天下万物与人间社会皆在其网罗之下,它看起来很宽绰、稀疏,但它决不会漏失。这句话在后来的运用中逐渐演变成司察人间社会的善恶得失,而不会漏失。③进而演变成法网恢恢的意思了,比喻国家的宪纲广大宽疏,却没有任何犯法者可以逍遥在法网之外。④

老子的意思很清楚,天道与人道之间,差距甚大,天道崇尚柔弱、容让,人道崇尚刚强、刻薄;天道也有类似人一样的好恶,但天道追求以天下的人和事的自身利益为目的,人道追求人的欲望满足为目的;天道广大而无为,然而,天下的任何事情又无不在其网罗

---

① 朱谦之《老子校释》引户以智语:"'繟然'与'默然''啴然'互通。"又引焦竑《老子翼》:"繟音阐,王作坦,严作默,不如作繟为长。"(第287页)

② 《老子河上公章句》:"繟,宽也。天道虽宽博,善谋虑人事,修善行恶,各蒙其报也。"严遵《道德经指归》:"寂然荡荡,无所不图也。"《老子注》:"垂象而见吉凶,先事而设诚,安而不忘危,未召而谋之,故曰繟然而善谋也。"李荣《老子注》:"大道甚夷,故曰繟然。图人之得失,赏罚无差,鉴人之善恶,灾祥不爽,故曰善谋。"

③ 《老子河上公章句》:"天之罗网,恢恢甚大,虽则疏远,若司察人善恶,无所失也。"林希逸《道德真经口义》:"天道恢恢,譬如网然,虽甚疏阔,而无有漏失者。言善恶吉凶无一毫不定也。圣人之于道,虽以无为不争,而是非善恶一毫不可乱。"

④ 成玄英《老子疏》:"恢恢,宽大也。网,宪法也。言天尊自然之网,甚自宽大疏远,而业无大小,功过酬报,终无差失也。"

之下。

　　过去有一个传说:商汤王见到一个编织罗网的人,这人四面设网,说:"从天上掉下来的,从地下冒出来的,从四方来的,都在我的网罗之下。"汤王说:"嘻!够严密的了,要不是夏桀王做不出这样的事情。"于是,汤王拔掉了网的三面,只留下了一面,对这个编网的人说:"过去蛛蝥编织网罟,今天的人要学舒缓,想要左的随他左,想要右的随他右,想要高的随他高,想要低的随他低,我只要取那些敢于犯命的。"远在汉水之南的人称赞商汤王说:汤王的美德可以普及到禽兽。最后,四十个国家归附了汤王。要是四面设网,未必能得到鸟。汤王去掉了网的三面,只留一面,却网罗住了四十国,可见这网不仅仅是用来网鸟的。[1]

---

[1] 《吕氏春秋·异用》:"汤见祝网者,置四面,其祝曰:'从天坠者,从地出者,从四面来者,皆离吾网。'汤曰:'嘻!尽之矣。非桀其孰为此也?'汤收其三面,置其一面,更教祝曰:'昔蛛蝥作网罟,今之人学纾。欲左者左,欲右者右,欲高者高,欲下者下,吾取其犯命者。'汉南之国闻之曰:'汤之德及于禽兽矣。'四十国归之。人置四面未必得鸟。汤去其三面,置其一面,以网其四十国,非徒网鸟也。"

## 损有余而补不足

## 第七十七章

天之道,其犹张弓欤。高者抑之,下者举之;有余者损之,不足者补之。天之道,损有余而补不足。人之道则不然,损不足以奉有余。孰能有余以奉天下,唯有道者。是以圣人为而不恃,功成而不处,其不欲见贤。①

[译文] 天之道,就像拉开的弓箭。要是高了,就压低一点;要是低了,就抬高一点;有余的就减损它,不足的就补益它。天之道,减损有余而补益不足。人之道则不是这样了,减损不足的而补益那些有余的。谁能够以自己的有余而奉献给天下?唯独有道的人可以做到。所以,圣人有作为而不自以为尽了力,使事情成功了却不居功,因为他不愿意显示自己的贤能。

[释文] "天之道,其犹张弓欤"句,把天道的作为比喻成一个

---

① 这里采用王弼本。河上本写为"不足者益之";傅奕本写为"孰能损有余而奉不足于天下者";帛书本写为"是以圣人为而弗有,成功而弗居也,若此其不欲见贤也"。

张开的弓箭,弓箭张开是有目的的,即瞄准要射的对象,所谓"有的放矢"。弓箭既是以瞄准的对象为目的,那么弓箭的抬高与压低全然以对象的高低而决定,虽然似乎有一个弓箭手在操作它,但不是以弓箭手自己的好恶来决定的,这就是一种自然决定论了。如果弓箭不是瞄准对象,便射不中对象,那就不是张弓射箭的目的了。这个"弓箭手"自然是看不见的,因为他不显示自己的作为,但是他有明确的目的性,即一切以对象为目的,而没有自己的偏好与爱恶。"有余者损之,不足者补之",这是天之道的"张弓"精神的人间化落实,天的精神必定会以自然力量或者人间力量的形式表现出来,通过自然平衡的作用,使其呈现出均衡、平等,因为自然之道不能够使"有余者"永远有余,"不足者"永远不足,使"有余者"得到减损,使"不足者"得到补益,这正是天道公平的作用。

"天之道,损有余而补不足"句,表示"天之道"与"人之道"的根本区别与相悖。"天之道"既是以对象本身的需求为目的,那么,对象需要高就抬高,对象需要低则放低,一切以对象的需要而定,对象有余,就当适当地减损它;对象不足,则适当增补它。老子在这里没有说如何减损或增益对象,只是说天道的目的性很强,像张弓射箭一样,并没有说像"立竿见影"般地实现自然与社会的公平与合理,但老子说过"天网恢恢,疏而不漏",天道看起来舒缓,并一切又都在它的笼络之下,天道一定要实现它的目的性,就像自然界的平衡一样,自然环境自身具有净化、调节和平衡能力,使不和谐、不均衡的自然重新回归于和谐与均衡。当自然或人的某些作为破坏了自然净化、调节和平衡能力的时候,那么天道将要强制地实现平衡,而那种情况将以巨大的自然与社会的牺牲为代价。

"人之道"相反,因为人以利益与"恶"为驱动,由此形成的社会也以利益为纽带，形成各种各样的社会关系，以及阶级、阶层与集团，在这些关系基础上建构的制度也都是以保护自身和同伙人的利益为目的，尽管人们都在为自身的利益竞争，但这样的竞争不会是公平的，有了钱的人更容易赚钱，有了地位的人更容易得到地位，使穷的人更穷，富的人更富，这便是老子所说的"损不足以奉有余"。

"孰能奉有余以补天下，唯有道者"句中老子的语气是对世俗社会的人表示失望的，人既然为追逐利益、名誉与地位而活着，那么便不会有满足之时，因为追逐利益、名誉与地位本身成为人活下去的理由。如此，有谁能拿出自己的"有余"而奉天下呢？说"有余"，是对于他自身的生活需要来说有余，那么什么时候才算是"有余"呢？这并没有确定的界限，而且每个人都有自己的界限，君主拥有天下也没有觉得"有余"，商人富可敌国也没觉得"有余"，但是，老子既说出"有余者"与"不足者"，那么一定是能找出这道界限的，根据只在人自身，在于人对于生活的要求高低，你觉得有余就是"有余者"，你觉得不足就是"不足者"，这就是我们生活中常看到的贫者有余、富者不足的情形，即贫穷的人可以拿出自己有限的财物帮助他人，而富者越有钱越吝啬。"唯有道者"，在一般意义上，应该理解为"得道者"。如果没有一种超越世俗的精神，便不可能有满足和有余的感觉，也就不会拿出多余的财物以奉献给天下。我们可能拿出自己的财物帮助自己的亲人、朋友，却不见得愿意拿给"天下"，因为拿给亲戚、朋友可能得到感恩与回报，拿给天下是不太能够指望感恩与回报的。"奉天下"与"帮他人"是有分别的，所以，"奉天下"应当是得道之人。老子有没有将求道的人排除在"损有余而补不足"之外呢？应该没有。求道者既追求"天之道"，那么他们是可能产生自己有余的感觉的，他们可能会知足，既已感到有余、知足，当能做出损自己的有余而补不足的事情来，只是能否"奉天下"，即只讲求奉献天下人而不选择特定对象，不求感恩与回报，那就要看思想境界有多高了。①

"是以圣人为而不恃"句，承接上句"唯有道者"，意味着只有"圣人"才能如此。圣人因为有超越的心智与境界，不在意世俗社会的功名利禄，故而他推动了事物向好的方向发展，却不让人知道他行了这样的事，甚至主观上就不觉得自己做了这事；把事情做成功了，却不占据成功者的位置，悄然地转身了。这一切都归根到他不愿向世人显现自己。不愿显现自己，无非是想让人们知道，事情是自己发展成这个样子的，或者说，事情做成功了，是当事人自己完成的，是人们自己创造和完成了这些事。至于那个张弓者，只是用了一只看不见的手在后面推了一把而已。

---

① 成玄英《老子注》："谁能有财德以施天下苍生乎？唯当怀道之人。独能济物，故下文云圣人不积而言奉者，示谦也。"

# 天道无亲

## 第七十九章

和大怨，必有余怨，安可以为善？① 是以圣人执左契，而不责于人。② 有德司契，无德司彻。天道无亲，常与善人。③

[译文]　调和重大的怨恨，一定会遗留怨恨，这怎么算是善？所以圣人手握债券的"左契"，但不苛责于人。有德性的人执掌信契，无德的人司责过失。天道没有亲疏，总是给予善人以帮助。

[释文]　"和大怨，必有余怨"这段话有两个完全不同的理解，一是以河上公为代表的，认为以刑法处理怨愤、纠纷，以求"和报"，结果是任了刑法而忽视了人情，必定会留下怨恨，与其以和顺调和

---

①　陈鼓应《老子注译及评介》采取陈柱、严灵峰之说，在"和大怨，必有余怨"后加入了"报怨以德"，这里不取。
②　帛书甲本写为"执右契"，乙本写为"执左契"。
③　河上、王弼、傅奕本同，帛书本写为"焉可以为善"，"夫天道无亲，恒与善人"。

双方,不如不起怨恨,怨恨不起也就不需要调和了;①二是以王弼为代表的、认为不依照契约行事,结果酿成重大怨恨,而强调以道德调和纠纷的双方,以不至于伤及双方的人情,由于问题没有得到解决,所以留下怨恨。② 这两种理解都涉及一个共同问题:法制的作用。第一种理解认为法的作用其实是调和纠纷与仇怨,代价是牺牲了人情,所以留下怨恨;第二种理解虽没有明说执行"契约"就是执法,但涉及执法,与其"以德"调和,不如按照契约和法律。法律与人情是对立的,法律不能了结怨恨,但没有法律的人情更不能了结怨恨,法律可以限制仇恨,在某种意义上,它是对仇怨的解决,虽然它不一定能根本解决,但人情的调和则只能解决小怨,不能解决大怨,甚至连限制或终止怨恨都做不到。老子不是法家,他没有从法律方面讲很多,但他说的"和大怨",应当不是指法律的调和,而应当是"以德"调和的意思。不讲冤情实情,不顾法律界限,都采取"以德"调和的办法,必定会留下怨恨,所以,这不是一个合乎"善"的解决办法。至于说,既不以法律调和,也不是以德调合,直接使仇怨不生,当然更好,但这是只有宗教信仰才能解决的手段。

---

① 《老子河上公章句》:"杀人者死,伤人者刑,以相和报。任刑者失人情,必有余怨及于良人也。"李荣《老子注》:"物我齐一,则是非不起,彼此纠纷则怨仇斯作,故礼有报怨之义,法有赏死之刑,怨往怨来怨不息,思欲息怨和之,令去逆以从顺乎,使反恶而为善,然口善而心不善,面从而意不从,不善不从,余怨余恨则更起,于恶何得用之为善,欲得为善,未若无为怨,无为怨何须和顺,既不和顺,亦无忤逆,逆顺斯忘,怨仇自息。不知善之为善,始可名为至善。"陈景元《道德真经藏室纂微篇》:"国君设教立法以绳之,杀人者死,伤人者刑,以和报其怨,而翻济其怨,有怨而和之,未若无怨而不和也。"
② 王弼《老子注》:"不明理其契,以致大怨已至,而德以和之,其伤不复,故必有余怨也。"

"是以圣人执左契,而不责于人","左契"指契约、合同的一方,①"右契"为契约、合同的另一方,左、右两方在不同时期显示主次,有的时期左契表示债权人、右契表示债务人,有的时期则相反。② 圣人执掌着契约,即具有法律约束的债权根据,却不以此苛责于人。这种做法是让对方有责任和信用,但又能宽怀待人,不强调自己的债权人身份。当然,老子只是拿这个契约关系作比喻,圣人与人的关系,如同债权与债务人之间的契约关系,这个是前提,在这个前提下,才存在圣人不苛责人的情形,希望由此建立信用与诚意。

"有德司契,无德司彻"中的"彻",有人理解为过失,③有的理解为税收。④ 这句话并没有明言有德、无德指的是哪类人,如果是指平常百姓,似不合理,应对上句的"圣人",这里当指君主。我认为把"司彻"理解执掌税收,也似不合理,因为无论"有德"或"无德"的君

---

① 朱谦之《老子校释》引朱俊声注:"契,《说文》:'大约也。'今言合同。《易·系词》'后世圣人易之以书契',郑注:'以书书木边言其事,刻于木谓之书契。'《周礼·质人》'掌稽市之书契',注:'取予市场之券也。其券之象,书两札刻其侧。'《礼记·曲礼》'献粟者执右契',疏谓'两书一札,同而别之'。又《韩策》'操右契',注:'左契待合而已',右契可以责取。"(第305页)

② 依朱俊声的引证,右契为债权人,左契为债务人;而任继愈《老子新译》则说:"左边的一半由借出钱物的一方收存,右边的一半由借债人收存。要还债时,放债人拿出左边的一半,向借债人讨还。"(第230页)

③ 《老子河上公章句》:"有德之君,司察契信而已。无德之君,背其契信,司人所失。"王弼《老子注》:"有德之人,念思其契,不令怨生,而后责于人也。"陈梦家《老子分释》:"彻,司人之过也。"(北京:中华书局2016年版,第149页)

④ 朱谦之认为:"彻当训为剥。……有德但以合人心为主,故不取于民,无德不以民情之向背为意,故唯浚而剥之为务。"(《老子校释》,第306页)任继愈认为:"'司契'和'司彻',都是古代贵族所用的管账人。司契的人,只凭契据来收付,所以显得从容。'彻'是古代贵族对农民按成收租的剥削制度。为了对农民进行剥削,所以'司彻'的人对交租人斤斤计较。章炳麟《检论》卷三:'有德司契。契者谓科条之在刻杭者也。'他认为'契'是规定了的法律条文。"(《老子新译》,第231页)

主,都不免要收税,而把"司彻"理解为司人过失,与"无德"君主更匹配,意味着"无德"专察人的过失,而不计其余,"有德"君主则引导人们讲信修睦,信守承诺,尽量不去司察人们的过失。

　　类似"天道无亲,常与善人"的话在先秦文献中常有,如《周书·蔡仲之命》:"皇天无亲,惟德是辅。"但是,这话在老子这里,就有些异样的蕴意了。"天道无亲"与"皇天无亲",这两句话的意思差别不大,都是说天道没有亲疏,对待任何人都是公正公平的。但"常与善人"与"惟德是辅"就有分殊了,善人与德人在字面意思上并没有多大差异,善人就意味着有德之人,但什么样的人才可以称为善人、德人,无论是周人的理解,还是儒家的理解,都与道家的理解不相同,在老子看来,禀受天道自然精神的才是善人、德人,而禀受亲亲、尊尊的人并不符合善人、德人的要求。老子并非不讲善,但不同于周人孝亲之善;老子也并非不讲德,但不同于周人和儒家的孝悌之德。老子这方面的主张,在庄子那里进一步得到阐释与论证。

　　《庄子·天地》:

> "愿闻德人。"曰:"德人者,居无思,行无虑,不藏是非美恶。四海之内共利之之谓悦,共给之之谓安。怊乎若婴儿之失其母也,傥乎若行而失其道也。财用有余而不知其所自来,饮食取足而不知其所从,此谓德人之容。"

治 国 论

## 处无为之事

### 第二章

是以圣人处无为之事，行不言之教；万物作而不始，生而不有，为而不恃，功成而弗居。夫惟弗居，是以不去。①

[译文] 所以，圣人做的是"无为"的事情，行的是不必言说的教化，使万物自己生长而不替它开始，生养万物不据为己有，推动了万物的变化而不自以为尽了力，事情做成了而不居功。正是由于不居功，那个功绩也就不会失去。

[释文] "是以圣人处无为之事"句中及老子笔下的"圣人"既是秉持自然精神的理想人格，又是有权位的统治者，这样的"圣人"

---

① 河上本、王弼本同，写为"万物作焉而不辞"。傅奕本写为："万物作而不为始"。帛书本写为："是以圣人居无为之事"，"万物作而弗始"。竹简本写为："是以圣人居亡为之事"，"万物作而弗始也"，"为而弗恃也，成而弗居。夫唯弗居也，是以弗去也。"由于傅奕本写为"万物作而不为始"，帛书本、竹简本皆写为"万物作而弗始"，这里根据帛书本、竹简本更为"万物作而不始"。任继愈《老子新译》："古代的发'司'的音和'台'的音同属'之'部，两字有许多相同的。所以'辞'就是'始'。"（第64页）

不是不做事,不是一无所为,不能理解为"不作为",他是有大作为,他的作为就是做"无为"的事情,推行的是不用言说的教化。圣人之所以采取"无为之事""不言之教",就因为圣人相信天下万物、天下人皆能够自为、自化,即自己作为,自己教化,而不必要一个高高在上的圣人发号施令,教导人们该干什么、不该干什么,就像农民知道该如何种地,工人知道如何做工,士兵知道如何打仗,知识分子知道如何做研究,在各自的行业里,他们比统治者更在行,何须人多此一举。让人们主宰自己,成就自身,完成功业,这是圣人的作为。而圣人只能通过这样的"无为",才能实现这样的"无不为"。如果圣人"有为"了,就是夺取了人们自身的主体性与主动性,人们做什么似乎不是为了自身的目的,而成了统治者实现个人愿望与野心的工具,这就不是一个好的成功的统治者。所以,圣人的"无为",就是让人们自己"有为"。① 能够把"无为"作为自己要做的事情,本身就是一种高超的领导艺术,自己的无为,就是要"不妄为,不干扰"②,其实这需要极高的洞察力与克制力。能够洞察国家与天下的所有事情,同时,还能保持极高的克制力,不妄为,不干扰臣民自己的作为,如果实在需要,也只是以看不见之手推动一把,然后让其自我完成,君主则乐观其成。

"万物作而不始",这段话并非仅限于万物,而是包括人在其中的。圣人既然是"处无为之事,行不言之教",就是要让万物自己作为,万物的生长自有其规律、节奏和行迹,圣人毋须给它们一个开

---

① 王弼《老子注》注"圣人处无为之事":"自然已足,为则败也。"陈鼓应《老子注译及评介》引福永光司的《老子》:"老子的无为,乃是不恣意行事,不孜孜营私,以舍弃一己的一切心思计虑,一依天地自然的理法而行的意思。……在这个世界,无任何作为性的意志,亦无任何价值意识,一切皆是自尔如是,自然而然,绝无任何的造作。"(第63页)
② 陈鼓应《老子注译及评介》把"无为"解释为"不妄为,不干扰",甚当。(第62页)

始,它们自己会有属于自己的开始、进行与结果。圣人的作用在哪里呢？生养万物,推动万物,这就是圣人的作用。只是他把自己的作为藏在万物发生、发展的过程中了,没有人知道他的作为,看起来就是"无为",其实他有大作为,他既发动万物,又保证事物按照它们自身的轨迹发展、成熟,他润物无声,生怕自己的作为影响到事情自身的作为,所以,事情成功了,他并不要人知道,不去占据那个成功者的地位。如果圣人占据了成功者的地位,人们就会颂扬圣人的功绩,也就不会觉得是自己成就了自己,这个结果是圣人最不想看到的。由此可见,圣人的大作为就在于使万物自己有作为,这不是一般的统治者做得到的。①

"夫唯弗居,是以不去",这是讲辩证法,正是因为圣人不去占据成功者的位置,那么成功就不会离开他。这段话可以从三个方面去理解:第一,使事情成功的人不去占据功劳之地,这是一种高蹈的风范,往往不居功的人,人们不会因为他的推功让贤而忘记他的功绩,岳飞不言自己的抗金功劳,袁崇焕不表自己抗清功劳,人们从来也没有忘记他们的历史功勋。第二,圣人的境界远超常人。常人追求事情的成功,成功了自然要享受那个荣耀,所以不会"功成不居",常人的"推功"只是象征性的礼节而已。圣人追求使事物自己成功,让人们主宰自己,事情成功了,人们成就了,却没谁知道圣人的作为,这才是圣人所追求的"成功",如果圣人占据了功劳之地,反倒就是不成功了。所以,只要是如此的结果,那么成功就不离开圣人了。第三,圣人本来不占据成功之位,那么也就谈不上成功离他而去了,

---

① 《老子河上公章句》注"为而不恃,功成弗居":"道所施为不望其报。功成事就,退避不居其位。"王弼《老子注》注"功成而弗居":"因物而用,功自彼成,故不居也。"

既无所居,也就无所离。①

第五十一章说了类似的话:"生而不有,为而不恃,长而不宰,是谓玄德。""玄德",既是超越的、玄妙的德性,又是隐而不显的德性。如果张扬自己的德性,居功自傲,就不是圣人之德了。第七十七章也说:"是以圣人为而不恃,功成而不处,其不欲见贤。"也是说圣人不愿意显示自己的贤德与良能。

在这一章里,老子描述的是"圣人之治","圣人"是描述的主角,是有权势的理想人格,然而,"圣人"这个称呼不仅在历史上充满了复杂性,且在《老子》和《庄子》这两本最主要的经典中也很复杂,有时候他是理想人格,有时候又是负面的形象,就是说,"圣人"有人们习惯称谓上的,也有理想人格中的,在什么意谓上使用"圣人",就有什么样的意思。在本章中使用的"圣人",就是道家理想人格上的,而不是世俗称谓上的。在《老子》这本经典中,"圣人"大多是理想人格的,只有在第十九章中说道"绝圣弃智,民利百倍",在那里"圣人"是在世俗意义上使用的。

《庄子》书中,圣人的描述最为复杂,即便是作为理想人格的,也是多面向的,如圣人超越常人的是非观念,"和之以是非而休乎天均,是之谓两行"②;又如圣人有势位,有本能的爱心,却无名利之心,"故圣人利泽施乎万世,不为爱人"③;再如圣人超越利害,达情遂命,与万物和谐相处,"圣人处物不伤物"④;还有作为"明王"的圣

---

① 王弼《老子注》:"使功在己,则功不可久也。"苏辙《道德真经注》:"圣人居于贫贱而无贫贱之忧,居于富贵而无富贵之累,此所谓不居也。我且不居,彼将何从去哉?此居之至也。"
② 《庄子·齐物论》。
③ 《庄子·大宗师》。
④ 《庄子·知北游》。

人,"功盖天下而似不自己,化贷万物而民弗恃"①。而作为世俗意义上的圣人,则是在负面的意义上使用的,如"圣人生而大盗起","圣人不死,大盗不止"②。

《吕氏春秋》记述了齐国打算讨伐莒的故事。齐桓公与宰相管仲两个人商议讨伐莒国,然而,这个决定还没有公开国人就传开了,齐桓公感到诧异,他说:

"我只是与管仲商议此事,这个计谋还未披露,国人怎么就知道了,这是什么原因呢?"

管仲回答道:

"国人中一定有圣人。"

于是他们就寻思如何找这个"圣人"。结果,他们找到一个名叫东郭牙的人,管仲问是不是他在妄议伐莒的事情,这个东郭牙承认了。管仲问他:

"我不说伐莒的事情,你凭什么说伐莒的事情?"

东郭牙回答说,君子有三种气色:欢然喜乐的样子,乃是钟鼓之色;凄然清静的样子,为衰亡之色;沸然激奋而手舞足蹈的样子,那就是兵革之色了。那天,看到管仲在台上,沸然激奋而手舞足蹈,正是兵革之色。从君嘴上的张开与合闭看,所说的应当是"莒";再说,君抬起手臂所指向的,也应当是"莒"。又从周边的诸侯国看,唯独不服齐国的,不就是这个莒国么?东郭牙说,综合以上这些现象,他肯定将要讨伐莒国了。

《吕氏春秋》接下来评议道:人们是用耳朵来听取声音的,然而没有听到声音,只依靠其容颜与手足举止,即不用耳听就知道了内

---

① 《庄子·应帝王》。
② 《庄子·胠箧》。

容,这就是东郭牙了。齐桓公和管仲虽然善于隐匿自己的计谋,终究也隐匿不了。所以,圣人能够从无声中听到,从无形中看到,詹何、田子方、老聃就是这样的圣人。①

《庄子·田子方》中谈起了另一个与"圣人"称呼有关的事情:

孔子拜见了温伯雪子,然后一言不发地走出来了。子贡说:

"先生想见温伯雪子已经很久了,今天见了却一言不发,是何缘故啊?"

孔子回答:

"像他这样的人啊,眼神刚一接触,就知道他存有天道,哪里用得着言语!"②

《吕氏春秋》据此评议道:所以,未见其人却已知道其志向,见到了人则内心与志向都知道了,因为天道相同啊!圣人彼此相知,哪里用得着言语呀!③

这两则故事中所称的"圣人"都是没有权位的,只是品行高洁、修养深厚的人士。在《论语》中谈到的"圣人"也只是品格上的,而没

---

① 《吕氏春秋·重言》:"凡耳之闻以声也,今不闻其声而以其容与臂,是东郭牙不以耳听而闻也。桓公、管仲虽善匿,弗能隐矣。故圣人听于无声,视于无形,詹何、田子方、老耽是也。"詹何、田子方都是《庄子》书中描述过的人物。

② 《庄子·田子方》:"温伯雪子适齐,舍于鲁。鲁人有请见之者,温伯雪子曰:'不可。吾闻中国之君子,明乎礼义而陋于知人心,吾不欲见也。'至于齐,反舍于鲁,是人也又请见。温伯雪子曰:'往也蕲见我,今也蕲见我,是必有以振我也。'出而见客,入而叹。明日见客,又入而叹。其仆曰:'每见之客也,必入而叹,何耶?'曰:'吾固告子矣:中国之民,明乎礼义而陋乎知人心。昔之见我者,进退一成规、一成矩,从容一若龙、一若虎。其谏我也似子,其道我也似父,是以叹也。'仲尼见之而不言。子路曰:'吾子欲见温伯雪子久矣。见之而不言,何邪?'仲尼曰:'若夫人者,目击而道存矣,亦不可以容声矣!'"

③ 《吕氏春秋·精谕》:"故未见其人而知其志,见其人而心与志皆见,天符同也。圣人之相知,岂待言哉!"另外,《吕氏春秋》将《庄子·田子方》中的"子路曰"写成了"子贡曰",不确。

有权位,孔子说"畏圣人之言"①,只是他自己也没有见到过圣人,"圣人吾不得而见之矣,得见君子者斯可矣"②。在别人称颂孔子为圣人的时候,孔子既不承认,也不否认,只是说自己少年贫贱,所以练就了多方面能力。③

---

① 《论语·季氏》。
② 《论语·述而》。
③ 《论语·子罕》:"大宰问于子贡曰:'夫子圣者与,何其多能也?'子贡曰:'固天纵之将圣,又多能也。'子闻之,曰:'"大宰知我乎,吾少也贱,故多能鄙事。"'"

## 圣人之治

### 第三章

不尚贤,使民不争;不贵难得之货,使民不为盗;不见可欲,使民心不乱。是以圣人之治,虚其心,实其腹,弱其志,强其骨。常使民无知无欲,使夫智者不敢为也。为无为,则无不治。①

[译文] 不崇尚贤能,使百姓不相争。不贵重珍稀的货物,使百姓不会偷盗;不给人以引发欲望的东西,使民心不发生错乱。所以,圣人是这样治理国家的:使其内心虚静清明,使其肚子填饱充实,使他们的志气弱化,使他们筋骨强健。总是使百姓处于无知而无欲的状态。使那些自以为聪明的人不敢胆大妄为。做无为的事情,没有哪个地方不能得到治理的。

[释文] "不尚贤,使民不争"句,由于《墨子》有"尚贤"篇,认

---

① 河上公本写为:"不见可欲,使心不乱",王弼本、傅奕本及帛书本皆写为:"使民心不乱";"常使民无知无欲",帛书本写为"恒使民无知无欲也","使夫智者不敢为也",帛书本写为"使夫知不敢";"为无为",帛书本写为"弗为而已"。

为:"国有贤良之士众,则国家之治厚;贤良之士寡,则国家之治薄。故大人之务,将在于众贤而已。"学界曾经流行一种说法,老子的"不尚贤"思想源自《墨子》,这种说法在后来考古文献的发现中得到了矫正。① 老子的这段话也曾被人理解为反文明进步、反智慧贤明。从字面上看似乎是如此。但这是一个对文明与进步及其平等的考虑,也是对国家的基本价值的考虑,老子那个时候不可能说出"文明每前进一步,不平等也同时前进一步"的话,但老子对文明与进步始终是保持了警惕的。如果国家在智与愚、贵与贱等自然差异基础上,再人为地分别与扩大这种差异,就会导致智诈愚、贤欺不肖等更为严重的不平等。所以,老子才说不崇尚贤能,使民不相争的话。智与愚、贤与不贤是客观的存在,是一种天生的不平等,文明社会不当助推、崇尚这样的不平等,而应当忽略人们之间的自然的不平等,而努力把人们放置在一个平等的基础上,人类的文明性质就体现在这里了。说"人天生是平等的",就因为人天生是要求平等的。老子说不崇尚,就是要人为地忽略天生智识上的差异;说使民不相争,就是要在国家政治生活中确立一种平等的基本价值,不因为自然智识的差异,而彼此役心用智,尔虞我诈。民情如水,决之东则东流,决之西则西流。好的统治者应当出于人类的共同利益的考虑,使民情返还淳朴,而不当鼓励争名斗利。有人把"贤"理解为"世俗之贤",②不无道理,因为老子并不是反对超越的智慧与贤明,所谓"知人者智,自

---

① 刘笑敢《老子古今》:"'尚贤'一词曾被人作为《老子》晚于《墨子》的根据。此说曾经有相当的说服力。但是,自大量前无所知的竹简本、帛书本文献的出土以后,我们应该看到这种论证方法本身有很大的局限或危险。"(第118页)并引张松如、古棣等人的举例,说明"尚贤"的观念久已有之。

② 《老子河上公章句》注"不尚贤":"贤谓世俗之贤,辩口明文,离道行权,去质为文也。不尚者,不贵之以禄,不尊之以官也。"注"使民不争":"不争功名,返自然也。"

知者明"(第三十三章)。他反对的只是争名斗利的"世俗之贤"。

"不贵难得之货,使民不为盗",难得之货、稀有之物毋需人们追捧,它本身就显示出了价值,黄金、钻石天生是宝物。但是,看不看重它们,则是人的价值观与态度。当它们不被人们看重的时候,它们以其稀少的原因和不可替代的作用,依然是宝物;但当人们看重它们的时候,它们越发显得珍贵,就像追金潮、追钻潮推高了它们的价值一样。使珍贵的东西更加珍贵,这不是老子所推崇的态度,也不应当是拥有权势的圣人的态度。圣人对待宝物的态度,至多是尊重其自然价值,而不会追捧它们。推之过高,会使宝物上面附着了泡沫。更为重要的是,对于难得、稀有之物的追逐,不仅扭曲了价值,更毒害了人的心灵,人们会以为这世上唯此之物最珍贵,忘记了人自身的价值,即人文的价值。既然财货、宝物不会是平均分配的,少数人占有它们乃是必然趋势,而得了它们的那些少数人因此显得尊贵。但是,财宝既是物,那么它们是可以改变拥有者的,今天你得了它们而尊贵,明天他得了也可尊贵。既然拥有它们可以改变人们的身价,那么夺取财物,改变它们的占有状态就成为必然。夺财的方式可以有很多,巧取豪夺为夺,权力霸占也为夺,盗取偷窃也为夺,全都因为人们的态度。没有人天生是盗贼,但难得、珍稀之物可以把某些人变成盗贼。不珍贵那些难得、珍稀之物,使其还原自然价值,不会因为占有它们而改变人的价值与身份,就不会有人愿意为盗了。不贵重难得之货,既是对百姓讲的,更是对统治者讲的,世风的好坏都是与君主的好恶有关的,所以,论者在解释老子这段话的时候,多将对象指向君主本人。[①] 战国时候的荀子就指出,君主

---

① 《老子河上公章句》:"言人君不御好珍宝,黄金弃于山,珠玉捐于渊也。""上化清净,下无贪人。"李荣《老子注》:"弃十城之璧,掷千金之珠,视如瓦砾,岂有盗乎?"

是世风的源头,源头清则河流清,源头浊则不能指望河流清。①

"不见可欲,使民心不乱"是说可以引起人们欲望、欲念的东西有很多,诸如好好色,好好音,好美味,好权势,好名誉,好利益,如何区别人的正常需求与贪念,是理解老子这句话的关键。有人认为,这里的"可欲",指的是邪辟、荒淫、越分、不正当的东西,②如郑、卫的靡靡之音,褒姒、妲己淫荡之色。这样的理解是符合老子之意的,这样才能把好的音乐与靡靡之音、漂亮与淫荡、正常愿望与沉溺痴迷区分开来,如第四十六章所言:"罪莫大于可欲。"就可引起欲望的对象来说,它们本身有差异,好的音乐可以令人振奋,也可令人心旷神怡,靡靡之音则会令人颓废;漂亮的女性可引人欣赏,淫荡的女性可诱发人的欲望;财富可以满足人的物质需求,难得之物可诱发人的贪念。然而,对象是通过人的感受起作用的,根本的还在于感受者本身,如果人本身邪淫、荒唐了,起了越分、不当的贪念,他会放纵自己的耳目之好,那一切的对象都可引起欲望和欲念,风流成性的男人见到女人都想占有,贪财者会不择对象和手段攫取财富,贪权者会不顾人格尊严曲阿钻营。在漂亮与淫荡、优美与颓废、正当与越分之间,没有绝对的界线,全在于人如何去界定自身的行为界线,但是,人类是能够在这两极之间寻到合适的界线的,在划定这个界

---

① 《荀子·王制》:"君者民之原也。原清则流清,原浊则流浊。故有社稷者而不能爱民,不能利民,而求民之亲爱己,不可得也。民不亲不爱而求为己用,为己死,不可得也。民不为己用,不为己死,而求兵之劲,城之固,不可得也。兵不劲,城不固,而求敌之不至,不可得也。敌至而求无危削,不灭亡,不可得也。"

② 《老子河上公章句》:"放郑声,远佞人,使心不乱,不邪淫也。"李荣《老子注》:"耳不闻郑卫丝竹之声,眼不见褒姒、妲己之色,洗心洁己,遗情去欲,岂有乱乎!"成玄英《道德真经注》:"可欲者,即是世间一切前境色声等法,可贪求染爱之物也。所言不见者,非杜耳目以避之也,妙体尘境虚幻,竟无可欲之境,故恣耳目之见闻,而心恒虚静,故言不乱也。故《西升经》云,譬如镜中影,可见不可取。又云,欲视亦无所见,欲听亦无所闻也。"陈鼓应《老子注译及评介》:"可欲:多欲之意。"(第68页)

线的过程中,人的理智充当了正义与良知的裁量者的角色。"不见可欲",这个"不见",不应当是不让人闭眼不看"可欲"的东西,事实上,没有人能够阻止他人看到"可欲"的东西,而是要借此树立"不见可欲"的价值,这个价值树立起来了,人见"可欲"也无碍了,即便见了好色,只会是欣赏,也如同"镜中影""水中月",本心不动了。老子看来更想告诫统治者,不要拿那些"可欲"的东西作为诱惑,不能诱使人们追逐邪鄙、荒淫、越分和不正当的东西,不要供给这种可能性。允许邀功请赏,就会有人不顾廉耻与正当;鼓励揭发,就会有人不顾父子、夫妻、兄弟的亲情;允许官场有捷径,就会有人钻营取巧;容许不义之财合法化,就会有人结成黑社会,如此等等。

《庄子·人间世》谈起如何养虎的事情,说你不能给所养的老虎一个活的生物,如果你给了它一个活的生物,就会激发它"杀生"的怒性;也不能给它一个完整的哪怕是死的全物(如完整的兔子、牛、羊等),如果你给了它完整的东西,就会引发它撕裂的怒性。① 庄子当然讲的是寓言故事,但其寓意深远,作为国家的统治者来说也是如此,既以蓄养百姓为己任,那么就当顺从人性民意,而不当违逆人性民意,诱使人们追逐荒淫和不正当的东西。如果基本价值因为统治者的诱惑发生了错乱,那么民心就要动摇了。

"是以圣人之治"句,论家多以"圣人之治"为既治国,又治身,且治身而后能治国。② 圣人之治,从自身治起,然后可以治国,这是中

---

① 《庄子·人间世》:"汝不知夫养虎者乎?不敢以生物与之,为其杀之之怒也;不敢以全物与之,为其决之之怒也。时其饥饱,达其怒心。虎之与人异类,而媚养己者,顺也;故其杀者,逆也。"
② 《老子河上公章句》:"说圣人治国与治身也。"成玄英《老子注》:"既外无可欲之境,内无能欲之心,心境两忘,故即心无心也,前境后境,又心虚也。"陈景元《道德真经藏室纂微篇》:"圣人之治,先治其身,然后及于家国也。虚其心者,谓无邪思也,不役心逐暗,泊然内寂,奢欲顿消,神物自定,则其心虚矣。"

国文化共同的思想,儒道两家都持相似的看法。不过,这里重点应当不是治国者,而是如何治民的问题,后面的"虚其心,实其腹",对象都是民,而不是君。老子不言尧舜,又从未称过某君王为"圣人",故而他所说的"圣人之治",是从历史经验当中无法借鉴的一个理想类型,凭借这个理想类型,老子对人间社会的治理提出了要求。尽管后人或许会说,这样的"圣人之治"从来没有出现过,人间的统治总也达不到要求,但理想类型的提出,使得人类永远不会满足现实,又永远向着这个目标努力,这就是老子"圣人之治"的意义。

"虚其心,实其腹"句中的"虚其心",乃是虚静、澄明其心,不藏匿,不造作,不矫饰,乃是素朴的、知足的、自足其性的、自我分享的平常心。这句话本来不是一个个性化的要求,而是一个普遍化的要求,后来与修道的个人实践联系起来,变成了个性化的要求。但个性化的要求如果用来要求君主本人是可以的,但拿来治国,作为百姓的普遍性要求则不是很有效。所以,联系后面的"实其腹"等语句,这应当是可落实的、可行的普遍社会实践。"实其腹"好理解,让人们吃饱饭,无生存、饥饿之忧,这是治国者的基本职责。① 这一虚一实,表达了老子既求物质生活,又求精神生活的治国理念。

"弱其志,强其骨",使百姓心志柔弱,而使其筋骨强健,这一弱一强同样表达了老子治国理念的另一面向。崇尚水德,处雌守弱,是老子首尾一贯的思想,如第四十章"弱者道之用",由于"柔弱胜刚强"(三十六章),那么"弱其志",并不是负面的、消极的,不意味着甘

---

① 陈景元《道德真经藏室纂微篇》就把"虚其心,实其腹"与庄子"虚实生白"联系起来,认为其意就是"虚实生白,吉祥止止"之意。北宋道教修炼家张伯端《悟真篇》就从生命修炼着重发挥了老子的这句话,所谓"虚心实腹义俱深,只为虚心要识心。莫若炼铅先实腹,且叫收取满堂金"。

拜下风,或承认失败,只是一个主动选择的姿态,这个姿态意味着内心的平静、和顺,不争强好胜,不挑事端,与他人和睦相处。① 但是,在体格上则要健康强硕,使该用力的时候能够用得上,这也就如同人类在设想世界和平一样,人类依然要保持强健的身体,只是要消耗在竞技与运动场上,或消耗在劳动场地上,而不是消耗在彼此的战场上。

"常使民无知无欲"这句话为前面一段话的结论,也是圣人治国所要达到的目的。"无知无欲",是要返还纯真、素朴,守持本真,②而不自私用智。返还、守持的意义,不在于说人本来愚钝、无知,而在于从聪慧、精明返还到淳朴、本真的样态。当返还到纯真、素朴的状态的时候,人们就能化简自己的生活用度,也就不会有太多的欲望,毕竟生活必需是不多的。当人们都回归无知无欲的时候,社会风气大为改观,人们彼此以诚相待,童叟无欺,社会交往代价低,爱玩弄聪明的人就不受欢迎了,所以,"使夫智者不敢为也"③。一个风气简单淳朴的社会,既是老子时代所向往的,也是现代社会所要追求的。

---

① 《老子河上公章句》:"和柔谦让,不处权也。"王弼《老子注》:"骨无知以干,志生事以乱。"陈鼓应《老子注译及评介》:"此处'虚'、'弱',为老学特有用词,都是正面的、肯定的意义。本章的'虚',意指心境的开阔;'弱',意指心志的柔韧。"(第69页)

② 《老子河上公章句》:"反朴守淳。"王弼《老子注》:"守其真也。"

③ 《老子河上公章句》:"思虑深,不轻言。"王弼《老子注》:"智者,谓知为也。"林希逸《道德真经口义》:"言太古圣人但使民饱于食而无他思慕,力皆壮而无所趋竞,故其民纯朴而无所知无所欲,虽其间有机巧之心者,所知虽萌于心,而亦不敢有作为也。圣人之治天下也如此。"陈景元《道德真经藏室纂微篇》:"民虽有贵尚之知、饰伪之迹者,然已被其清静之风、淳朴之化,而自灰心槁体,不敢兴动有为之欲心也。"吴澄《道德真经注》:"谓民纵有知名利可欲者,亦不敢为争盗之事。"

"为无为，则无不治"，这是一个高超的政治哲学理念。① 拥有统治权的圣人并非不作为，他要做的正好就是"无为"。统治者自己无为，是为了让民众与官吏更好地有为；高明的统治者的无为，是把自己的作为深藏起来，让民众感受到他们自己的创造能力。当民众的创造力都释放出来、完成了自己的人生目标的时候，国家就治理好了。"不与民争利"是一个较低级的治国理念，"不与民争功"是一个较高级的治国理念，而"为无为"则是更高级的治国理念。职是之故，《庄子·在宥》有一个判断："闻在宥天下，不闻治天下。"圣明的统治者不必想如何治理天下，只需要使天下人自在自由，使天下人得到宽宥，如此就可以了。有人说《老子》是一部"救世之书"②，不无道理，但《老子》又当是一部治世之书。

---

　　① 《老子河上公章句》："不造作，动因循。德化厚，百姓安。"苏辙《道德真经注》："即用三者之自然，而不尚，不贵，不见，所谓为无为也。"林希逸《道德真经口义》："圣人于世亦无所容心，其于治也，皆以无为为之，所以无不治也。"
　　② 魏源《老子本义》："《老子》，救世之书也。故首二章统言宗恉，此遂以太古之治矫末世之弊。夫世之不治，以有为乱之也。有为由于有欲，有欲由于有知。"（上海：华东师范大学出版社2009年版，第19页）

玄德

## 玄德

### 第十章

载营魄抱一,能无离乎?专气致柔,能如婴儿乎?涤除玄览,能无疵乎?爱民治国,能无为乎?天门开阖,能为雌乎?明白四达,能无知乎?生之畜之,生而不有,为而不恃,长而不宰,是谓玄德。①

[译文] 魂魄合为一体,能够不离开吗?聚集精气以致柔和,能像婴儿那样吗?涤除杂念以静观,能够无瑕疵吗?爱民治国能够无为吗?自然之门的开与合,能守柔雌吗?通晓四方,能够不用心机吗?使万物产生繁殖,产生万物而不拥有它们,推动万物而不自以为尽了力,长养万物而不去宰制它们,这就叫作玄德。

[释文] 这一章从身与形的修养,说到国家的治理。首先,魂

---

① 这里采用河上公与王弼的写本。河上公本前六句每句都少一个"乎"字。傅奕本写为:"载营魄襄一。"帛书本写为:"戴营魄抱一,能毋离乎?抟气致柔,能婴儿乎?涤除玄鉴,能毋有疵乎?爱民活国,能毋以知乎?天门启阖,能为雌乎?明白四达,能毋以知乎?生之畜之,生而弗有,长而弗宰也,是谓玄德。"

魄相抱，要求精神与形体的合一，养自己的精气，达到像个婴儿那样柔和顺畅，以致鼻息口呼，皆能绵绵若存，悄无声息。这可以说是身体上的功夫。其次，"涤除玄览"是心上的功夫，要使自己的心灵明亮而无瑕疵，无尘染，方能不受遮蔽、公正无私地观览世上的事情。其三，把身心修养的功夫用到治国理政上，当以爱护臣民为出发点，采取自然无为的方略，不应当采取智谋的方法对待臣民；自己的德性修养可与日月齐辉，却决不表露出来，以致天下达于治，皆是臣民自己的所为，用如今的话，就是人民自己创造历史。所以，严复说："夫黄、老之道，民主之国所用也，故能长而不宰，无为而无不为。"①

"载营魄抱一，能无离乎"一句中，"载"为句首语气词，相当于"夫"。② "营魄"，即魂魄。③ "抱一"，"抱"就是"合"的意思。"一"，有人理解为"道"所生之"一"，也即"太和精气"，④有人解释为身体，⑤也有人理解为"道"，"抱一"就是抱道。⑥ 我以为这里的"一"当

---

① 严复《道德经评点》，见《严复全集》卷九，第27页。
② 陈鼓应引陆希声《道德真经传》："载，犹夫也。发语之端也。"（第93页）并引张默生语："如《诗经》中'载笑载言'的'载'字，和'夫'字的用法差不多。"（同上）但李道纯认为，"载"为运载之义，《道德会元》："载营魄，犹车载物之喻。魄好运动，好驰骋，好刚锐，故曰营魄。魄属阴，阴盛则害阳，情盛则没性，能制伏者，抱一无离致柔，无疵无为，为雌无知，使阴魄不能肆其情，至于魄伏阴消，则神灵性寂也。"
③ 《老子河上公章句》："营魄，魂魄也。人载魂魄之上得以生，当爱养之。喜怒亡魂，卒惊伤魄。魂在肝，魄在肺。美酒佳肴，腐人肝肺。故魂静志道不乱，魄安得寿延年也。"
④ 《老子河上公章句》："一者，道始所生，太和之精气也，故曰一。一布名于天下，天得一以清，地得一以宁，侯王得一以为正平。入为心，出为行，布施为德，摠名为一。一之为言志一无二也。"
⑤ 高亨《老子正诂》："一谓身也。抱一，犹云守身也。身为个体，故老庄或名之曰一。"（北京：中华书局1959年版，第23页）
⑥ 陈鼓应《老子注译及评介》："二十二章：'是以圣人抱一为天下式'，'抱一'作抱'道'解。三十九章：'古之得一者'，'一'指'道'。本章的'抱一'，指魂和魄合而为一。魂魄合而为一，亦即合于'道'了。"（第94页）

指身体,魂魄为二物,处二方位(魂在肝,魄在肺),魂魄合一,不是说魂魄合为一物,而是魂魄与身体合一而不相分离。

"专气致柔,能如婴儿乎","专气",即抟气,使身内精气聚集。也有将"专气"解为"专守精气"的,这也通。① 精气聚集而充盈,能够像婴儿那样旺盛而柔顺。依照修炼的观念,随着身体的成长和阅历的增加,人也在耗散自己的精气神,修炼就是要使耗散的精气神回复到身体内。整个这一章都是在谈论君王的治身和治国的问题,故而,对象都指的是君王,而非百姓。

"涤除玄览,能无疵乎","玄览",帛书本写为"玄鉴"。"玄鉴"本是一面特别的镜子,凭借这面镜子公正客观地观照所有的对象。能不能够将这面镜子擦拭得没有一点尘垢呢?"玄览"与"玄鉴"只是一字之转,应当是借鉴以览。以此借喻的是:人的内心能否清除尘染、杂念与私心,到没有一点瑕疵与毛病的程度,然后达于无遮蔽的、洞彻的观览。② 这里用了一个"玄"字,有些超然的意味,它不同于一般的观览与照看,乃是神妙、玄同的观览与照看,王弼称为"极览",可谓恰当。③ 修身本来是"为己之学",只是对于国君来说,也成了治国的政治哲学了。这里说的国君并不等于"圣人",他只是一个拥有权位的人,他虽然坐在公权的位置,但他仍然有常人一样的杂念、私心,可能只是家族或团体利益的代表,他也可能有好大喜功

---

① 《河上公章句》"专守精气使不乱,则形体能应之而柔顺。"
② 唐玄宗《御注道德经》:"玄览,心照也。疵,病也。涤除心照,使令清静,能无疵病乎?"陈鼓应《老子注译及评介》引高亨注:"玄鉴者,内心之光明,为形而上之镜,能照察事物,故谓之玄鉴。《淮南子·修务篇》'执玄鉴于心,照物明白。'《太玄童》:'修其玄鉴。''玄鉴'之名,疑皆本于《老子》。"(第95页)
③ 王弼《老子注》:"玄,物之极也。言能涤除邪饰,至于极览,能不以物介其明,疵之其神乎? 则终与玄同也。"《老子河上公章句》:"当洗其心使洁净也。心居玄冥之处,览知万事,故谓之玄览也。"

的野心,能否客观公正地看待事物,决定了他能否治理好国家。"涤除玄览"这句话的关键是要客观公正、不带偏见地看待事物,就需要涤除尘染,使心明亮。而客观公正、不带偏见地看待天下事,又成为治理国家的前提。若怀揣私利,包藏私心,就不能正确地观览天下的事,从而不能正确地处理天下的事。

《庄子·应帝王》说道:"至人用心像一面镜子那样,对待万物不有意送走,也不有意迎接,事情来了就及时反应,而不有心藏匿,所以,他能够掌握事物,却不会伤害事物。"①

《庄子·天道》说道:"圣人之心很静。它是天地的一面镜子,万物的一面镜子。虚静、恬淡、寂寞、无为,此乃是天地之间的公平,道德的极致。"②

庄子也是把圣人之心比为明镜,在这面明镜前,任何事情都是客观、公正和公平地受到照看的,甚而庄子把它视为最高尚的德性。唐太宗曾说起君王的"三面镜子",至今流传,所谓:"以铜为镜,可以正衣冠;以史为镜,可以知兴替;以人为镜,可以明得失。"中国正统文化中的"明镜高悬",也算是对于为君与为官的一个要求。

"治国爱民,能无为乎",话到此处,直接转为治国论。"治国爱民"其实是一个挂在人们嘴上的口头禅,没有一个做君主的不说自己是爱自己的子民的,然而,能否真正爱民,一要当道者做出了爱民的事,二要民众感受到了被爱。隋朝末代君主隋炀帝,就是典型的口头爱民的君主,要看他说的话,几乎可以与尧舜相比了,而看他做

---

① 《庄子·应帝王》:"至人之用心若镜,不将不迎,应而不藏,故能胜物而不伤。"
② 《庄子·天道》:"圣人之心静乎!天地之鉴也,万物之镜也。夫虚静恬淡寂漠无为者,天地之平而道德之至也。"

的事,则是暴君桀纣的事。爱民与被爱,这两个方面都做到了,才能算是"治国爱民"。然而,这两个方面并不都能够相合,就是说,即便治国者由衷地觉得自己做了爱民的事情,民众不见得能够感受到被爱。因为君民之间并不都是利益一致的,君主想要做的,民众不见得喜欢,如君主要搞国富民强,这个百姓会拥戴;君主搞国富民穷,百姓就讨厌了;君主好大喜功,连年战争拓边,百姓不喜欢;君主大兴土木,税赋杂役不断,百姓不喜欢;君主好役使百姓,说什么"要是不给他们派活儿干,他们就懒惰了",百姓就不待见了;君主只许百姓有自己的物质生活,而不让他们享受自在自由,百姓也不乐意,如此等等。正是意识到君主与百姓根本的冲突,儒家的孟子提出了一个"民贵君轻"的思想;荀子提出了"水则载舟,水则覆舟"的思想,意在民众利益与君主利益发生冲突的时候,要依从民众,而不是要民众顺从君主。道家的思想还不止于此。依照老子的逻辑,治国者应当把治国出发点和目的设定在民众那里,不是君主要民众干什么或不干什么,而是百姓想要干什么或不要干什么,既然君主与民众的利益会冲突,那么君主最好就是不要做什么——"无为",君主的无为,正是营造一种良好宽松的社会环境,使百姓能够有为。既然历史是人民创造的,那么就由他们创造自己的历史好了。

"天门开阖,能为雌乎"中的"天门"本指天地门户,但这里也借为人体鼻孔;①"开阖"指阴阳的开与阖。就天地门户的意思上说,在阴阳、雌雄两种力量的作用中,守持雌柔的这一面,而不采取雄成的姿态,守雌柔是为了不以人为的作用干扰了阴阳的自然作用与平

---

① 《老子河上公章句》:"天门为北极紫微宫,开阖谓终始五际也。治身,天门谓鼻孔,开谓喘息,阖谓呼吸也。"《老子注》:"天门,为天下之所由从也。开阖,治乱之际也。或开或阖,经通于天下,故曰'天门开阖'也。"

衡,也就是"不以心捐道,不以人助天"①,人的所作所为都在于创造条件,等待、顺应天地自然发挥作用。就身体修炼的方面说,"开阖"就是修炼中鼻孔的一呼一吸,"为雌"也就是第六章里所说的"绵绵若存,用之不勤",即不著意,不助推,任其一阴一阳、一升一降的自然发生,形成阴阳交媾,雌雄和谐,身心意、精气神合为一体。

"明白四达,能无知乎",这也需要从治国与治身两个方面去理解。从治国的方面说,就是要为君者耳目外通,了知宫墙外面百姓的要求,顺应民意,让百姓做他们想做的事情,不去强制要求百姓做他们不乐意的事情,这就是"无为"。在治身的方面说,就是要内通外通,内能通视四体,外能通四时。

如《庄子·大宗师》里对真人所描绘的那样:像这样的人,他用心专一,他容貌寂静,他的额头端严而闲雅。他的凄冷像秋天,他的温和像春天,喜怒哀乐都与四时相同,有益于万物而不知有终极。②

就是说,治身、修炼并不是与外界隔绝的枯修,而是与体内体外、与天地自然都相通达。

"生之,畜之",生、畜本来都是指天道的,如第三十四章说"大道泛兮,其可左右。万物恃之以生而不辞,功成而不名有",第五十一章说"道生之,德畜之",即只有天道才可以说生畜万物,但生畜百姓也是君主制度下的一个观念,本来是百姓供养了君主,官方文化却都说君主畜养了百姓。这里老子显然是顺着这个话,来说君主应有的作为。

---

① 《庄子·大宗师》。
② 同上:"若然者,其心志,其容寂,其颡頯。凄然似秋,暖然似春,喜怒通四时,与物有宜而莫知其极。"

"生而不有,为而不恃,长而不宰,是谓玄德",这里依然是天道的德性,依天道而治国乃是老子的基本思想,故而,借转过来论述君主的治国。① "生而不有,为而不恃"两句在第二章里讲过了,就是生养万物不据为己有,推动了万物的变化而不自以为尽了力。这里着重说"长而不宰",意思是长养万物而不宰制它们。所谓长养,其实是使万物自己长养。万物也并非只是存在着的物,在这里最主要的是存在着的人。天道只在万物背后推动了一把,使万物自己长养,只在其背后规定、并保证着它们不会偏离自身的成长轨迹,而且天道造成了一种适合万物成长的环境,诸如阳光雨露,四季轮换,使万物在其中自然自在地成长。天道自身没有特殊的目的,它使万物自己成就自己,万物自身的目的就是天道的目的,所以说,道最大的目的性,就是使万物合乎自身的目的性。于此说来,就是不去改变它们,不去宰制它们。如果宰制万物了,那就说明天道有了自己的目的性,为了符合自己的利益,所以要强行地宰制它们,使它们的成长、变化和结果,都符合自己的要求,而这恰恰不是天道之所为。这个原理用在治理国家上面,意思是,如果统治者认为自己可以使百姓出生繁殖,养育长成,可以管理和服务百姓,那么应当效法天道,不要将百姓视为己有;不要为百姓做了点事就自以为功莫大焉,似乎离了自己百姓便什么事也做不成;不要试图宰制他们,不要使他们感到自己是他们的主宰(主宰的意思就包含了宰制),不应当使他们感到离了这个主宰者他们就生活不下去;更不要强制他们成为自己所需要的人,或令他们不能依照自己的情性成长,不要强迫他们

---

① 陈鼓应《老子注译及评介》引马叙伦《老子校诂》的观点,认为"生而不有"以下四句"重见于五十一章,疑为五十一章错简重出"(第97页)。

做不喜欢做的事情。为什么应当这样呢？人道应当效法天道。天道本可以主宰天下万物，却不去主宰，它把自己的作用深深地隐藏在万物的背后，何况本不能主宰万物、百姓的君主呢！所以，贤明的君主应当做无为的事情，营造一种和谐的环境，使百姓各得其乐，成就他们自身。

"玄德"也是一种德性，只是这种德性在人间社会里面是不能生出来的，而是要仰仗天道的给予，这也是老子要将天道与人道相区别的原因。由于有功德于天下，却没有功德之主，即没有人认领这个大德，所以称为幽深、玄冥的德，又可称为"上德"，所谓"上德不德，是以有德"（三十八章）。有论者就认为，既是"不可见"的德，那么，使人们知道有这么一种玄德，正是欲诱导人们心向往道，因为德是道的落实，道体现为德。① 由此说来，人间社会是不可能有此德性的。但是，因为人们追求玄德，心向往道，就可能从中学得一二，即人道追求天道，虽或不至，但求乎其上，得乎其中。或许人道永远也到达不了天道，但总在向着它靠近，由此带来人类社会的进步。进一步说，"玄德"虽然不是世俗社会的德性，但它并不是远离世俗社会的，它是可以学习和效法的德性。

《庄子·应帝王》借助于三个寓言故事对这种境界作了很好的

---

① 《老子河上公章句》："言道德玄冥，不可得见，欲使人如道也。"王弼《老子注》："有德无主，非玄而何？凡言玄德，皆有德而不知其主，出乎幽冥。"李荣《道德真经注》："忘功德，是谓玄德。上德不德，是以有德，忘德之德，深而且远，故言玄也。"唐玄宗《御注道德经》解为"深玄之德"，林语堂《老子的智慧》、陈鼓应《老子注译及评介》皆解为"最深的德"。

描述，其中提出一个"明王之治"的境界：①第一则故事是"肩吾"见到了"狂接舆"，大概是知道肩吾在这之前见过"日中始"，狂接舆问：

"日中始告诉你什么了？"

"他告诉我，做君主的人都认为国家的法典、程式、裁断、准则都由自己做出，哪有敢不接受的！"肩吾回答。

狂接舆则说：

"那是虚伪的德性。这对于治理天下来说，如同过海、凿河、使蚊子背走山一样。圣人治天下，是治外吗？只是端正自己，而后推行开去，依照人们的性情和能力，让他们做能够做的事情就是了。"

第二则故事是，"天根"在殷阳的蓼水碰见了"无名人"，"天根"向"无名人"问道：

"请问如何治天下？"

"无名人"没好气地回应道：

"走开！你这个僻陋的人，何必要问这些令人厌烦的事情！我正在跟随造物者出游，接下来又要搭乘莽眇之鸟，到六极之外去，游

---

① 《庄子·应帝王》：

肩吾见狂接舆。狂接舆曰："日中始何以语女？"肩吾曰："告我：君人者以己出经式义度，人孰敢不听而化诸！"狂接舆曰："是欺德也。其于治天下也，犹涉海凿河而使蚊负山也。夫圣人之治也，治外夫？正而后行，确乎能其事者而已矣。且鸟高飞以避矰弋之害，鼷鼠深穴乎神丘之下以避熏凿之患，而曾二虫之无知？"

天根游于殷阳，至蓼水之上，适遭无名人而问焉，曰："请问为天下。"无名人曰："去！汝鄙人也，何问之不豫也！予方将与造物者为人，厌则又乘夫莽眇之鸟，以出六极之外，而游无何有之乡，以处圹垠之野。汝又何帠以治天下感予之心为？"又复问，无名人曰："汝游心于淡，合气于漠，顺物自然而无容私焉，而天下治矣。"

阳子居见老聃，曰："有人于此，向疾强梁，物彻疏明，学道不倦，如是者，可比明王乎？"老聃曰："是于圣人也，胥易技系，劳形怵心者也。且也虎豹之文来田，猨狙之便执斄之狗来藉。如是者，可比明王乎？"阳子居蹴然曰："敢问明王之治。"老聃曰："明王之治：功盖天下而似不自己，化贷万物而民弗恃。有莫举名，使物自喜。立乎不测，而游于无有者也。"

历无何有之乡,走进圹埌之野,而你又何必偏要拿治天下的事情来感惑我心呢!"

然而,"天根"仍不放"无名人"走,缠住他问,"无名人"只好告诉他:

"你啊,只要游心于虚静,合气于淡漠,顺应万物之自然,而不要有私心成见,如此,天下就可以得到治理了。"

第三则故事是,阳朱见了老聃,问道:

"有这么个人,雷厉风行,刚健有力,对事理了彻通透,又求道不倦,像这样的人,能够与明王相比吗?"

老聃回答:

"你说的这些,对于圣人来说,都只是些懂得某种技艺或占卜的小吏所做的事,也都是些劳神伤体的事情,再说了,虎豹身上的花纹招来的是猎人的算计,猨狙敏捷身轻被人圈了去,跑得快的牦牛却被人套上了绳索,像这样的,能与明王相比吗?"

"请问明王之治是怎样的?"阳朱赶紧追问。

老聃回答说:

"明王之治啊,功劳可比于天,却好像不是他自己做的;化育、施恩于天下万物,而百姓却不知依靠他。取得了成就却不会自我表达,让百姓感觉到自己成功的喜悦。此时,明王却站在一个人们看不到的地方,悄然转身,优游于无有之乡了。"

庄子笔下的名士,都是极其超越的,多不屑于世俗的事情,所以"无名人"在被问到如何治理国家的时候,很不以为然,但当阳朱问到老聃的时候,老聃就显得很耐心的样子,这与《老子》这部经典里老子所表达的关心世事的态度是一致的。

西汉时期的《淮南子》也发挥了老子的"圣人之治"的思想。其中《原道训》里说道：

  至人之治，应当掩藏自己的聪明，灭掉华丽的纹彩，修道而不用智，与百姓共同遵守公正，相互约定行为的准则。拥有天下的君主，不必依靠权势，不必操生杀的权柄，借以发号施令。所谓"有天下"，其实不是拥有这些东西，而是修养"自得"，自得了道，那么天下也就得了你，自己与天下相互为得，也就是长久地相互拥有了。①

  除了发挥老子"去奢、去欲、去泰"的观念，这里还提出了与百姓共同遵守公正，相互约定行为的守则，这已经有了政治哲学的新内容了。此外，也将老子治身与治世的思想，阐释成为自得而得天下的思想。《淮南子》还创造性地阐释了老子"无为无不为"的思想，说：

  所谓"无为"，就是不在物为之先而为之；所谓"无不为"，就是顺从物之所为；所谓"无治"，就是不改变其自然本性；所谓"无不治"，就是顺应物彼此的相互融洽。②

  这里说的不在物为之先而为之，就是为君者不要抢在民众作为之前而作为；顺从物之所为，就是顺从民意，让民众做他们乐意做的事情；不改变其自然本性，就是不要试图改变百姓的自然性情，当使他们成为应该成为的人；顺应物彼此的相互融洽，就是相信百姓之间会形成彼此的融洽与和谐。《淮南子》既受了老子的影响，也接受

---

  ① 《淮南子·原道训》："是故至人之治也，掩其聪明，灭其文章，依道废智，与民同于公。约其所守，寡其所求，去其诱慕，除其嗜欲，损其思虑。约其所守则察，寡其所求则得，……夫有天下者，岂必摄权持势，操杀生之柄，而以行其号令邪？吾所谓有天下者，非谓此也，自得而已。自得则天下亦得我矣，吾与天下相得，则常相有已。又焉有不得容其闲者乎！"《诸子集成》第七册，《淮南子》，北京：中华书局 2006 年版，第 12 页）

  ② 同上："所谓无为者，不先物为也；所谓无不为者，因物之所为；所谓无治者，不易自然也；所谓无不治者，因物之相然也。"高诱注"相然"的"然"为："然犹宜也。"（《诸子集成》第七册，《淮南子》，第 8 页）

了庄子的影响,不是纯粹的老学或者庄学,而是两者兼而有之。虽然出自多人之手,《淮南子》这本书与《吕氏春秋》一样难免有些驳杂,不像老子、庄子的观点纯粹,但道家的基本立场是显明的。

孔子也说过"无为而治"的话,[①]如果"孔子问礼于老聃"是一个历史事实的话,那么他就可能受到老子的影响。不管怎样,追求"无为而治"终究是一个政治理想。不过,儒家虽然也有这样的政治理想,但所实践的不是无为,而是有为。

---

[①] 《论语·卫灵公》:"子曰:无为而治者,其舜也与? 而何为哉,恭己正南面而已矣。"

| **百姓谓我自然**

## 第十七章

太上,下知有之;其次,亲而誉之;其次,畏之;其次,侮之。信不足焉,有不信焉。悠兮其贵言。功成事遂,百姓皆谓我自然。①

[译文] 最好的统治者,是百姓仅仅知道其存在;其次的,是人们亲近它,赞誉它;又其次的,是人们畏惧它;再其次的,是人们轻蔑它。信义不足,才会有不讲信义的事情发生。意趣悠闲啊,而不轻言。大功告成,万事遂愿,百姓都说我们本来如此。

[释文] "太上,下知有之;其次,亲而誉之;其次,畏之;其次,侮之","太上",是指大人,又说"太古之君",这里喻最好的统治者。

---

① 这里采取王弼本。河上本写为:"其次,亲之誉之;其次,畏之侮之;信不足焉,有不信。犹兮其贵言。"傅奕本写为:"故信不足焉,有不信";"犹兮其贵言哉"。帛书本写为:"太上下之有之,其次亲誉之,其次畏之,其下侮之。信不足,安有不信。犹呵其贵言也,成功事遂,而百姓谓我自然。"竹简本写为:"其次亲誉之";"信不足,安有不信。犹乎其贵言也。成事遂功,而百姓曰我自然也"。

统治者既可指国君,又可指统治阶层。老子用了一个由高到低的层级,表达了他的判断。最好的统治者,无须百姓称赞与畏惧,百姓仅仅知道它的存在而已,即道家虽然主张无为而治,却不是无政府主义。"亲而誉之",表明统治者的所作所为,已经显露行迹,百姓知道统治者为他们做了什么样的事情,感受到了政府的亲民态度以及他们所做的事情,因而得到了相应的赞誉。"畏之",谓使用刑罚与武力,或者淫威、恐吓,甚或文字狱之类,让人民感到恐惧害怕。"侮之",则属于人民看透了统治者的腐败与罪恶本质,从而诅咒它,轻蔑它,坐等它出事。这四个等级,"太上"属于道家境界,也与自由、民主、法治相契合。第二层级属于亲民政府,追求人道,讲求亲民,与儒家的王道比较接近。第三层级属于威权政府,不管它使用什么治国措施,都是以让人民畏惧为目的。第四层级属于人民唾弃的政府,只是等着它灭亡而已。在政府是合法的前提下,这四个层级,其实都还是以统治者对待国家、百姓的态度为基础的,你怎么对待百姓,百姓就会怎么对待你,孟子讲过君臣关系,君视臣如手足,臣视君为腹心;君视臣如犬马,则臣视君如国人;君视臣为土芥,则臣视君为寇敌。[①] 这种关系,也适用于君民关系,也如载舟与覆舟的关系。

"信不足焉,有不信焉",这两句话在第二十三章里出现过,意思是人们内心没有了守信的道德修养,社会上就会有不讲信用的事情发生。

"悠兮其贵言。功成事遂,百姓皆谓我自然"中的"悠兮"表达了

---

[①]《孟子·离娄》。

一种样态,一种从容淡定、悠闲自在的样态,①而贵于出言,凡言必有应。因为他不愿意政令频出,不希望主宰众人,而要努力使人们自己主宰自己,这才会出现自然而然的局面。事情成功了,百姓只感到自己成就了自己,而不是一个领导人带给他们的,这里的"自然",也是自己的自然,即做成功了自己。这才是最大的善意。

---

① 《老子河上公章句》:"说太上老君,举事犹犹,贵重于言,恐离道,失自然也。"王弼《老子注》:"自然,其端兆不可得而见也,其意趣不可得而睹也。无物可以易其言,言必有应,故曰'悠兮其贵言'也。居无为之事,行不言之教,不以形立物,故功成事遂,而百姓不知其所以然也。"

## 绝圣弃智

### 第十九章

绝圣弃智,民利百倍;绝仁弃义,民复孝慈;绝巧弃利,盗贼无有。此三者,以为文不足。故令有所属,见素抱朴,少私寡欲。①

[**译文**] 弃绝圣智,百姓能得到百倍的利益;弃绝仁义,百姓可回复到孝慈;弃绝巧利,盗贼才不会产生。这三者,不足以教化人。所以,应当使其有所归属:抱守朴素,淡泊私欲。

[**释文**] "绝圣弃智,民利百倍",这句话和后面那句"绝仁弃义",在《老子》最古写本郭店竹简上没有,所以有学者以此为据,索性删掉了这几句话。② 由于通行本流行了两千多年,竹简本的发现

---

① 河上本、王弼本、傅奕本与帛书本基本相同,帛书本在前两句中加了一个"而"字,另外"此三者,以为文不足"写为"此三言,以为文未足"。但竹简版与上述三种写本差别大:"绝知弃辩,民利百倍。绝巧弃利,盗贼亡有。绝伪弃[虑],民复[孝慈]。三言以为[辨]不足,或[命]之或乎属。视素保朴,少私寡欲。"

② 陈鼓应《老子注译及评介》采用竹简本,不采这几句话。(见该书第134页)

颠覆了传统的看法,然而,审视通行本和竹简本,又当对此持谨慎的态度。一来竹简本虽为最古本,但其中有三种书写且不完整,目前我们能够看到的为一种写法,这等于说这个写法够权威,但是孤证,不能互证。二来通行本的这个写法虽然晚于竹简本,但也很悠久,不仅帛书本如此写,且批评圣人或圣智在《庄子》外篇《胠箧》和《在宥》篇中也有了,其中《在宥》虽不一定是庄子亲作,但至少可以肯定为弟子记述庄子的言论。① 所以,庄子批评圣人与圣智是可能的。但老子是否公开批评就难以确定了,在《老子》书中,三十二次提到"圣人",只有这一次涉及批评圣人。有鉴于此,这里暂时将这个问题悬置起来,可从通行和竹简两种写法解释。

"绝圣弃智",其中的"圣"究竟指圣人,还是圣智,历史上从来就分歧很大。虽然从字义看来,这个"圣"字很容易理解为至上的"圣人",但是古今的论家多不愿如此理解。有的理解为"制作"之圣,② 有的理解为超越"凡情"之圣,③有的理解为"圣人之迹",或"制度法象功用陈迹之圣也",④也有的把"圣"与"智"连起来理解为"圣智"。⑤ 理解为"制作"之圣或超越"凡情"之圣,虽然把"圣"看作圣人,但不是中国传统意义上的道德的"圣人",只是有超凡的绝技而已。而把"圣"理解为"圣人之迹"的,等于不把"圣"看作人,而是圣

---

① 参见拙著《自然与自由庄子哲学研究》,北京:商务印书馆2013年版。
② 《老子河上公章句》:"绝圣制作,反初守元。五帝画象,仓颉作书,不如三皇结绳无文。"
③ 李荣《老子注》:"圣者凡情之所仰,智者愚人之所求。"
④ 唐玄宗《御注道德经》:"绝圣人言教之迹,则化无为;弃凡夫智诈之用,则人淳朴。"陈景元《道德真经藏室纂微篇》:"圣者谓制度法象功用陈迹之圣也,绝之欲复其浑朴也。"
⑤ 王弼《老子注》:"圣智,才之善也;仁义,行之善也(原文为"人之善也",楼宇烈《王弼集校释》据易顺鼎及宇惠说改);巧利,用之善也。"陈希逸《道德真经口义》:"圣知之名出,而后天下之害生。不若绝之弃之,而天下自利。"

人的行迹与陈迹，即做过的事迹，或行过的路。独有王弼把"圣"与"智"联起来，认作"圣智"，更有合理性，等于是有超绝的智慧，且也不是道德上的超绝，只是智识上的超绝，这与下文的"仁义""巧利"相对应，也就排除了道德上的圣人的尴尬。这样的解释很合理，不过，这样的合理其实也难以排除解释者所处的"圣人"文化的影响，因为在君主制时代诋毁圣人是不太可能为人接受的。

"民利百倍"中的"利"该如何理解？由于后文还有"绝巧弃利"，前文的"利"是肯定的，后文的"利"是否定的，但老子不太可能自相矛盾。王弼把"绝巧弃利"的"利"解为"巧利"是颇有见地的。如此，前文的"利"就不当是物质利益的意思了，而当为福祉，或善与好的意思，等于说，弃绝了圣智，对百姓是一百个的好。在《老子》书中，"利"字多数是在这个意义上使用的，如第八章"水善利万物而不争"，这个"利"就是对万物有好处，或有利；第十一章"故有之以为利，无之以为用"，这个"利"就是便利，用处；第五十六章"不可得而利，不可得而害"，第七十三章"勇于敢则杀，勇于不敢则活。此两者或利或害"，第八十一章"天之道利而不害"，这几个"利"都是利害的意思。把"圣"解为"圣智"，把"利"解为福祉、善与好，还有一个重要作用，即完成了老子的逻辑自洽，这与第十八章"智慧出，有大伪"和第六十五章"民之难治，以其智多"的说法相一贯了，老子反对自私用智，反对以智巧治国的立场是显明而一致的。

"绝仁弃义，民复孝慈"，竹简中也没有"绝仁弃义"的话，只在第三句中用了"绝伪弃诈，民复孝慈"，陈鼓应先生依然采用通行本，但只取了竹简本中的"绝智弃辩"和"绝伪弃诈"两句，换掉了"绝圣弃智"和"绝仁弃义"两句。① 但是,"绝伪弃诈"与"民复孝慈"在意思上并不连贯,即弃绝伪诈并不能直接产生孝慈的结果。而仁义与孝慈之间有连贯性,在儒家那里,孝慈本身就是仁义。而在老子那里,如伪诈只与智慧有关,如"智慧出,有大伪,六亲不和,有孝慈"(十八章)。老子对待仁义的态度,并不是一概而论,而是分出了上德与下德、上仁与下仁的区别,老子崇尚上德、上仁,如三十八章所言:"上德不德是以有德,下德不失德是以无德。上德无为而无以为,下德无为而有以为,上仁为之而无以为,上义为之而有以为,上礼为之而莫之以应,则攘臂而扔之。故失道而后德,失德而后仁,失仁而后义,失义而后礼。"所以,老子批评作为下德的仁义是完全可能的,因为仁义实际上排不出私亲的性质,不能够普遍,故而第五章才讲"天地不仁,以万物为刍狗;圣人不仁,以百姓为刍狗"。弃绝了仁义,百姓回归孝慈,这句话的本意应当是,孝慈本是一种朴素的本性,无须经过仁义的教化,反倒是仁义的教化会使得人本性不纯朴了,产生了分别心,有了内外、亲疏的差别,所以,本性的纯朴比仁义的教化更重要。

"绝巧弃利,盗贼无有"中的"巧"和"利"合起来看为"巧利",意思是依靠投机取巧而获得的物质利益。这里的"利"当然是一种物质利益,这种物质利益是否具有正当性,则是另一个问题。老子这里显然是把巧利看作是不正当的物质利益了,因为有利可图,便有

---

① 陈鼓应引裘锡圭《郭店楚墓竹简注释》:"简文此句似当释为'绝慇(伪)弃慮(诈)','慮'从'且'声,与'诈'音近。"(《老子注译及评介》,第134、135页)刘笑敢《老子古今》引述裘锡圭、李零、陈伟、庞朴以及廖铭春等人的研究,对"慮"字有三种解读,一是"诈",二是"作",三是"慮",其结论是"道理都讲得通,但说到竹简或古本原貌,似乎只能存疑。"(第231、232页)

人会钻营,从而获得超于正常劳动所得的利益,从而形成不均衡与不平等,当物质利益不合理地流向少数人的时候,那么"仇富"的心态自然产生,盗贼就是这种仇富心态的宣泄。反之,在国家层面上杜绝"巧利"之路,盗贼就不会产生了。

"此三者,以为文不足"句,① 所谓"三者",即上述的三件事。文,本是纹饰之意,引申为教化。虽然这三个方面可以起到利民、孝慈和盗贼无有,但对于教化来说还是不足,所以要借助于见素抱朴和少私寡欲,这才从根本上解决教化的问题。前者是在事上做功夫,后者是在心上做功夫,人纯朴了,私欲少了,才是根本的解决办法。老子反对统治者宰制民众,这里却还是要教化人,是不是自我矛盾呢?看似矛盾,其实并不。这里的教化,其实只是努力使百姓回归到纯朴的本性,而不是要百姓成为别的什么人,百姓不是工具,不是可以任人役使的对象。统治者既然是要治国,那么他肯定是要作为的,只是道家理想中的统治者的作为,一是要看不见他的作为,所谓"无为";二是不能把人当工具,借以实现自己的野心,而是百姓自己就是自己的目的,统治者应当尽力使百姓实现自身。这个自身的目的性,就包括了纯朴和寡欲的内容。

再看竹简《老子》第十九章:

> 绝知弃辩,民利百倍。绝巧弃利,盗贼亡有。绝伪弃[虑],民复[孝慈]。三言以为[辨]不足,或[命]之或乎属。视素保

---

① 《老子河上公章句》:"谓上三事所弃绝也。以为文不足者,文不足以教民。"王弼《老子注》:"文甚不足,不令之有所属,无以见其指(旨)。故曰此三者以为文而未足,故令人有所属,属之于素朴寡欲。"

朴,少私寡欲。

除了"绝伪弃诈,民复孝慈"之外,其他各句都合乎老子的思想一贯性,如前所述,唯独这句不甚合乎逻辑,因为"绝伪弃诈",并不必然能够得到"民复孝慈"的结果。故此,竹简本虽为最古,却不必然如此。这里保留两种写法,以便读者自辩。

《庄子·天运》叙述了孔子、子贡见老子的寓言故事:

孔子去见过老聃了,回来后却三天不谈见过老子的事情。弟子觉得奇怪,问孔子见了老子,有何见教,孔子说自己像是见到了龙,说龙是"合而成体,散而成章,乘乎云气而养乎阴阳",自己见了他张口结舌,什么话也说不出来。子贡听了孔子的这番描述,说自己可不可以去见一下老子。于是,凭借孔子的介绍,子贡见到了老子。子贡开口便说:三皇五帝治理天下,虽然做法不同,其名声都一样的显赫,唯独先生您不以他们为圣人,为什么呢?对于子贡的问题,老子做了这样的回答:黄帝治天下,使民心归一,有人父母亲死了而不哭,其他人也并不非议他;尧治理天下,使民心亲近自己的父母,有人为自己亡故的双亲穿戴了低一级的丧服,人们也不非议;舜治理天下,使民心相争,百姓中有孕妇十月怀胎生子,那小孩才五个月就会说话,还不会笑就知道谁是谁了,如此人开始有夭亡的了;禹治理天下,使民心生变,人有奸诈之心而以为使用武力是合理的,认为杀了强盗不算是杀人,为了彼此的利益而自相结伙却口口声声"为了天下"。如此天下惊恐,儒、墨这样的学派产生了。……三皇五帝的治理,名为治天下,其实没有比他们混乱的了。①

在这个设定的问答中,老子对于三皇五帝是持批评态度的,即虽然名为治理天下,其实从纯朴到生分别心,到争斗心,再到浇薄狡诈,一代比一代乱,所以,对于人们所称颂的"圣人",老子是不以为圣人的,或者说,与其拥有这样的圣人治天下,不如回复到纯朴的自然状态。《天运》篇虽在《庄子》书中属于外篇,但为庄子弟子记述庄子的言论,是能够反映庄子的态度的。

---

① 《庄子·天运》:"孔子见老聃归,三日不谈。弟子问曰:'夫子见老聃,亦将何规哉?'孔子曰:'吾乃今于是乎见龙。龙,合而成体,散而成章,乘乎云气而养乎阴阳。予口张而不能嗋。予又何规老聃哉?'子贡曰:'然则人固有尸居而龙见,雷声而渊默,发动如天地者乎?赐亦可得而观乎?'遂以孔子声见老聃。老聃方将倨堂而应,微曰:'予年运而往矣,子将何以戒我乎?'子贡曰:'夫三皇五帝之治天下不同,其系声名一也。而先生独以为非圣人,如何哉?'老聃曰:'小子少进!子何以谓不同?'对曰:'尧授舜,舜授禹。禹用力而汤用兵,文王顺纣而不敢逆,武王逆纣而不肯顺,故曰不同。'老聃曰:'小子少进,余语汝三皇五帝之治天下:黄帝之治天下,使民心一。民有其亲死不哭而民不非也。尧之治天下,使民心亲。民有为其亲杀其服而民不非也。舜之治天下,使民心竞。民孕妇十月生子,子生五月而能言,不至乎孩而始谁,则人始有夭矣。禹之治天下,使民心变,人有心而兵有顺,杀盗非杀人。自为种而'天下'耳。是以天下大骇,儒墨皆起。其作始有伦,而今乎妇女,何言哉!余语汝:三皇五帝之治天下,名曰治之,而乱莫甚焉。三皇之知,上悖日月之明,下睽山川之精,中堕四时之施。其知惨于蛎虿之尾,鲜规之兽,莫得安其性命之情者,而犹自以为圣人,不可耻乎?其无耻也!'子贡蹴蹴然立不安。"

## 躁则失君

### 第二十六章

重为轻根,静为躁君。是以君子终日行,不离辎重。虽有荣观,燕处超然。奈何万乘之主,而以身轻天下。轻则失本,躁则失君。①

[译文] 重是轻的根本,静是躁的主君。所以,君子整日出行,始终不离自己的车马。虽然有华丽的宫室,却超然闲处。怎奈大国的君主,且以为身轻于天下。轻就会失了根本,躁就失了君主之位。

[释文] "重为轻根,静为躁君",这里的"重"与"轻",都是相对而言,在这种对应的关系中,权衡轻重关系。"重",既是轻重关系中的重,又喻为稳重;而"轻"既是轻重关系中的轻,又喻为轻率。"根",就是"本"的意思,意指大树之根干,"轻"就相当于树干之枝

---

① 这里采用王弼本。河上本写为"轻则失臣,躁则失君"。傅奕本写为:"靖为躁君","宴处超然","如之何万乘之主","轻则失本,躁则失君"。帛书本写为:"是以君子终日行,不远其辎重","虽有环馆,燕处则昭若","而以身轻于天下"。

叶。"静",为安静、清静之义;"躁"躁动、浮躁之义,相对于"躁",它是主君,而"躁"则是主君的宾客。① "重"所以为"轻"的根本,在于重能承载轻,轻不能承载重;"静"所以为"躁"的主君,在于静能够使动,动不能使静。

"是以君子终日行,不离辎重",这里的"君子"非指一般的君子,而是君主。"辎重",载重的辎车。这里是借喻出行,需要载重的辎车,不可须臾离开。表达是君主有所倚重之"重",如同辎车一样。河上公认为,这句话是指圣人行道,不离静与重。②

"虽有荣观,燕处超然","荣观"指华丽的宫室,意指君主即便有如此奢华的宫室,但并不以此为意,他的心思在这之外,即他有超然的追求,这就是修身养性。对于一个修养者来说,无论居处如何华丽,在他看来似乎是多余的。由此引申到治身与治国的关系。③

"奈何万乘之主,而以身轻天下","万乘之主"就不是小邦国了,而是大国之君。帛书本写为"而以身轻于天下",这个写法表达得更清楚,意思是有些大国之君,没有明白治身与治国的关系,把治天下看得重,把治身看得轻,不知道治得了身,才能治得好国。这里当然不是指那些把自己的消遣、奢侈看得比国家重要的人和事,而是轻视了个人的修养,是不可能治理好国家的。

"轻则失本,躁则失君",轻重关系颠倒了,就会得了轻、失了重,有人解为丧失自己的身体;④不知守清静之道,躁动妄作,最终会丢

---

① 《老子河上公章句》:"人君不重则不尊,治身不重则失神;草木之华叶轻,故零落;根重,故长存也。""人君不重则失威,治身不静则身危。龙静,故能变化;虎躁,故夭亏也。"王弼《老子注》:"凡物,轻不能载重,小不能镇大。不行者使行,不动者制动。是以重必为轻根,静必为躁君也。"
② 河上公把"辎"理解为"静":"辎,静也。圣人终日行道,不离于静与重也。"
③ 唐玄宗《御注道德经》:"人君者守重静,故虽有荣观,当须燕尔安处,超然不顾。"
④ 王弼《老子注》:"轻不镇重也。失本,为丧身也。失君,为失君位也。"

了君主之位。老子深知君主的过多作为,会与老百姓的愿望相反,会不断地折腾,会役使、甚至奴役百姓,去填充君主的欲望,或实现君主个人的政治野心。第四十五章:"静胜躁,寒胜热,清静为天下正。"这与"轻则失本,躁则失君"的意思是一致的。

《吕氏春秋·先己》谈到过类似的思想:"过去的圣王都是成就自身而成就天下,治理好自身而天下得到治理。所以,善于发响的人不在乎响而在乎声,善于制造身影的人不在乎影而在乎身,治天下的人不在乎天下而在乎身。"①这也是主张打理好自身才能治理国家。

---

① 《吕氏春秋·先己》:"昔者,先圣王成其身而天下成(高诱注:'王道成也。'),治其身而天下治(高诱注引詹何语:'未闻身治而国乱,身乱而国治者。')。故善响者不于响于声(高诱注:'声善则响善。'),善影不于影于形(高诱注:'形正则影正。'),为天下者不于天下于身(高诱注:'身正则天下治。')。"

## 天下神器

## 第二十九章

将欲取天下而为之,吾见其不得已。天下神器,不可为也。为者败之,执者失之。故物或行或随,或呴或吹,或强或羸,或载或隳。是以圣人去甚,去奢,去泰。①

[译文] 将要获取天下治理它,我看这事不会如愿。君主之位乃是天下的神器,不可以想得到就可以得到的。勉强这么做的,必定失败;勉强占据君位的,必定丧失。但凡物质之类,或者行之于前或者随之于后,或者响之而暖或者吹之而寒,或者强盛或者衰弱,或者承载或者隳退。所以,圣人去除过甚,去除奢靡,去除过极。

[释文] "将欲取天下而为之"句中的"取"与"为"两字的理解歧义较大:一种认为"取"就是"治","取天下"即治天下,与此相关,

---

① 河上本与王弼本基本相同,这里采用河上本。王弼本写为:"或歔或吹""或挫或隳"。傅奕本写为:"或嘘或吹""或强或剉,或培或堕"。帛书本写为:"吾见其弗得已""为之者败之,执之者失之。物或行或随,或热,或䂳或培或堕。是以圣人去甚,去大,去奢。"

"为"就是"有为",整句话的意思就是以有为而治天下;① 另一种认为"取",即是获取,"取天下"即获取天下,与此相关,"为"就是治理,整句话就是获取天下而治理它。② 在这里第二种理解更合乎道理。"吾见其不得已",有人解为不得天道人心,③ 有人解为不得好死,④ 以上两种理解都能说得通,但我理解为"不得如愿",更合乎老子的一贯立场。联系到下一句话"天下神器",可以看得更清楚。

"天下神器,不可为也"句,"神器"二字,古今解释又各不同,一种解"神器"为人,⑤ 一种解为"帝王之位",⑥ 还有解释为"无形以合"。⑦ 将"神器"解为人,是为了说明老子主张无为而治,所以"不可为"的"为"也就是"有为而治"的意思了。但从老子的逻辑看,"神器"当为帝位,也就是统治权。帝位与统治权大概是人人都想得到的,但是否有资格得到它,应当不是想得到就可以得到的,因为它不是一般的器物,而是"天下神器"。如果把"神器"理解为"神明之器",那么它的神圣性就不会是由于禀性聪慧,更不是以果敢,而只

---

① 《老子河上公章句》:"欲为天下主也";"欲以有为治民"。刘笑敢《老子古今》引蒋锡昌《老子校诂》:"'将欲取天下而为之,吾见其不得已'言世君将欲治天下而为有为者,吾见其无所得也。"(第325页)

② 唐玄宗《御注道德经》:"天下者,大宝之位也。为君必待历数在躬,若暴乱之人将欲以力取而为之主者,老君戒云'吾见其不得已'矣。"成玄英《老子疏》:"方将欲摄取天下苍生而为化主者,必须虚心忘欲,若以有为取之,才欲摄化而不得之状已彰也。"

③ 《老子河上公章句》:"我见其不得天道人心已明矣。天道恶烦浊,人心恶多欲。"

④ 陈景元《道德真经藏室纂微篇》:"夫道无为自然也,虽秋毫之小而尚由之,况天下乎?今若不由其无为自然而恃其果敢,将欲力取天下大器而自纵有为者,非徒失道,吾必见其不得死已,已者死也。"

⑤ 《老子河上公章句》:"器,物也。人乃天下之神物也,神物好安静,不可以有为治。以有为治之则败其质朴也。"

⑥ 成玄英《老子注》:"天下神器不可为,含识之类,悉有精灵,并堪受道,故名神器。神器亦是帝位也。"唐玄宗《御注道德经》:"大宝之位是天地神明之器,谓为神器,故不可以力为也,故曰为者败之,此戒奸乱之臣。"

⑦ 王弼《老子注》:"神,无形无方也。器,合成也。无形以合,故谓之神器也。"

能是来自是否得道,是否合乎天意。如此,才说"为者败之,执者失之"。这里的"为"当为获取,"执"当为执掌。由于不合乎道,不合天意,勉强攫取也未必能得到它;同样的道理,即便获取、执掌了它,也不会长久。

"物或行或随"这段话欲表明,所有的物类,或前或后,或暖或寒,或强或衰,或载或隳,皆是物之自然之性。① 应当随其物性,顺其物情,不必强行施为,不必割制改易。② 这也被解释为不可以有为治国与治身。③ 也有人将这段话的意思解为权势不定,贵贱无常,强盛当衰,安危不定,所以治国治身不可以有为矜执。④

"是以圣人去甚,去奢,去泰"中的"圣人"依然是得了天道、执掌了天下权势的统治者。这里甚、奢、泰,都有过分的意思。⑤ 圣人治理天下不是为了享受得天下的好处,所以对过多的物欲、侈靡与过分的享乐始终都保持戒惕之心,所以要远离它们。老子所说的"知足不辱"(四十四章),"知足之足,常足矣"(四十六章),也是从另一个方面讲述的同一个道理。

---

① 唐玄宗《御注道德经》:"欲明为则败,执则失。故物或行之于前,或随之于后,或嘘之使暖,或吹之使寒,扶之则强,抑之则弱,有道则载事,无德则隳废也。"
② 王弼《老子注》:"凡此诸'或',言物事逆顺反覆,不施为执割也。圣人达自然之性,畅万物之情,故因而不为,顺而不施。"
③ 《老子河上公章句》:"明人君不可以有为治国与治身也。"
④ 见成玄英《老子注》。
⑤ 严君平《老子指归》:"甚,有为也。奢,不中也和也。泰,高大也。故去之也。"李荣《老子注》:"奢泰者,有为之事也。逐欲为甚,心存侈靡为奢,极乐无厌曰泰。圣人虚心知足,去甚也;见素抱朴,去奢也;忘欢而后乐足,去泰也。"

道佐人主

## 道佐人主

## 第三十章

以道佐人主者,不以兵强天下。其事好还。师之所处,荆棘生焉。大军之后,必有凶年。善有果而已,不敢以取强。果而勿矜,果而勿伐,果而勿骄。果而不得已,果而勿强。物壮则老,是谓不道,不道早已。①

[译文] 以道来辅佐君主的人,不能以兵力逞强天下。用兵之事必有还报。军队所在的地方,会长满荆棘;战争过后,必定有凶荒灾年。善于用兵的人,仅仅止于果敢而已,不敢以此逞强。果敢不可以自矜,果敢不可以自夸,果敢不可以骄横。果敢乃是不得已而用之,果敢而不得逞强。所有的物类都是在壮盛之后走向衰老,这

---

① 河上本与王弼本同。傅奕本略异,写为:"故善者果而已矣","不敢以取强焉","是果而勿强","是谓非道,非道早已"。帛书本不齐,写为:"以道佐人主,不以兵强于天下。其□□□,□□所居,楚棘生之。善者果而已矣,毋以取强焉。果而勿骄,果而勿矜,果而□伐,果而毋得已居,是谓果而强。物壮而老,谓之不道,不道早已。"竹简本也不齐,写为:"以道佐人主者,不欲以兵强于天下。善者果而已,不以取强。果而弗伐,果而弗骄,果而弗矜,是谓果而不强。其事好〔还〕。"

就叫作不合于道。不合于道就将早夭。

[释文] "以道佐人主者"这句是针对君主制度下的宰相、大臣身份的人说的话。既是辅佐君主,就当以道治国,而不当寻求霸道,不可以穷兵黩武,四处用兵。这里的"道"当然是自然之道,所谓"道之尊,德之贵,夫莫之命而常自然"(五十一章),又所谓"以无事取天下"(五十七章),自然之道贵无事,贵清静。老子反对战争的立场是一以贯之的,这与儒家的"王道"有同功之处,都是反对战争,但儒家主张的是以德服人,道家主张的是以道服人。

"其事好还",这句话歧义较多。论家之中,有的认为这是相对于有为立功者来说,有道者欲求返还无为;① 有的认为这是有人做错了事,不怨别人,而"好还自责"的意思;② 有的认为是"还报"之义。③ 从后文"师之所处,荆棘生焉"看,这句话的意思应该是"还报",是说如果要以"兵强天下"的话,那么此事将很快有恶的"还报"。

"师之所处,荆棘生焉"句,字面意思是军队所在的地方,由于农田荒废,故而长满了荆棘;而战争过后,百业凋敝,剩下一片废墟,接踵而至的将是凶荒之年。④ 亦如曹操的诗歌所描绘的那样,"白骨

---

① 王弼《老子注》:"为治者务欲立功生事,而有道者务欲还反无为,故云其事好还也。"

② 《老子河上公章句》:"其举事好还自责,不怨于人也。"

③ 成玄英《老子疏》:"其事好还,还返报也。言外用兵刃,即有怨敌之仇,内用三毒还招三涂之报,此事必尔,故云好还。"刘笑敢《老子古今》:"'其事好还'的解释颇为歧异困难。竹简本'其事好(还)'接上文似乎是说'果而不强'会有好报,似比传世本意思更为直接。高亨据王弼本云:'好'即'孔',即'甚'。'还'借为'遽',凶危也。'其事好还'者,言其事甚凶危也(高亨 1957,70)。古棣赞之。然此说似乎有些迂曲。陈鼓应解'其事好还'云:用兵这件事一定会得到还报(陈鼓应 1984,190)。"(第 329 页)

④ 林希逸《道德真经口义》:"用师之地,农不得耕,则荆棘生矣。用兵之后,伤天地之和气,则必有凶年之灾。"

露于野,千里无鸡鸣"。借助于具体情境的描述,揭示了人类战争的一般规律,无论是战胜国,抑或战败国,战争过后,都是这番惨景,人口折损大半。楚汉战争过后,胜者的汉高祖执政初期,王公贵族乘坐的车竟然都找不出清一色的四匹马;隋末农民战争过后,唐朝初期也出现过罕见的旱灾年。所以,老子反对任何意义上的战争,这和第四十六章里面对待战争的态度是一致的,所谓:"天下有道,却走马以粪;天下无道,戎马生于郊。"又如第三十一章所言:"夫佳兵者不祥之器,物或恶之,故有道者不处。"在这个问题上,儒家与道家的立场也是一致的,齐国的宰相管仲辅佐桓公,治理出了一个强大的齐国,齐桓公虽然成了春秋时代的霸主,却不是以战争方式实现的,对此,孔子给予了高度的评价,甚至夸奖管仲这就是"仁":"桓公九合诸侯,不以兵车,管仲之力也,如其仁,如其仁。"[1]

"善有果而已,不敢以取强",这句话的含义也颇有争议。一是认为"善"是善于,"果"是果敢、果决,意思是善于用兵的人,只是拥有果敢的精神而已,而不得借此逞强。[2] 二是认为"善"指善人,"果"是决定,意思是善人只是决定制止暴心。[3] 三是认为"善"是善于,"果"是"济",意思是善于用兵的人,只是借兵力以度过难关而已,而不是借以取天下。[4] 还有一种认为,"善"是为善者,"果"是一种结果,意思是为善的人只是阻止敌人入侵而已,而不是用国家的

---

[1] 《论语·宪问》。
[2] 《老子河上公章句》:"善用兵者,当果敢而已不休。"陈景元《道德真经藏室纂微篇》:"以道佐人主者,当守雌静,不敢以兵强天下,不得已而应之,故曰善用也,果勇也,言善用师者勇于济难而已,不敢以兵刃取强于天下也。虽有果敢济难之勇,勿矜其能,勿伐其功,勿骄其心,是谓善用者也。"
[3] 成玄英《老子疏》:"果,决定也。已止言修道善人决定止此暴心而不用兵也。"
[4] 王弼《老子注》:"果,犹济也。言善用师者,趣以济难而已矣,不以兵力取强于天下也。"

兵力专以擅权称霸。① 相比之下，第一种理解似更合理，与后文"果而勿矜"语句相对接。

"果而勿矜"句，三个"果"的连用，表达有了果敢、果决的精神，但须戒惕由此容易产生的自矜、自夸、骄横。②

"果而不得已"句，果敢、果决乃是不得已而为之，所以不得借此要强，如同国家的武力不是用来炫耀的，也不是为了欺凌本国人民和弱小国家的，如果滥用武力，就违背了果敢、果决精神的原旨。③

"物壮则老"句，谓物类凡是到达壮盛的时候，就是它走向衰老的开始，这与第七十六章所说"兵强则灭，木强则折"，意思相通。何以说"是谓不道"？因为道是要追求长生久视的，中道而夭不符合道，所以说因为逞强而夭折，是不符合道的。至于说"不道早已"，不合于道，必将早夭。字面意思似乎是指"物壮则老"这件事，其实还是针对果而矜、果而伐、果而骄现象的，从前面开始的"以道佐人主者"，更是直指辅佐君主的宰臣的。这是天道与人道的分野。④

---

① 李荣《老子注》："故曰善者果而已，不以取强，能用为善，止敌为果。贼来侵我，所以除之，不以国兵强专用为是也。"

② 《老子河上公章句》理解为"欺"："骄，欺也。果敢勿以骄欺人也。"陈景元《道德真经藏室纂微篇》解为"骄心"，见上注252。

③ 苏辙《道德真经注》："勿矜、勿伐、勿骄、不得已四者，所以为勿强也。"

④ 王弼《老子注》："壮，武力暴兴，喻以兵强于天下者也。'飘风不终朝，骤雨不终日'，故暴兴必不道，早已也。"苏辙《道德真经注》："壮之必老，物无不然者。唯有道者，成而若缺，盈而若冲，未尝壮，故未尝老，未尝死，以兵强天下，壮亦盛矣，而能无老乎？"

兵者不祥之器

## 兵者不祥之器

### 第三十一章

　　夫兵者，不祥之器，物或恶之，故有道者不处。君子居则贵左，用兵则贵右。兵者不祥之器，非君子之器，不得已而用之，恬淡为上。胜而不美，而美之者，是乐杀人。夫乐杀人者，则不可得志于天下矣。吉事尚左，凶事尚右。偏将军居左，上将军居右。言以丧礼处之，杀人之众，以悲哀泣之，战胜以丧礼处之。①

　　[译文]　兵器乃是不祥之器物，万物皆厌恶它，所以有道之人不用它。君子居住则以左为尊，用兵则以右为尊。兵器乃是不祥之

---

① 河上本、王弼基本同，只河上本第一句"夫佳兵者"中少了一个"者"字；"杀人之众"，河上本写成"杀人众多"。傅奕本写为："夫美兵者"，"是以君子居则贵左"，"以恬淡为上，故不美也"，"若美必乐之，乐之者是乐杀人也"，"不可以得志于天下矣"，"故吉事尚左，凶事尚右。是以偏将军处左，上将军处右，言居上势，则以丧礼处之"，"杀人众多，则以悲哀泣之。战胜者，则以丧礼处之"。帛书本写为："夫兵者，不祥之器。物或恶之，故有欲者弗居"，"故兵者非君子之器，兵者不祥之器也"，"銛襲为上，勿美也，若美之，是乐杀人也"，"夫乐杀人，不可以得志于天下矣"，"是以吉事上左，丧事上右"，"杀人众，以悲哀莅之"，"战胜而以丧礼处之"。竹简本不齐。这里采用河上、王弼本，参照帛书本，将"夫佳兵"，更正为"夫兵者"。

器物,不是君子应该使用的,只是不得已才使用的东西。君子应当崇尚清静恬淡,如果战胜了也不以此为美,而那些以此为美的,是以杀人为乐的人。以杀人为乐的人,终究不能得志于天下。吉祥的事情崇尚左边,凶险的事情崇尚右边;偏将军占据左边,上将军占据右边,凡是谈论战事,都以丧亡之礼来对待,杀人多了,以悲哀而哭泣之;战胜了敌人,也以丧礼对待之。

[释文]  "夫兵者,不详之器"这段话从兵器谈起,借以表达对于战争的看法。兵器是用来杀人的,无论它多么美,毕竟是不祥之物,所以君子即便拥有它,也不会随意使用它。老子这里其实是提出了一个人心的向度问题,是向着友善与和平,还是向着敌意与战争。这也无异于说,或许我们拥有武器,但从来就不喜欢它。"物或恶之",依老子的观念,万物的本性是要和谐相处,对于凶杀之器皆厌恶之,这"物"之中是包含了人的。"有道者",指君子,君子当爱养生命,不当喜爱凶器。论家有认为,兵道与君子之道相反。①

"君子居则贵左"句怎么理解呢?左右之位乃是习俗,君子居左还是居右,虽然只是依照习俗行事,但这之中已经表达了对于和平与战争的价值与态度,因为左为上,右次之,所以平日里君子总是居左之位,只有在不得已的战争用兵的情况下,才占据右边。这里老子没有完全排除使用武器的情形,当遭到侵略的情况下,拿起武器奋力抗击,也是情理之中,只是武器本不是君子该拥有的东西,只是"不得已而用之"。而在平日里,君子皆当清静恬淡,不思用武。

"胜而不美"句是说对于战胜之后的态度,当不得已而发生了战事,并最终战胜了敌人的时候,不应当看作一件好事而庆祝。如果

---

① 《老子河上公章句》:"此言兵道与君子之道反,所贵者异也。"

有把战胜敌人看作一件好事情的人,那么说明这人是一个爱杀人的人。爱杀人的人,终究不能得志于天下,这是对于历史经验的总结,也是人间社会的道德价值所在。在老子看来,天地之间有一个天道的存在,天道乐生恶死,主张清静和平,凡爱言战争,以杀人为乐的人,只是满足了他个人的欲望与野心,这样的人天道终究不会让他得志天下。①

"吉事尚左,凶事尚右"是说清静恬淡、平安自在是吉事,而逞强用武、杀人无数是凶事,与此相关,偏将军与右将军,居左的偏将军只是配合,又称偏师,右将军主杀,为主力,这是军中之分。上将军既然是居于右,那么就是居于阴杀之位,故而以丧礼对待之。② 至于"杀人之众"和"战胜",只是战争的结果,"悲泣"是对死难的内心伤痛,"丧礼"则是为死难者举行的悼念仪式,也就是内外都当认为是一件丧亡的事。

---

① 《老子河上公章句》:"为人君而乐杀人,此不可使得志于天下。为人主,必专制人命,妄行刑诛。"
② 《老子河上公章句》:"偏将军卑而居阳者,以其不专杀也。上将军尊而居阴者,以其主杀也。上将军于右,主丧礼。丧礼尚右,死人贵阴也。"

# 爱养万物不为主

## 第三十四章

大道氾兮,其可左右。万物恃之以生而不辞,功成而不名有。爱养万物而不为主,常无欲可名于小;万物归焉而不为主,可名为大。是以圣人终不为大,故能成其大。①

[译文] 大道广大啊,可左可右。万物凭借它以产生而它也不辞谢,大功告成了而它并不留名。爱养万物而不做主。永远无欲无求可称为小,万物归属于它可称为大。所以,圣人始终不称大,故能成就其大。

---

① 此章各写本都不尽相同,这里采河上本,兼取各本所长。"万物恃之以生而不辞",河上本、王弼本皆写为"万物恃之而生而不辞",傅奕本、强思齐《道德真经玄德纂疏》皆写如上,依傅奕、强思齐本。"爱养万物而不为主",河上本、强思齐本皆写为如上,王弼本、傅奕本皆写为"衣养万物而不为主",依河上、强思齐本。"是以圣人终不为大",河上本、强思齐本皆写如上,王弼本写为"以其终不自为大",傅奕本写为"以其终不自大",依河上、强思齐本。帛书本与以上各本差异较大:"道,汎呵其可左右也,成功遂事而弗名有也。万物归焉而弗为主,则恒无欲也,可名于小。万物归焉而弗为主,可名为大。是以圣人之能成大也,以其不为大也,故能成大。"

[释文] "大道氾兮,其可左右",这是说道的普遍性,可左可右,可浮可沉,可显可隐,无所不在,无所不宜。第六章说"玄牝之根,是谓天地根",以及第二十一章说"道之生物,惟恍惟惚",第四十二章说"道生一,一生二,二生三,三生万物",这些都是从根源角度去说道与万物之间的生成关系的。这里也说道生成万物的根源关系,但重心则在于道与现实事物的应对关系,即本质与现象之间的关系。① 老子关于道与万物的关系,人们多从根源意义理解,少从本质意义去理解,这当然是与老子的表达有关,也与人们习惯从宇宙论的角度理解有关系,殊不知,道的宇宙论的意义不是老子完整的意思,这里讲的就是本质与现象的关系,道是本质,物是现象,本质普现在任何现象中,换句话,道不只是一个古老的存在,也是一个现实的存在,它无所不在,无时不在。

"万物恃之以生而不辞"句是说道是万物产生的根据,故而万物要凭借它才得以生,而道也不推辞自己的这个责任,只是道使天下万物产生了,做成这件大功德的事情,却从不留名,万物甚至都不知道有一个道的存在,万物只知道自己产生。同样的道理,道不只是生成万物就置之不理了,而是爱养它们,使它们自然茁壮成长,给予它们以生命的轨迹,使它们依照自身的轨迹,自我完成,使它们成长发展符合它们自身的目的性。但是,道既不为它们的主人,也就不主宰它们,让它们自己成为自己的主宰。因为道从来没有要主宰万物的欲望,包括人在内的万物看不见道,也不知其名,在这个意义上,它是"小",小得叫人看不见。但是,万物并不是没有规则与规律的,万物之间也不是杂乱无序的,而是彼此有序和谐的。什么东西

---

① 王弼《老子注》:"言道氾滥无所不适,可左右上下周旋而用,则无所不至也。"《老子河上公章句》:"言道氾氾,若浮若沉,若有若无,视之不见,说之难殊。"

使然呢？那就是道的作用，所以说"万物归焉"，也就是归往、归总于道。可是，道还是不为其主，让万物自己成为自己的主人，在这个意义上，它是"大"。能为"小"，也能为"大"，这正是道的品格。①

"是以圣人终不为大，故能成其大"，前面谈论的都是天道之所为，那个德行也是道的德行，非人所能及。这里话题一转，直接说到了人，不过，这是圣人，不是一般的有统治权的君主。圣人是得道的、超越世俗的且有统治权的人。圣人也像道那样，守其小，终能成其大，即在品性上可以使天下人归往，却从不彰显自己的领导作用，使天下得到了最好的治理，不做百姓的主人，而让百姓自己做自己的主人。② 在世俗社会里，圣人可向往，可效法、学习，却不是能够找得到的某个古人，因为在老子那里，尧舜也未必称得上圣人，圣人只是一个理想类型。下面第三十五章说的正是如何学习圣人。

## 第三十五章

执大象，天下往。往而不害，安平太。乐与饵，过客止。道之出口，淡乎其无味，视之不足见，听之不足闻，用之不足既。③

[译文] 得了道，天下将归往。百姓往行天下而不相伤害，天

---

① 王弼《老子注》："万物皆由道而生，既生而不知其所由。故天下常无欲之时，万物各得其所，若道无施于物，故名于小矣。万物皆归之以生，而力使不知其所由。此不为小，故复可名于大矣。"

② 王弼《老子注》："为大于其细，图难于其易。"《老子河上公章句》："圣人法道，匿德藏名，不为满大。圣人以身率导，不言而化，万事修治，故能成其大。"（王卡《老子道德经河上公章句》以《集注》本改为"以身帅导"，北京：中华书局1993年版，第139页）

③ 河上本、王弼本同。傅奕本写为："执大象者"，"安平泰"，"淡兮其无味"。帛书本写为："安平大"，"故道之出言也，曰：淡呵其无味也，视之不足见也，听之不足闻也，用之不足既也。"竹简本与帛书基本同，只在后面几句中少了"也"字。

下太平。美妙的音乐或美食,可使过客停留。道之言,则平淡得似乎无味,看起来却又什么都没看见,听起来什么也没听到,但它用起来无可穷尽。

　　[释文] "执大象,天下往"中的"执"是持的意思,引申为得的意思;"大象",指道,第二十一章说:"道之为物,惟恍惟惚。惚兮恍兮,其中有象;恍兮惚兮,其中有物。"第四十一章说:"大象无形,道隐无名。"都是说道有象,却是无象之象,不可以可见之象论之;"天下往"即天下归往。这句话想表达的意思是,谁要是得了道的话,那么天下的百姓都会归服他了。①

　　"往而不害,安平太"中的"往"是往来之义。"安平太"的"太"也写成"泰"字,都是一个意思,即太平。② 这是说如果君主得了道,不仅天下归服,且他们往来都不会彼此伤害了,于是天下就太平了。老子在这里虽然只有寥寥数语,却道出了一个天道统摄下的政治哲学与社会理想格局。一般来说呢,世俗社会就是"利"字当先的,利益决定了人们的社会态度,在大家都竞逐物质利益的条件下,只有在社会利益基本平衡的时候才可能有相对的和谐,问题是利益驱动决定了不可能有持久的平衡,因为人不会满足已经取得了的利益,而要获取更多的东西,也就是永不知足,不知足引发了新的利益不平衡,社会动荡不过是利益不均极端化的发泄方式而已。另一个问

---

① 《老子河上公章句》:"执,守也。象,道也。圣人守大道,则天下万民移心归往之也。治身则天降神明,往来于己也。"王弼《老子注》:"大象,天象之母也。不炎不寒,不温不凉,故能包统万物,无所犯伤,主若执之,则天下往也。"李荣《老子注》:"大象无形,无形者,虚无之大道。执,专也,持也,能持身于玄德之境,专心于幽寂之门。有道则物归,故言天下往也。"

② 林希逸《道德真经口义》:"以道而行,则天下孰得而害之? 天下无所害,则安矣,平矣,泰矣,三字亦只一意也。"

题是，任何社会总是需要有政府和领导人，这在君主制下就是君主、国君，对此老子并不否认其合理性，问题在于当某人一旦站在了君主、国君位置上之后，屁股开始指挥脑袋，欲望膨胀，不自觉地把自己看成是天下人的主人，他理所当然地应该主宰臣民，君与民之间的对立从这个时候就开始了，只是依统治者对这个矛盾对立认知的程度、统治者是否能够自我收敛、这种矛盾有缓和与激化的区别而已。老子的主张在于：人们（包括君主在内）应当在权力与利益面前知足、知止；统治者应当效法天道，营造一种和谐相处的社会环境，让百姓自己有所作为，自己掌握自己，成就自身，统治者自己及时隐身，而不是走向前台，让百姓看自己的表演。要知道，被人指使，与被人宰制，就不会有人们之间的和谐互动，也就不会有"安平太"。老子的理想就是人们都自在自由，尽自己的才性，彼此往来而不伤害。

"乐与饵，过客止"句是说音乐与美食可以吸引路人的注意，使其止步而欣赏与品尝，但曲将散，宴有终，它们不能长久地让人流连。意思是那些最吸引人的东西，有短暂的用处，却不是长久可用的东西。

"道之出口，淡乎其无味"句中的"道之出口"指道之出言。"既"，即"尽"之义。道之言，相对于音乐、美食来说，它既无味道，又看不见，听不着，看来不合实用，但它的用处不可以穷尽，也就是说从短暂的实用的角度看，它没有任何用处，惟其如此，它是不受时间限制的无用之大用。凡是有用的东西，就是有限度的用；而看似无用的东西,则是无限度的大用。①

《庄子·外物》记述了庄子与惠子关于有用与无用的一段对话:

惠子开口便说:

"先生的话无用。"

庄子则回答说:

"知道了'无用'的人,才可以与他谈论'有用'。大地不能不说它广大,然而人所用的只是能够容得下脚那么大个地方而已。如果把立足以外的地方向下挖掘,周围都掘成了深渊,那么人立足之外的地方还有用吗?"

"没有用。"惠子似乎不假思索地回答。

庄子则说:

"那么,无用就是用,这个道理就很明白的了。"②

---

① 王弼《老子注》:"言道之深大,人闻道之言,乃更不如乐与饵,应时感悦人心也。乐与饵则能令过客止,而道之出言淡然无味。视之不足见,则不足以悦其目;听之不足闻,则不足以娱其耳。若无所中然,乃用之不可穷极也。"吴澄《道德真经注》:"言外物之可利者,皆不能久,惟道之利人,以不利为利,故能久也。……道则非如饵之可饮食,非如乐之有声容可视听也,然用之则能常安常平常泰,而无可尽之时,非如乐饵暂焉悦乐而已,故曰用之不可既。"

② 《庄子·外物》:"惠子谓庄子曰:'子言无用。'庄子曰:'知无用而始可与言用矣。夫地非不广且大也,人之所用容足耳,然则厕足而垫之致黄泉,人尚有用乎?'惠子曰:'无用。'庄子曰:'然则无用之为用也亦明矣。'"

以百姓心为心

## 以百姓心为心

### 第四十九章

圣人无常心,以百姓心为心。善者吾善之,不善者吾亦善之,德善。信者吾信之,不信者吾亦信之,德信。圣人在天下,歙歙焉,为天下浑其心。百姓皆注其耳目,圣人皆孩之。①

[译文] 圣人没有必定如此的意志,而是以百姓的意志为意志。对待百姓,善良的,我以善良对待他们;不善良的,我也以善良对待他们;所以就得到了善良。有信义的,我以信义对待他们;没有信义的,我也以信义对待他们,所以就得到了信义。圣人处在天下,很和洽的样子,为天下百姓浑浊其心。百姓皆使用自己的耳目,圣人则把百姓都视为孩童一般的单纯。

---

① 河上本、王弼本基本同,只"圣人在天下歙歙"句,河上本写成"圣人在天下怵怵",这里采用王弼本,且据帛书本"圣人歙歙焉"改。傅奕本写为:"不善者吾亦善之,得善矣。信者吾信之,不信者吾亦信之,得信矣。圣人之在天下,歙歙焉,为天下浑浑焉,百姓皆注其耳目,圣人皆咳之。"帛书本写为:"□人无恒心,以百姓之心为心。善者善之,不善者亦善□,□善也。信者信之,不信者亦信之,得信也。圣人之在天下也,歙歙焉,为天下浑心,百姓皆注其耳目焉,圣人皆咳之。"

[释文] "圣人无常心,以百姓之心为心。"有一种解释,认为圣人因为重视更改,讲求因循,所以圣人无常心;①有人理解为圣人重视与外界的感应,所以无常心;②也有理解为"君上无心于有为,任百姓之自化"③。比较来说,最后这种理解符合老子的本意。这是说圣人在对待自己与百姓的关系上,没有固执己见,没有把自己的意志强加于百姓之上,从而,也就不会强令百姓干他们不乐意干的事情,一句话,以百姓的意志为意志。问题是,人都有理想、信念、见识和决心,唯独圣人没有吗?老子的意见,圣人当然也是有的,圣人之所以为圣人,就在于他把百姓想法作为自己的想法。古今有多少统治者的想法与百姓的想法是一致的?但圣人就可以做到这一点,他与百姓无二心。这其实是一个根本的立场的差异。

"善者吾善之"这段话所面向的也是百姓,不管百姓是否善良,作为君主的都要以善良对待他们;也不管百姓是否有信义,都用信义对待他们。"德"字与"得"字相通,这里显然就是"得"的意思。如果我能以善良对待百姓,我就得到了善良的评价;如果我对百姓以信义对待他们,我就得到了守信义的评价。百姓不可能都是善良的,也不可能都是守信义的,但是,作为君主,仍然要把他们作为善良和守信义的人看待,这才能获得百姓的信赖。如果君主以浇薄对待浇薄,那么世风只会越来越浇薄。社会风气的好转是从政府开始的,如果政府的作为不善,或者政府不讲信义,就不能指望社会风气的改善,政府乃是善良与信义的最大担当者,所以有个说法叫"布大信义",就是从政府开始的。

---

① 《老子河上公章句》:"圣人重改更,贵因循,若自无心。"
② 唐玄宗《御注道德经》:"圣人之心物感而应,应在于感,故无常心。"
③ 李荣《老子注》。

"圣人在天下，歙歙焉"句是说①圣人在世，不管社会环境如何，他都会是一副与人和洽的样子，既不是高高在上，也非教导者的姿态，而是与人相混同，抹去了所有世俗社会的贵贱、高下、先后、智愚等区别，也不管别人如何对待他，他都是同一种混同的态度，所以说"为天下混其心"②。

《庄子·德充符》中，描述了一个叫作哀骀它的人，虽然不算圣人，但其处世也可作为佐证：

春秋时期，鲁国最后的一个君主鲁哀公，这天他对孔子谈起自以为奇怪的事：听说一个叫作哀骀它的人，形貌丑陋无比，可就是这么个人，男人与他相处了，都不肯离开他；女人见了他，就回去与父母请求说：与其嫁给别人为妻，宁肯给他做妾。父母不肯，女子便十数次地哀求父母准许。其实，这人不曾著立学说，还常常附和别人，他没有君主的权位，却能济生度死；没有俸禄爵位，却能使人肚子饱食；况且还以丑陋闻名天下。再看他的智识，不过常人，却能使男男女女的都跟随了。哀公说：

"我想啊，他一定有超乎常人的地方。于是就召见了他。果然那丑陋的样子能吓倒人。可是，在与我相处不到一个月，我就有些欣赏他的为人了；不到一年，我就信任了他。恰好国家宰相空位，我就下令他做宰相。然而，他接到这个任命，好像并不高兴应诺，那淡漠的样子似乎想要拒绝这个任命。当下，我感到了羞辱，便勉强地

---

① "圣人在天下，歙歙焉"句，各种写本不尽相同。河上本写为："怵怵"，解为："圣人在天下，常恐惧富贵，不敢骄奢。"严君平本、强思齐本写为"惵惵"，严君平解为"恢恢"，成玄英解为"勤惧之貌也"。王弼本、傅奕本、帛书本皆写为"歙歙"，王弼解为"心无所主"。"歙"本来有"和洽"之义，这里解为"和洽的样子"，与王弼的解释相近。

② 王弼《老子注》："为天下浑心焉，意无所适莫也。无所察焉，百姓何避；无所求焉，百姓何忌。无避无应，则莫不用其情矣。"

要他接受了相国的职位。可是,没几天他就离我而去了。我呀,为此忧虑到失了魂似的,感到再也没有人乐意与我共同治理这个国家了。这到底是个什么样的人啊?"①

"百姓皆注其耳目,圣人皆孩之"中的"注",有的解释为"倾注"②,有的解为"用"③,这里采"用"的意思。"孩",本义指孩子,这里动词化,指把百姓统统看作简单淳朴的孩子。"百姓皆注其耳目"④,当指百姓用自己的耳目去视听,根据自己的判断去行事,难免为了自己的利益而竞逐,也难免有纠纷,但圣人并不因此把百姓看得复杂了,也不会因为世情的刻薄而弃之不顾,仍然把百姓看成孩童一样,小孩争吵又何妨?只要圣人"为天下浑其心",不去计较,那么天下总归会淳朴。如果圣人以分辨、利害之心看待百姓,并使出各种智谋对待百姓,那么世情才会一天天浇薄起来。

中国古来有一种民本的思想,《尚书·皋陶谟》说:"天聪明,自我民聪明;天明威,自我民明威。"儒家的孟子说过:"天视自我民视,

---

① 《庄子·德充符》:"鲁哀公问于仲尼曰:'卫有恶人焉,曰哀骀它。丈夫与之处者,思而不能去也;妇人见之,请于父母曰:"与为人妻,宁为夫子妾"者,数十而未止也。未尝有闻其唱者也,常和人而已矣。无君人之位以济乎人之死,无聚禄以望人之腹,又以恶骇天下,和而不唱,知不出乎四域,且而雌雄合乎前,是必有异乎人者也。寡人召而观之,果以恶骇天下。与寡人处,不至以月数,而寡人有意乎其为人;不至乎期年,而寡人信之。国无宰,而寡人传国焉。闷然而后应,氾若辞。寡人丑乎,卒授之国。无几何也,去寡人而行。寡人恤焉若有亡也,若无与乐是国也。是何人者也!'"
② 唐玄宗《御注道德经》。
③ 《老子河上公章句》。
④ 《老子河上公章句》:"百姓皆用其耳目为圣人视听。"王弼《老子注》:"人无为舍其所能,而为其所不能;舍其所长,而为其所短。如此,则言者言其所知,行者行其所能,百姓各皆注其耳目焉,吾皆孩之而已。"唐玄宗《御注道德经》:"百姓化,圣德为善,故倾注耳目以观听圣人。"林希逸《道德真经口义》:"注其耳目者,人皆注其视听于圣人,而圣人皆以孩童待之,此无弃人之意也。"唐玄宗和林希逸的理解符合帝王的立场,也符合儒家的立场,但"观听圣人",并不符合老子的意思,老子主张的是,"万物归焉而不为主",即百姓自己做主。

天听自我民听。"① 民心的向背决定了上天对待世间的态度。这与老子的政治主张具有一致性，都是主张社会的重心在民，但是，老子的"以百姓之心为心"，是主张统治者自己不要试图做百姓的主人，不要主导百姓自己的价值与判断，不要规定百姓的生活方式与社会的走向，这终究是不同于正统的官方政治哲学或儒家的民本思想的。

---

① 《孟子·万章上》。

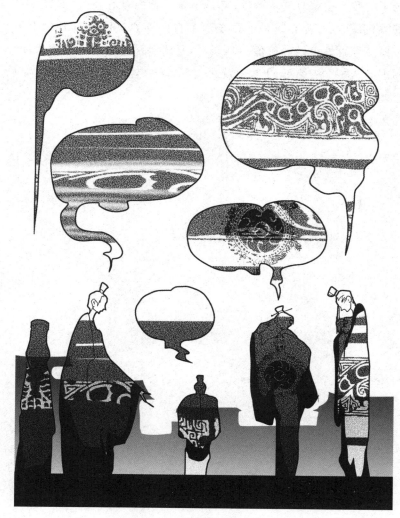

民之难治

## 民之难治

### 第五十三章

使我介然有知,行于大道,唯施是畏。大道甚夷,而民好径。朝甚除,田甚芜,仓甚虚,服文采,带利剑,厌饮食,财货有余,是为盗夸。非道也哉。①

[译文] 假使我内心专一而明白,追求大道,唯独在实行上有畏惧感。大道很平正,而人们却好行邪径。朝廷的宫室修理得很洁净,而农田却很荒芜,国家的粮仓很空虚,而君主穿戴着华丽的服饰,携带着利剑,饮食滋味充足,资财有余,这就叫作行了窃却还自我矜夸。这就不合乎道了。

[释文] "使我介然有知,行于大道,唯施是畏","介然",古今

---

① 河上本、王弼本、傅奕本基本相同,这里采王弼本。傅奕本写为:"盗夸,非道也哉",多一个"道夸"。帛书本不齐,其中与通行本不同的,写为:"使我介有知","大道甚夷,民甚好僻","厌食而资财□□"。

对于此句的理解颇多歧义,有的理解"介"为"大",①有的理解为"小",②有的理解为"固执",③这几种理解似都不合老子之意,考"介然"一词,有"专一"之义。④ 如此,这句话的意思便是:我内心专一而明白,当追求大道,只是真正实行施为,便有些畏惧了,因为知与行并不见得能够一致,心里明白,但行为上难以做到,所谓"知易行难"。这里的"知"理解为认知的"知"并不合适,谁要是说自己知"道"了,就是在夸口了,因为道不可识,不可以认知而得的,故而,只当理解为内心明了。然而,内心的明了是以内心专一求道为前提的。

"大道甚夷,而民好径"是说大道是平坦的,借喻为光明、平坦、正直,但人就是好走邪径。⑤ 走邪径有着一定的心理基础,邪径也意味着走小道、抄近路,可以少付出、多收获等,如同冒险或可成功一样,走邪径也有成功的可能。⑥ 这就是世情,并不因为有些人明白正道与邪径的道理,就一定会走正道一样。对于一般的百姓来说,有人取巧钻营也就罢了,毕竟一个社会总会有很多机会,少数人走了邪径,多数人走了正道,也不妨碍国家的稳定。但对于统治者来说就不一样了,一人的好恶决定着一国的走向,影响到整个社会的价值与正义。老子在下面谈及的情形就具有直接的针对性了。

---

① 《老子河上公章句》:"介,大也。老子疾时王不行大道,故设此言。使我介然有知于政事,我则行于大道,躬无为之化。"
② 成玄英《老子注》:"介然,微小也。言真正之道甚自平夷,假使我微介起心,以知行道者,此即妄起攀缘,乃为流动,深不可也。"
③ 林希逸《道德真经经口义》:"介然,固而不化之意,至道无知无行,若固而执而不化,有知而有行,则凡所施为,皆有道者之所畏也。"
④ 《荀子·修身》:"善在身,介然必以自好也。"
⑤ 王弼《老子注》:"言大道荡然正平,而民犹尚舍之而不由,好从邪径,况复施为以塞大道之中乎?故曰'大道甚夷,而民好径。'"《老子河上公章句》注为"平易"。
⑥ 吴澄《道德真经注》:"径者,小路,与大道相反。"

"朝甚除，田甚芜"是对于统治者走邪径、荒淫无度生活的描述，也由此反射出统治者与百姓之间巨大的反差，统治者愿意做的，大多都是百姓反对的。在一个农耕社会里，一人不耕，便有人饿馁，一人不织，便有人不得衣，当宫廷修饰得如此奢侈，而田地却荒芜的情形下，两极的对立自不待言了，至于说统治者华丽的服饰，消闲的生活，饮食的充足，财货的有余，老子用了一个"盗夸"来评论，偷盗了天下人的东西，却还自我炫耀。老子并没有无缘由地反对人们拥有这些东西，他反对的是财富向少数人的聚集，反对的是统治者的过度奢侈。老子只是说统治者盗取了天下的财富，还没有指出统治者之所以可以这样生活的根源，只是想说明统治者与百姓意志并不是一致的。到了庄子那里，就直接指向了统治者窃取的不只是财富，而是权力，有了权力，上述所有的奢侈都成为"理当如此"，所谓"窃钩者诛，窃国者为诸侯"（《胠箧》）。

"非道也哉"，这是一个价值判断，就是说这样做不正当，不合于道。《庄子·人间世》中有一句话："凡事若小若大，寡不道以欢成。"意思是无论事情的大或者小，很少有不合于道而能痛快地做成的。老子所推崇的"道"不仅是天地万物的宗本、根源，还是一个超越的意志，第三十五章讲"执大象，天下往。往而不害，安平太"，就是说道要将自己的意志贯彻到底，合乎道，天下归往，天下太平；不合乎道，将为天下所弃。

以正治国

## 以正治国

### 第五十七章

以正治国,以奇用兵,以无事取天下。吾何以知其然哉?以此。天下多忌讳,而民弥贫。民多利器,国家滋昏。人多伎巧,奇物滋起。法物滋彰,盗贼多有。故圣人云:我无为而民自化,我好静而民自正,我无事而民自富,我无欲而民自朴。①

[译文] 以正道治国,以奇术用兵,以无为得天下。我何以知道是如此呢?以此。天下人要是多了忌讳,百姓就会陷入穷困。百姓要是都兴权谋,国家就会滋生昏乱。人要是崇尚工巧,奇玩异物

---

① 河上本写为:"法物滋彰,盗贼多有",另外,《道藏》本《老子河上公章句》文尾多一句"我无情而民自清"。王弼本写为"奇物滋起"。傅奕本写为:"以政治国","吾奚以知天下其然哉","民多智慧,而衺事滋起","我能好靖而民自正"。帛书本写为:"民多利器,而邦家滋昏。人多智,而奇物滋□";"我欲不欲,而民自朴"。竹简本写为:"以正治邦","以亡事取天下","吾何以知其然也","夫天多忌讳,而民弥叛","人多知而奇物滋起","法物滋彰,盗贼多有","是以圣人之言曰:我无事而民自富,我亡为而民自化,我好静而民自正,我欲不欲而民自朴"。强思齐本写为:"以政治国"。这里依河上本,但删去其他各本皆没有的"我无情而民自清"一句。

就会兴起。珍好之物滋长了,盗贼就会多起来。所以,圣人说:我无为,百姓就会自我归化;我好清静,百姓就会自己端正;我无事于民,百姓就会富足起来;我无欲望,百姓就会自归于素朴。

[释文] "以正治国,以奇用兵,以无事取天下","正"字有的《老子》版本写为"政",从而意思就成了"以政教治国"①,但与后面的"奇"不对称,所以,应该是"以正治国"。下章讲"正复为奇,善复为妖",也是正奇对置。但是,这个"正"字,古今歧义,有的理解为"正身之人"②,有的理解为正面,与奇相对,③有的理解为"政事"④,有的理解为"法制禁令"⑤,不一而足。"正"字从多个方面理解似乎都可以通,却又都难尽其意。可见"正"字的理解并不是文字上的问题,而是政治哲学上的问题。我以为,既然是政治哲学的问题,也当从哲学的角度去理解它,也就是要有哲学的高度与抽象。既然"正"与"奇"相对,那么"正"应当从它的对立方面"奇"找到自身的解释。"奇"比较好理解,因为它指向的是战场上的用兵,但凡打仗,都讲求出奇兵,也是兵法上所讲过的:"凡战者,以正合,以奇胜。"正,是正面相对;奇,是出奇不意。引申开来,奇可解为奇谋密计,权谋诡诈,出奇不意等等。既与"奇"对应,那么"正"的基本义应当是正面的意

---

① 成玄英《老子注》:"以,用也。政谓名教法律也。"唐玄宗《御疏道德经》:"政谓政教,言有为之君矜用政教而欲为理,不能无为任物自化,欲求致理,未之前闻。"
② 《老子河上公章句》:"治,至也。天使正身之人,使至有国也。"
③ 苏辙《道德真经注》:"古之圣人柔远能迩,无意于用兵,唯不得已,然后有征伐之事,故以治国为正,以用兵为奇,虽然,此亦未足以取天下。"
④ 林希夷《道德真经口义》:"以正治国,则必有政事;以奇用兵,则必有诈术。二者皆为有心。无为而为,则可以得天下之心,故曰以无事取天下。"
⑤ 吴澄《道德真经注》:"正者,法制禁令,正其不正。管商以正治国,帝王以修身齐家为本,不恃法制禁令以为正。奇者,权谋诡诈,谲而不正,孙吴以奇用兵。帝王以吊民伐罪为心,不尚权谋诡诈以为奇。"

思。但是,"以正面治国"显然不合句中的意思,它还是有所指向的,如是,与治国、与用兵、与取天下相联系的,应当是"正道"了。它与奇门异术、权谋诡诈等对应,又与治国相联系,如此定位"正"的意思。从抽象的意义,各种解释都可以装进去;从与治国、用兵、取天下的意义,则又确有所指。在这个意义上,可以说"正身"(即端正自己)、经教政治、政事、法制禁令的界定,都狭小了。

这里提出了国与天下的问题,在老子那里,国与天下是两个概念。从这句话的逻辑层次看,也是不同的。"以正治国,以奇用兵",都还只是一国的事情,也就是说,以此来解决国内外事务,也就差不多了。但"以无事取天下",则不属于国内外的事务了,而是老子时代的天下人的天下观念,至少是不局限于邦国之内,而是诸侯国所形成的共同的天下。"取"字,有人解为"治"天下,这其实不符合实情,在老子所处的春秋时代,各诸侯国自立为国,周天子式微,已经没有一个共同的天下可供治理,只有可能"得"天下。所以,"以正治国,以奇用兵",仅限于邦国,与"取天下"不相干。① "取天下"必以"无事",也就是"无为"②,"任自然"③。何以无为可以取天下?"无为"就是清静无为,不要战争,不要宰制、奴役百姓,不要把自己的意志强加于民众,不要穷奢极欲,而让百姓安居乐业,干他们喜欢干的事情,从而最终成就他们自身。可以看得见,这绝不是霸道称雄天下,而是道家的自然之德,"得天下之心",人民心悦诚服,远近归往。

既然存在着"以正治国,以奇用兵"与"以无事取天下"的区别,

---

① 吴澄《道德真经注》:"奇者仅可施于用兵,不可以治国。正者仅可施于治国,不可以取天下。"
② 《老子河上公章句》注"以无事取天下":"以无事无为之人,使取天下为之主。"
③ 严君平《道德真经指归》注"以无事取天下":"任自然。"

这就意味着彼此之间存在着境界的高下。王弼应该算是比较早注意到老子这段话的语境,他认为前者还是"有为",后者才是"无为",以"有事"或"有为"治国,不足以取天下,只有"无事"或"无为"才可以取天下。① 或许"以正治国,以奇用兵"属于王霸杂道,"以无事取天下"才是王者之道。

"吾何以知其然哉?以此"这个设问表明,前面的三句话是一个结论,"以此"的"此",河上公理解为"今日所见知"②,不过,更恰当的理解应该是"以下文"③,即下文所要表达的内容。无论哪种理解,可以肯定的是,这是一个历史经验与教训的总结。

"天下多忌讳,而民弥贫"的"天下",可以解为"人主"或"天下之主"④,也可解为"天下"。"忌讳",论者多解释为"禁制",即法律制度。⑤ 也有把"忌讳"理解为现代意义上的忌讳。⑥ 我以为,这里的"天下"理解为"人主"或"天下之主"有点勉强,而应该指"天下人"。"忌讳"应当指禁忌,包括那些法律与制度规定,或不成文的规矩,如果指"法律制度"就与后面的"法令滋彰"相重叠。如此,这句话包含的意思就是,天下人要是有太多的禁忌需要遵守,那么百姓为了躲

---

① 王弼《老子注》:"以道治国则国平,以正治国则奇兵起也。以无事,则能取天下也。上章云'其取天下者,常以无事,及其有事,又不足以取天下也'。故以正治国,则不足以取天下,而以奇用兵也。夫以道治国,崇本以息末;以正治国,立辟以攻末。本不立而末浅,民无所及,故必至于以奇用兵也。"
② 《老子河上公章句》:"此,今也。老子言:我何以知天意然哉?以今日所见知。"
③ 成玄英、李荣、唐玄宗及其他注释,皆认为是"以下文"。
④ 《老子河上公章句》:"天下,谓人主也。忌讳者,防禁也。令烦则奸生,禁多则下诈,相殆故贫。"唐玄宗《御疏道德经》:"天下之主不能敦清净以化人,崇简易而临物,政烦纲密,下人无所措手足,避讳无暇,动失生业,日就困穷,所以弥贫。"
⑤ 成玄英《老子注》:"忌讳犹禁制也,刑法严酷,罹罪者众,民不安业,所以弥贫。"林希逸《道德真经口义》:"忌讳,防禁也。"
⑥ 苏辙《道德真经注》:"人主多忌讳,下情不上达,则民贫而无告矣。"

避触犯这些禁忌,就会手足无措,怕说错话,怕做错事,从而民智不开,创造乏力,从而陷入穷困。这里的"贫"既可能指贫穷,[1]也可能指困窘。

"民多利器,国家滋昏","利器"的理解也颇有歧义,有的理解为"权谋"[2],有的理解为"利己之器"[3],有的理解为"智惠巧"[4],也有理解为"便利之用"[5],还有理解为武器的[6]。各种理解见仁见智,皆能说得通。不过,联系第三十六章"国之利器,不可以示人",这里的"利器"解为"权谋"更恰当。如此,意思便是,如果百姓都学会了权谋之术,社会就不再有淳朴厚道可言了,剩下的只是奸巧算计了,如此,国家将陷入昏乱。所谓昏乱,是价值观念与善恶是非的颠倒。

"人多伎巧,奇物滋生"中的"伎巧",也称技巧,但是贬义,如奇技淫巧,指那些因为奢侈生活要求而形成的技巧。[7] 人们要是崇尚技巧,那么珍玩之物就会滋生了,借以满足某些人的奢好。

"法物滋长,盗贼多有",竹简本和河上公本皆写为"法物",依照"法物"的写法,那么这句话的意思就是,珍好之物滋长了,盗贼就会

---

[1] 严君平《道德真经指归》注为:"货益少。"吴澄《道德真经注》:"然民一举手摇足辄陷罪戾,有所畏避,不得安生乐业而趋于贫矣。"

[2] 《老子河上公章句》:"利器者,权也。民多权,则视者眩于目,听者惑于耳,上下不亲,故国家昏乱。"苏辙《道德真经注》:"利器,权谋也。明君在上,常使民无知无欲,民多权谋,则其上眩而昏矣。"

[3] 王弼《老子注》:"利器,凡所以利己之器也。民强则国家弱。"

[4] 严君平《道德真经指归》注为"智惠巧"。

[5] 林希逸《道德真经口义》:"利器者,人世便利之用也。"

[6] 成玄英《老子疏》:"利器,干戈也。"

[7] 《老子河上公章句》注"多伎巧":"人,谓人君,百里诸侯也。多伎巧,谓刻画宫观,雕琢章服,奇物滋起,下则化上,饰金镂玉,文绣采色,目以滋甚。"把人解为"人君",不当,这里的人当指"民"。王弼《老子注》注为"巧伪":"巧伪生,则邪事起。"成玄英《老子疏》疏为"机心"。

多了起来。①"法物"即"好物",也被老子称为"难得之货",此类东西的存在招致了人们心态的失衡,滋生猎奇心理。盗贼的产生有一定的社会条件,其中与社会财富的占有状况有关,"法物"及其"难得之货"既表示珍玩之物,也代表了财富与既得利益。当一些人由于拥有社会地位,而占有它们的时候,就招致了某些人的"惦记",盗贼就产生了。所以,《庄子·盗跖》有这样的话:"势为天子,不以贵骄人;富有天下,不以财戏人。"玩弄"法物",无异于"以财戏人"。

"故圣人云:我无为而民自化,我好静而民自正,我无事而民自富,我无欲而民自朴"句,这里的"自化""自正""自富"与"自朴",表示的是治天下所期望达到的效果。这几句话也深刻揭示出了统治者与百姓之间的辩证关系。"自化"是民众的教化、归化。"我无为而民自化",我的"无为",是为了让百姓自己有作为,所以,"我"的无为,其实是无不为,如同老子所说"圣人欲不欲""学不学"一样(第六十四章)。百姓自有教养与化育能力,"我"的作为会干扰他们自身的作为,破坏了他们自我化育的能力。"我清静而民自正","清静"与"无为"可以互释,也就是不妄作主张(也即不妄为),不大兴土木,不兴师动众,不滥折腾,"我清静"意味着我自己修养端正了,百姓不用教也会自己端正。"我无事而民自富",民之所以贫穷,是因为"我"的事太多了,使得百姓疲于奔命,不能安居乐生,所以,"我"消停了,百姓自然可以富足起来。"我无欲而民自朴",百姓之所以不素朴,是因为我的欲望太多。君主欲望多而指望民众淳朴,这不太可能,上行下效,君主的行为具有示范效应,君主的欲望教坏了百

---

① 《老子河上公章句》:"法物,好物也。珍好之物滋生彰著,则农事废,饥寒并至,故盗贼多有也。"

姓,由此不淳朴。① 总之,在老子看来,君主与百姓的意志、愿望处于深层的对立,君主想要干百姓不愿意干的,君主对于百姓的要求与君主对于自身的要求也处于对立,一个好的君主应该效法"圣人",做到无为、清静、无事、无欲,却可以使百姓自化、自正、自富、淳朴。《淮南子·本经训》中有一段表述"至人之治"的文字:

> 故至人之治也,心与神处,形与性调,静而体德,动而理通。随自然之性,而缘不得已之化,洞然无为,而天下自和。憺然无欲而民自朴,无禨祥而民不夭,不忿争而养足,兼包海内,泽及后世。不知为之者谁何!

在这个描述中,"至人"做了"圣人"类似的事情,但天下人并不知是谁把天下治理成为这个样子的。有人说"至人"与"圣人"称呼不同,其实是同样境界的人。只不过,在《庄子》书中的"至人"通常是没有势位的,只有"圣人"才有势位,可以治天下,而在《淮南子》中,"至人"也是有治理天下的。

有两个历史事件可以作为老子思想的佐证。

《韩非子·外储说》记述了一个故事。据说齐桓公喜好紫色的衣服,结果齐国人好紫色,全都穿上了紫色的衣服。当时,五匹素色的布换不了一匹紫色的布。齐桓公为此感到担心了,他对管仲说:

"寡人喜欢紫色的衣服,紫色的布匹这么贵了,一国的人都爱穿紫色的衣服,寡人有什么办法?"

管仲回答道:

"您想要制止,何不尝试不穿紫色的衣服,并对身边的人说:我

---

① 王弼《老子注》:"上之所欲,民从之速也。我之所欲唯无欲,而民亦无欲而自朴也。此四者,崇本以息末也。"

很讨厌紫色的气味。凡是朝廷的人穿紫色的衣服觐见者,您都要说:离远一点,我讨厌紫色的臭味。"

"好的。"齐桓公答应了。

当日,朝中便没有人穿紫衣了。第二天,国中没有人穿紫衣。三天,境内没有人穿紫衣了。

这则故事说明了君主的示范效应,他的好恶都会直接影响到臣民的好恶。

第二则故事说的是唐朝贞观年间的一件事。有一件事困扰着唐太宗李世民,所谓"百姓无事则骄逸,劳役则易使",即百姓是不是无事可做就会骄逸懒惰,要不要不断地给他们找些事情做,才容易使唤。魏征当时给太宗上了一课,说:

"许多帝王都在这个问题上想不清楚,以为百姓只有不断地役使他们,他们才会勤劳。如果不加以役使,他们就会逸豫、懒惰。像秦始皇、汉武帝、隋炀帝等人都是这么看的。其实完全不是这个道理。尧舜的时候役使过百姓吗?汉文帝、汉景帝的时候役使过百姓吗?就说眼前的事吧,贞观初年的时候,陛下役使过百姓吗?可是怎么样?尧舜、文景乃至陛下贞观开初,行的都是无为之政,怜惜百姓,让百姓自己休养生息,却迎来了天下臣服,四海富庶。圣王没有教百姓做什么,而百姓知道自己该做什么,并没有因为圣王没有役使他们而变得逸豫懒惰。百姓生活的情状不同于帝王,他们是靠每日的劳苦才换来简单的生活的,如果帝王要他们放下该做的事情,而去给帝王修建奢侈的宫殿,那么他们便有人得不到衣食。一夫不耕,便有人饥饿;一妇不织,便有人冻馁。农夫不需要有人教他如何种地,他自会耕种;农妇不需要人教她织布,她自会织布。臣只怕君王拿了这个自己都不清楚的道理做了借口,无休无止地役使百姓，后果自不用多说。臣这里是想提醒陛下，体恤民情，慎用民力！民力如果滥用，有枯竭的时候；而民情如不体恤，也有翻覆的时候。"

太宗听了心悦诚服，直说：

"这个问题，朕算是清楚了，当体恤民情，慎用民力。"

这个问题也是困扰古今统治者的一个问题。但是，依照老子的观念，这个问题的利弊是清楚明白的。

## 政察民缺

## 第五十八章

其政闷闷,其民淳淳;其政察察,其民缺缺。祸兮福之所倚,福兮祸之所伏。孰知其极?其无正也。正复为奇,善复为妖。人之迷,其日固久。是以圣人方而不割,廉而不刿,直而不肆,光而不耀。①

[译文] 为政宽大,百姓就会醇厚;为政苛察,百姓就会疏薄。祸啊,乃是福所依靠的;福啊,乃是祸所伏藏的。有谁知道祸福之所归?祸福之间没有一个必定如此的道理。正又转变为奇,善又转变为妖。人们陷于迷惑,时间已经很久了。所以,圣人方正却不会割制,清廉而不会伤害,直率而不会恣肆放任,光明而不会耀眼。

---

① 这里采用王弼本,只在"孰知其极?其无正"后,依帛书本加上了句尾的"也"字。河上本与王弼本基本同,只些微差异,写为:"其民醇醇","光而不曜"。傅奕本写为:"其政闷闷,其民偆偆","其政詧詧,其民缺缺","孰知其极,其无正衺","正复为奇,善复为袄"。帛书本写为:"其政闷闷,其民屯屯,其政察察,其邦缺缺。祸,福之所依;福,祸之所伏。孰知其极,□无正也?正□□□,善复为□。□之迷也其日固久矣。是以方而不割,廉而不刺,直而不绁,光而不耀。"

[释文] "其政闷闷,其民淳淳;其政察察,其民缺缺"中的"闷闷",①指昏昧不明,意谓宽厚的意思。"淳淳",河上本写作"醇醇",淳、醇通用,意指淳朴的意思。"察察",严苛、尖刻之义。② "缺缺",疏薄、争竞与狡黠之义。③ 这段话是有关为政的问题,是宽厚、宏大与混沌一点,还是严苛、计较与尖刻一点。"闷闷"与"察察"相对,"淳淳"与"缺缺"相对,然而,前后之间存在着逻辑关系,为政"闷闷"会带来"淳淳"的效果,"察察"会带来"缺缺"的效果。这个关系的角色担当,既不是君主与官吏,也不纯是官吏与民众,而应该是以君主为代表的政府与民众之间。老子的意思是,君主及其政府如何对待民众,民众也就会如何对待君主与政府。如果君主与政府在执政方面能够宽厚、宏大与混沌一点,那么百姓也就会醇厚一点;如果君主与政府严苛、计较与刻薄一点,那么民众也就会相应地疏薄、争竞与狡黠一些。其中"闷闷"是包含了宽容这层意思的,而"察察"则是包含了不宽容这层意思的。当百姓犯了某些错误,或者无意中触犯了某条戒规的时候,是混沌、宽容一点,还是刻薄、计较一点,这将决定百姓对待君主与政府的态度,当某些可以原谅的过错能够得到混沌和宽容的时候,百姓也以同样的态度对待君主与政府,因为君主与政府也会犯错。反之亦然,如果君主与政府对待民众的要求过于严

---

① 王弼《老子注》:"言善治政者,无形、无名、无事、无政可举。闷闷然,卒至于大治。故曰'其政闷闷'也。其民无所争竞,宽大淳淳,故曰'其民淳淳'也。"《老子河上公章句》:"其政教宽大,闷闷昧昧,似若不明也。"朱谦之《老子校释》:"愚而无知之貌也。"(第234页)陈鼓应《老子注译及评介》:"昏昏昧昧,含有宽厚的意思。二十章有'我独闷闷'句,形容淳朴的样子。"(第279页)
② 王弼《老子注》:"立刑名,明赏罚,以检奸伪,故曰'其政察察'也。殊类分析,民怀争竞,故曰'其民缺缺'。"
③ 《老子河上公章句》:"其政教急疾,民不聊生,故缺缺日以疏薄。"陈鼓应《老子注译及评介》注为"狡黠"(第279页)。

苛，任何事情都不容忍，那么民众对待君主与政府也会持相同的态度。如果为政者只许自己要求民众而民众不能反过来要求为政者，那么这就是独夫、民贼了。

实际上，除了上述对待犯错的处置以外，治国始终都存在"闷闷"与"察察"的问题。税赋的多寡，政令的订立，执行的缓急，即便是讲求赏罚分明的法治社会，也存在这样的问题。法律的制定本身存在着宽与严，法律执行程序的从轻与从重，都体现了这种关系。

在这个方面，老子始终都认为人本来是淳朴的，人的不纯朴是由于被统治者教坏了，所以，民风民情的好坏，与治国者有着连带关系。对于统治者来说，自己做得到的，不当要求民众做到；自己做不到的，更不当要求民众做到。如果自己对待臣民都刻薄严厉，就难以想象民众淳朴厚道。这种对应性关系也表明了，社会道德也并非一旦堕落了，就难以改变，只要统治者依照老子的观念，"闷闷"为政，就能使民"淳淳"。

孔子曾说过"苛政猛于虎"，算是激烈批评为政的苛察。孟子也说过一种情形："君之视臣如手足，则臣视君如腹心；君之视臣如犬马，则臣之视君如国人；君之视臣如土芥，则臣视君如寇敌。"[①]虽然孟子所说情形指的是君臣关系，如果用在君民关系上，又何尝不是如此呢！

"祸兮福之所倚，福兮祸之所伏"，这是说祸与福之间的辩证关系，祸福相反相因，彼此以对方作为自己存在的条件，同时彼此又相互地转变。人得了祸，能够自责反省，从失败与灾祸中汲取教训，由此走向成功与幸福，俗话"在哪里摔倒，在哪里爬起"，以及"人不能

---

① 《孟子·离娄下》。

两次摔倒在同一个地方",讲的也就是这个道理。人得了福,由此骄矜膨胀,忘乎所以,也很快地福去而祸来,四十四章所说"得与亡孰病",也是说无缘由地"得到"比"失去"带来的危害更大。

"孰知其极?其无正也。正复为奇,善复为妖"中的"极"指祸福的极致、界际。① "正"指定准。② 这段话是说祸福相互变换,有谁能够知道祸、福各自的极致与界际在哪里,或许我们在言祸的时候,其实已经处在福的境地里了;反之,我们在说福的时候,也已经处在祸的境地里了,所以它们彼此都没有一个定准。正奇、善妖(即善恶)之间,也都如同祸福一样,都处在互换位置的变换之中。之所以说"人之迷,其日固久",还是因为统治者总是执著于苛察、严峻的执政方式,以为这样才能够管得住百姓,同样也以祸福两分,以为祸就是祸,福就是福,祸福两不相干,而不知在某种程度上,祸就是福,福就是祸。

"是以圣人方而不割"句中,"方"是方正、原则,"割"是割制的意思。③ 这是说,圣人有方寸,有原则,但没有棱角,不会因此割制人。中国文化传统中的"内方外圆",也就是说内心有原则,行为上却能与人和洽。"廉而不刿","廉"字,有人释为"利"④,有人释

---

① 王弼《老子注》:"言谁知善治之极乎?唯无可正举,无可形名,闷闷然,而天下大化,是其极也。"

② 朱谦之《老子校释》:"正读为定,言其无定也。《玉篇》:'正,长也,定也。'此作定解,言祸福倚伏,孰知其所极? 其无定,即莫知其所归也。"(第236页)陈鼓应《老子注译及评介》:"它们并没有定准。指福、祸变换无端。"(第280页)

③ 林希逸《道德真经口义》解释为"有方而无隅"。吴澄《道德经注》:"如物之方,四隅有棱,廉如堂之廉,一面有棱,其棱皆如刀刃之能割伤人,故曰割曰刿。"

④ 林希逸《道德真经口义》:"廉利则易伤。"蒋锡昌、张松如、陈鼓应等人皆以"廉"为"利"。

为"清廉"①,其实,这两者理解都没错且相通,《庄子·在宥》有"廉刿雕琢"的句子,这里的"廉"是指"棱";《庄子·齐物论》中有"廉清而不信",其"廉"是清廉的意思。岂不知清廉本身是一把刀？有人说:清官都是酷吏。此话不假。清廉本是善良品质,但清廉的棱角如不加打磨,就会因为太利而伤人,所以,老子说"廉而不刿"。"刿"就是"利"的意思。俗语"刀好使就行,不必太锋利",即其意。"直而不肆","直"谓率直,"肆"谓恣肆。率直如果没有分寸,就是因此而放纵无礼;率直而有分寸,可谓直而有格。"光而不耀",光明且不会刺伤人的眼睛,说明这光虽然很明亮,但很柔和,对此,王弼有一个理解:此光能够给迷者照亮路径,却不会有意使隐匿的东西暴露在外。这就是老子所强调的"明道若昧"。②

---

① 《老子河上公章句》:"圣人廉清,欲以化民,不以伤害人也。"王弼《老子注》:"廉,清廉也。刿,伤也。以清廉导民,令去其污,不以清廉刿伤于物也。"李荣《老子注》:"凡情贪而浊,圣道廉而清。"

② 王弼《老子注》:"以光鉴其所以迷,不以光求其隐匿也。所谓'明道若昧'也。"

治人事天莫若嗇

## 治人事天莫若啬

### 第五十九章

治人事天,莫若啬。夫唯啬,是谓早服。早服谓之重积德;重积德则无不克;无不克则莫知其极;莫知其极,可以有国;有国之母,可以长久。是谓深根固柢,长生久视之道。①

[译文] 统治人侍奉天,莫过于爱惜。唯独爱惜,叫作早服从(道)。早服从(道)叫作重积德。重积德就能战无不胜。战无不胜则莫知其极限。莫知其极限就可以拥有国家的统治权。有了统治权而能拥有国家的根本,就可以长久了。这就称作深植根、牢固柢,长生久视之道。

[释文] "治人事天,莫若啬。""啬",有人解为稼穑的"农

---

① 河上本、王弼本、傅奕本同,帛书本、竹简本文字不齐,可见文字基本与河上、王弼本同。

夫"①,有人解为吝啬的"啬"②,有人解为"爱"③。从"农夫"字引申出来的"爱惜",应该是符合老子之意的。老子把统治人与侍奉天联系起来考虑,这是有深意的。治人涉及统治者与百姓的关系,事天涉及统治者与天的关系,之所以统治者要下以治人,上以事天,是因为这两件事是联系着的,治人如果没有事天,那么统治者便没有敬畏感,就会以为自己可以主宰国家、天下,就会自我膨胀,甚至以为自己就是神是天。这两件事情,又都要遵循一种"爱惜"("啬")的精神。爱惜,当从得之不易开始,如得之太易,自然不会爱惜。统治者当下体恤百姓奉养政府之不易,上明天道的勤俭,治人、事天都遵从同一种精神。

"夫唯啬,谓之早服"中的"服",有人解为"服从"④,有人解为"得"⑤,有人解为"复"⑥,有人解为"准备"⑦,我则以为,理解"服从"更合理。论者有认为"早服"后应当漏了"道"字,后文的"早服谓之

---

① 王弼《老子注》:"啬,农夫。农人之治田,务去其殊类,归于齐一也。全其自然,不急其荒病,除其所以荒病。上承天命,下绥百姓,莫过于此。"

② 苏辙《道德真经注》:"夫啬者,有而不用者也。"吴澄《道德真经注》:"啬,所入不轻出,所用不多耗也。"任继愈《老子新译》:"'啬',吝啬,应当用的财物舍不得用。"(第187页)

③ 《老子河上公章句》:"啬,爱也。治国者,当爱民财,不为奢泰。治身者,当爱精气,不为放逸。"唐玄宗《御注道德经》:"啬,爱也。人君要理人事,天之道莫若爱费,使仓廪实,人有礼节。"陈鼓应《老子注译及评介》引高亨注:"《说文》:'啬,爱瀒也,从来从㐭,来者㐭而藏之,故田夫谓之啬夫。'……是'啬'本收藏之义,衍为爱而不用之义。此'啬'字谓收藏其神形而不用,以归无为也。"(第284页)

④ 《韩非子·解老》:"夫能啬也,是从于道而服于理者也。众人离于患,陷于祸,犹未知退,而不服从道理。圣人虽未见祸患之形,虚无服从于道理,以称蚤服。"

⑤ 《老子河上公章句》:"早,先也。服,得也。夫独爱民财,爱精气,则能先得天道也。"

⑥ 朱谦之《老子校释》引朱熹语:"能啬则不远而复,重积德者,先己有所积,后养以啬,是又加积之也。"(第241页)

⑦ 任继愈《老子新译》:"'服',通'备',准备。'早服',早做准备。"(第187页)

重积德"的"早服"后也当有"道"字,此说有道理。① 意思就是,得了"啬"的精神,可以称为早服从于道,早服从于道,也就是"重积德"了。"重积德则无不克",既已服从于道,就早早怀道积德了,有此道德,就能战无不胜。这里所说的战无不胜("无不克"),是欲表明以此道德行事,无不成功。

　　"无不克则莫知其极"是说遵从道德精神行事,则前景不可限量,近可修身,远可得到国家的统治权。

　　"有国之母,可以长久",则是说已经得到了国家的统治权,如果能够坚守天道,保持爱啬,称之所谓国家的根本,就能够长久不衰。

　　"是谓深根固柢,长生久视之道",是说如果能将国家的根本像深根植、牢固柢,那么国家的命祚就会像生命的长久一样,永不衰败。对于这句话,人们多从身体的修炼方面去理解了,这并没错,只是这里的话题仍然是如何治理国家的,身体的修炼在这里做了借喻。

---

　　① 朱谦之《老子校释》认为,河上公注中有"能先得天道也","知河上公二句皆有'道'字,今脱"(第241页)。

治大国若烹小鲜

| 治大国若烹小鲜

## 第六十章

　　治大国若烹小鲜。以道莅天下,其鬼不神;非其鬼不神,其神不伤人;非其神不伤人,圣人亦不伤人。夫两不相伤,故德交归焉。①

　　[译文]　治理大国就像煎小鱼一样。以道莅临天下,鬼都不起作用;也不是鬼不起作用,而是这作用不伤人;也不是其作用不伤人,圣人也不伤人。这两者都不相伤,所以上下的德行就会归了。

　　[释文]　"治大国若烹小鲜。""小鲜"指小鱼。意思是治理一个大国,需要异常小心,就像煎小鱼一样,不可以滥翻腾,要是滥翻腾了,就把鱼弄滥了,局面不可收拾。国大局面大,却像煎一锅小鱼,这个比喻有点举重若轻,其实戒惕与慎重也就包含在煎小鱼的过程中了。所说的治大国不小心、滥翻腾,有若政令频出,政令错乱,前

---

①　河上本、王弼本、傅奕本同,帛书本写为"圣人亦弗伤也"。

后矛盾,法律滥用,价值动摇,是非颠倒等等。国大局面大,因为涉及人口众多,范围广,如果出现错误或错乱,就难以纠正,就像锅里的小鱼一样,往往是只有一次机会。因此,有论者认为,国家越大,统治者应当越安静,毋躁毋烦,不要扰乱民众。①

"以道莅天下,其鬼不神","道莅天下",当是治理国家的最高原则,有了这个最高原则,就算是"立乎其大"了。在这个原则之下,所谓鬼都不起作用,是指鬼都要尊崇这个原则,鬼本来是要作祟的,但在这原则的规范下,鬼的作用受到了限定,或者说鬼都要做好事了。

"非其鬼不神,其神不伤人",这是一个比较的否定句式,看起来都是在否定,其实是有条件地肯定,意思是在"道莅天下"条件下"其鬼不神",在"其神不伤人"条件下其鬼也神,又在"圣人不伤人"的条件下,其神不伤人。通过这样的句式,老子表达了一个思想,世上作恶的势力并非不存在,只是由于治国者尊道贵德,从而这些作恶的势力危害都因此变得不那么严重了。

"夫两不相伤,故德交归焉",圣人本身不伤人,鬼也不伤人,上下两相交归,即归于道德。圣人之不伤人,是因为圣人崇尚自然,不强加自己的意志于民众之上,不宰制人民,也如庄子所说过的"胜物而不伤物";这里的"鬼"是有象征意义的,鬼之所以不伤人,因为大道流行,万物归往,鬼也因此变好了。② 圣人与鬼皆不伤人,上下合德而利于百姓。

---

① 王弼《老子注》:"不扰也。躁则多害,静则全真。故其国弥大,而其主弥静,然后乃能广得众心矣。"

② 王弼《老子注》:"神不伤人,圣人也不伤人;圣人不伤人,神亦不伤人,故曰'两不相伤'也。神圣合道,交归之也。"陈鼓应《老子注译及评介》引韩非子语:"'德交归焉',言其上下交盛而俱归于民也。"(第287页)

## 为无为,事无事

### 第六十三章

为无为,事无事,味无味。大小多少,报怨以德。图难于其易,为大于其细。天下难事必作于易,天下大事必作于细。是以圣人终不为大,故能成其大。夫轻诺必寡信。多易必多难。是以圣人犹难之,故终无难矣。①

[译文] 以无为作为为,以无事作为事,以无味作为味。世上的事情无论大或小、多或少,皆以德行回报怨恨。想要干成困难的事情,先从容易的事情干起;想要干成大事,先要从细小的事情做起。天下困难的事情必定从容易的事情开始,天下大的事情必定从细小的事情开始。所以圣人终究不自以为大,所以能成就大。轻易承诺,必定会少于信义,把事情看得容易,必定会遭遇困难。所以,

---

① 河上本、王弼本同,傅奕本写为:"夫轻诺者必寡信,多易者必多难,是以圣人犹难之,故终无难矣。"帛书本写为:"天下之难作于易,天下之大作于细。""是以圣人犹难之,故终于无难。"竹简本文字不齐,写为:"为亡为,事亡事,味亡味。""大小之,多易必多难。是以圣人犹难之,故终亡难。"

圣人从困难的角度看问题,所以最终不会有困难。

[释文] "为无为,事无事,味无味",这是说圣人做"无为"的事情,行"无事"的事情,以清淡无味作为味道。恰如第六十四章所言,"圣人欲不欲"、"学不学",圣人不是没有欲望,也不是不学习,圣人是以不欲作为自己的欲望,以不学作为自己的学习("为道日损")。这是一个高蹈的领导艺术,事情不是不要做,而是能够通过自己的无为、无事,就可以撬动万物自动之机,让事物自己动起来,让天下人都发动起来,同样地,清淡无味本身也是一种味道,这里借喻为恬淡无为以治国。①

"大小多少,报怨以德",这句话古今的理解歧义较大。一种理解是,无论大小、多少的怨恨,圣人都以同等的眼光看待,皆以自己的善言善行之德对待它们。② 另一种理解是,大生于小,多起于少,这句话其实就是下面所说"天下难事必作于易,天下大事必作于细"③。还有一种理解是,能大者必能小,能多者必能少。④ 第二、第三种理解皆难说明"报怨以德"这句话在这一章中的前后逻辑关系,所以,有人以为"报怨以德"这句话,是窜进来的,或许这句话应该在

---

① 王弼《老子注》注"味无味":"以恬淡为味,治之极也。"
② 王弼《老子注》:"小怨则不足以报,大怨则天下之所欲诛,顺天下之所同者,德也。"
③ 《老子河上公章句》:"欲大反小,欲多反少,自然之道也。"朱谦之《老子校释》:"'大小多少',即下文'天下难事必作于易,大事必作于细'之说,谊非不可解。六十四章'九层之台,起于累土,千里之行,起于足下',亦即本此。此谓大由于小,多出于少。《韩非》曰:有形之类,大必起于小;行久之物,族必起于少。"(第256页)陈鼓应《老子注译及评介》:"大小多少,多易起于少(严灵峰《老子达解》)。郭店简本此句写作'大小之',其下径接'多易必多难',与各本不同。"(第293页)
④ 林希逸《道德真经口义》:"能大者必能小,能多者必能少,能报怨者必以德,能图难者必先易,能为大者必先于其细。"

第七十九章里。① 不过,这样的改动比较迂曲,且"抱怨以德"这句话经此改动,意思完全相反,成为否定之义了。故此,这里还是坚持第一种理解。

"图难于其易,为大于其细。天下难事必作于易,天下大事必作于细",这是谈论难与易、大与细之间的辩证关系,难事、大事不容易做成,要做难事、大事就要从易事、小事做起,放得下身段,做得来易事、小事的,才能做难事、大事,如荀子《劝学》所说:"无冥冥之志者,无昭昭之明;无惛惛之事者,无赫赫之功。"且莫眼高手低,小事不做,大事无成。

"是以圣人终不为大,故能成其大",由于上句有"为大于其细",这里的"大"也被理解为上句的"大",从而这句话就成为:圣人终究不做大事。② 但从情理上看,圣人不是不要做大事,而是要从容易的、细碎的小事做起,然后做成大事。所以,这里乃是一个谦逊的不自称为大的态度,③由于这个态度,天下归往,所以能够成就伟大。④

"夫轻诺必寡信。多易必多难"句,对于事情的难易程度缺乏了解,便轻易答应,最终因无法兑现,而违背承诺,所以落了个"寡信"之名;同样,对于还没有开始做的事情,不去深切了解,总是把它看得容易,最终会遇到麻烦,而难以圆自己的愿。老子并非要人们不做承诺,不做困难之事,而是要求低调、谦逊一些,注重于实情的了解,把困难想得充分一点,最终能够克服困难,所谓"故终无难矣"。

---

① 马叙伦《老子校诂》认为,"报怨以德"这句话,应该在第七十九章"和大怨"上。陈鼓应《老子注译及评介》依严灵峰的看法,将这句话置入第七十九章"必有余怨"之下。(第340页)

② 任继愈《老子新译》:"因此,'圣人'始终不做大事,所以才能完成大事。"(第198页)

③ 《老子河上公章句》:"处谦虚也。"

④ 同上:"天下共归之也。"

## 国之贼

### 第六十五章

古之善为道者,非以明民,将以愚之。民之难治,以其智多。故以智治国,国之贼;不以智治国,国之福。知此两者亦稽式。常知稽式,是谓玄德。玄德深矣,远矣,与物反矣,然后乃至大顺。①

[译文] 古代善于以道治国的人,不是要使百姓明智巧伪,而是要使百姓愚朴。百姓之所以难以治理,只是因为百姓多智巧伪。所以,以智谋治国,那是国之贼害;不以智谋治国,乃是国之福祉。要知道这两者是一个法式。常明了这两个法式,就叫作玄德。玄德,深奥啦,玄远啦,与平常事物相反。做到了这个,就可以达于大顺了。

---

① 河上本、王弼本、傅奕本、帛书本基本同,这里采取王弼本。河上本写为:"知此两者亦楷式","常知楷式","与物反矣,乃至大顺"。傅奕本写为:"民之难治,以其多知也","故以知治国,国之贼也,不以知治国,国之福也","与物反矣,乃复至于大顺"。帛书本"常"写为"恒"。

[释文] "古之善为道者"句,这句话有解为善于治身的,但从下文看,主要还是讲治国的。从表述方式看,老子似乎是以史为鉴,其实不然,他所说的"古",并非某个历史时期,而是设定的一个理想类型,在这种类型下,"善于为道"。"非以明民,将以愚之",这句话也容易被人理解为老子主张愚民政策,如果说老子想让百姓愚钝一点,这个意思是有的,但是,这个"愚"理解为"愚蠢"是不对的。这个"愚"应当从两个方面去理解:一来"愚"的基本义是朴质、纯真,与"愚之"相对应的是"明民","明民"也非使百姓聪明,而是引导百姓智巧,也就是私智巧伪,以此遮蔽了百姓的淳朴真性。古今论家也都是以此来理解老子这句话的。① 二来老子主张的不是仅仅要使百姓、也是要治国者与百姓同样质朴纯正,后面说"以智治国,国之贼",就是这个意思。这无异于说,使百姓愚朴不是治国者的手段和工具,而是要使包括治国者和百姓同归于淳朴的社会风尚,是一个治国的目的。联系到三十三章"知人者智,自知者明",可知老子不是一概地反对智慧与明智,而是反对自私用智与巧伪。也有人相信,这个"愚"其实是一种深度的智慧,外表看来是愚昧无知的样子,其实内智充实,无幽不烛,只是韬光晦迹而已。②

"民之难治,以其智多",如果百姓都自私而用智,凡事都投机钻营,伪善不实,民情狡黠,可想在这样的国家里,社会没有信任与厚道,社会交往成本极高,如何谈得上好治理?

---

① 《老子河上公章句》:"不以道教民,明智巧诈也。将以道德教民,使朴质不诈伪。"王弼《老子注》:"明,谓多智巧诈,蔽其朴也。愚,谓无知守真,顺自然也。"陈鼓应引范应元的注释:"'将以愚之'是淳朴不散,智诈不生也。所谓'愚之'者,非欺也,但因其自然不以穿凿私意导之也。"(《老子注译及评介》,第 300 页)"不循自然,而以私意穿凿为明者,此世俗之所谓智也。"(同上)
② 成玄英《老子注》:"为道犹修道之。夫实智内明,无幽不烛,外若愚昧,不曜于人,闭智塞聪,韬光晦迹也。"

"故以智治国,国之贼;不以智治国,国之福",这里其实是一个大是非问题。老子给出的判断很明确,他用贼害与福祉的两极对比,表述了用智谋来治国与不用智谋来治国的两种前景。所以说是大是非问题,是因为治国者们并没有想清楚这个问题,大多治国者,还都是相信用智谋来治国的吧!以智谋治国,也就是讲求手段,讲求谋略,把治国看作是个人表演的政治舞台,与百姓斗智设局,挖坑下套,把不明实情的百姓装进去,甚或把百姓作为实现个人政治野心的工具,似乎治国者不是为了苍生而存在,反倒是苍生为了治国者而存在,如此等等,皆属"以智治国"。虽然"以智治国"者,由于把国家变成了个人表演的舞台,从而也就把当政的历史变成了个人史,但老子却说这是"国之贼",意味何在?关键在于如何看待国家,是治国者的国家,还是百姓的国家,如果是治国者的国家,自然就不存在"国之贼";如果是百姓的国家,那就是"国之贼"了。老子正是把国家看成百姓的国家,天下人的天下,故而治国者玩弄智谋,就是国之贼。也就是说,治国者是不能给百姓玩弄智谋的,应当讲实情,说实话,与民同心;要求百姓淳朴,治国者自己首先要淳朴,故此,这才说"不以智治国,国之福"。因为在这种情形下,百姓是主人与主体,君主是服务者,服务者不当与服务对象玩弄智谋。

实际上,君主制度下,治国者很少能把国家看成是百姓的国家,把天下看成天下人的天下,这才有"家天下"的传统。老子的时代远不是国人的国、天下人的天下,但他不是从经验的立场,而是从理性立场看待百姓与国家、与天下,认为治国者与百姓之间理应是如此的一种关系。在这个方面,战国时期有一个道家兼法家的人物慎到,提出过类似的思想,他说过:"故立天子以为天下,非立天下以为天子也;立国君以为国,非立国以为君也;立官长以为官,非立官以为长也。"①

"知此两者亦稽式,常知稽式,是谓玄德","两者"指上述"以智治国"和"不以智治国"的两种情形;"稽式"指法式、常式;②"玄德",深远之德,③第五十一章:"生而不有,为而不恃,长而不宰。是谓玄德。"这里说"能知稽式,是谓玄德",意谓能够深明"以智治国"与"不以智治国"的道理的,就能形成一种深远的德性。

"玄德深矣,远矣,与物反矣,然后乃至大顺",这里解释玄德,就是深而远之德。深远之义,当有常人难见之义,也当有洞深长远之义。由于常人难见难识,所以"与物反矣",就是与寻常之德相反。养就了这种"玄德",就应当无所不克,无所不宜,无所不适,故称为"大顺"。④

---

① 《慎子·威德》。
② 王弼《老子注》:"稽,同也。今古之所同则不可废。能知稽式,是谓玄德。玄德深矣,远矣。"《老子河上公章句》写为"楷式",释为"法式"。
③ 《老子河上公章句》释为"与天同德"。成玄英《老子注》释为"深玄之大德"。
④ 《老子河上公章句》释"大顺"为"顺天理也",可谓当也。

## 天下莫能与之争

### 第六十六章

江海之所以能为百谷王者,以其善下之,故能为百谷王。是以圣人欲上民,必以言下之;欲先民,必以身后之。是以圣人处上而民不重,处前而民不害。是以天下乐推而不厌。以其不争,故天下莫能与之争。①

[译文] 江海之所以被称为百谷之王,因为它善于处在百谷之下,所以为百谷之王。所以,圣人欲统御,必以言辞谦逊对待民众;欲作万民的表率,必把自己置身于万民之后。所以,圣人处在民众之上而民众并不觉得负累,处在民众之前而民众不觉得妨碍。所

---

① 河上本、王弼本同,这里采取王弼本。傅奕本写为:"以其善下之也","必以其言下之","必以其身后之","是以圣人处之上而民弗重","处之前而民不害也","不以其不争"。帛书本写为:"是以圣人之欲上民也","其欲先民也","故居上而民弗重也,居前而民弗害","天下乐推而弗厌也","不以其无争与?故天下莫能与争"。竹简本写为:"江海所以为百谷王,以其能为百谷下,是以能为百谷王。圣人之在民前也,以身后之;其在民上也,以言下之。其在民上也,民弗厚也;其在民前也,民弗害也。天下乐进而弗厌。以其不争也,故天下莫能与之争。"

以，天下人都乐于推崇而不厌恶他。因为不与天下相争，所以天下没有谁能够与他相争。

[**释文**] "江海之所以能为百谷王者，以其善下也"句，类似诗学上的"比兴"，先以百川归海的现象，说明善于处卑下的位置，能够成为百谷之王。

"是以圣人欲上民，必以言下之"句是说圣人就像江海一样，他能够海纳百川，他拥有一种特殊的品格，处下谦逊、处后不争，正是由于如此，他才可以有效地担待统御天下、为人表率的责任。如果不是如此，即便你身处君主之位，你也不能有效地治理国家，这里所说的"有效"，就是要万民心性归服。

"是以圣人处上而民不重，处前而民不害"句是讲由于圣人处于君主之位，却能谦逊下人，处于民众之前，能够不妨碍民众，所以民众的感觉才会是既不会有沉重的负担感，也不会有妨碍的感觉。①"是以天下乐推而不厌"，是说做到了这一步，天下人都乐意推崇而不会厌恶了。老子于此想告诉我们什么呢？仔细玩味会发现，老子是想告诉我们，民众对于统治者是有要求的，他们可以接受，或者说他们也需要一个统治者，但这个统治者不应当成为压在头顶之上的负担，也不应当处处都要把自己放在民众之前、自诩为领袖。依照老子的一贯逻辑，统治者与民众之间本来就是一种紧张关系，消除这种紧张关系的办法就是，统治者的姿态很低，甚或没有一个统治者的样子，让百姓感觉到似乎没有人要领导他们，他们自己领导自

---

① 陈鼓应引高亨的注："民戴其君，若有重负以为大累，即此文所谓重。故重犹累也。而民不重，言民不以为累也。《诗·无将大车》：'无思百忧，只自重兮。'郑笺：'重，犹累也。'《汉书·荆燕吴王传》：'事发相重。'颜注：'重犹累也。'此'累'之证。"（第303、304页）

己,自己争取自己的未来,这样便消除了彼此的紧张关系。如此也就会出现"天下乐推而不厌"的和谐局面了。

"以其不争,故天下莫能与之争"中的"不争",可以理解为不争利、不争先、不争地位、不争为君主。这里讲的是政治哲学中的辩证法。越是想争,就越不能做合格的领导人。与民争利,乃是古今的人都明白的不好的行为;与民争先,也是不好的,这会让民众觉得自己总是没有见识,没有创造力,没有行动能力,一无是处,而需要人在前面带路;争为君主,意味着并没有得到民众拥戴,却可以通过"争"的手段,窃取国家的权利,或者说通过不合法的途径取得统治权,那么这样的统治者注定是不能当好领导人的。只有"不争",即你拥有做领导人的品质(如谦逊处下、处后不争等),且你不争做领导人,才有资格做好领导人。俗话说:不想当领导的人,才能当好领导人。

民不畏死

## 民不畏威

### 第七十二章

民不畏威,则大威至。无狎其所居,无厌其所生。夫唯不厌,是以不厌。是以圣人自知不自见,自爱不自贵。故去彼取此。①

[译文] 百姓不畏惧威权,那么危险的事情就要到来了。不要胁迫到百姓的安居,不要堵塞了百姓谋生的路。正是由于不压迫百姓,百姓也才不厌恶统治者。所以,圣人有自知,但不自以为是;有自爱,但不自以为贵。所以,抛却后者(自见与自贵),而采取前者(自知与自贵)。

[释文] "民不畏威,则大威至"的前一个"威",指权威或刑威;

---

① 河上本、王弼本、傅奕本和帛书本基本相同,这里采取王弼本。河上本写为"民不畏威,大威至矣","无狭其所居"。帛书本写为:"民之不畏威,则大威将至矣","毋狎其所居,毋厌其所生","夫唯弗厌,是以不厌","是以圣人自知而不自见也","自爱而不自贵也。故去彼而取此"。

后一个"威",指动乱或危害。① 百姓要是不畏惧国家的权威,那么大的社会危害就要到来了。国家机器,包括军队、刑法与行政权力的构成,原本就是要树立权威的,是要百姓知道畏惧的,如何"民不畏威"呢?有两种可能,一是有国家的权威,但没有使用它,如有法不依,有权力不用,民不知国家权威的厉害,使得国家权威没有应有的权威;二是由于过度使用国家的权威,如滥用军队对付民众,滥用刑法课刑,滥用公众权力压制民意,也就是王弼在解释这段话时所理解的"任其威权",使得民众怀疑国家权力的公正性质,激化了社会矛盾,使民众站在国家权力的对立面,从而引发民众不再畏惧国家的权威。显然,第一种可能性是较低的,也不是老子所关心的,老子关心的正是第二种情形。历史上倒台的政权多是因为过分使用国家威权,诸如夏桀王、殷纣王、秦二世、隋炀帝等,俗语"官逼民反",说的也正是此类情形。百姓不是天生要造反的,造反是被逼无奈。统治者滥用威权,与百姓不畏惧威权,皆与彼此缺乏信任有关,滥用与不畏惧,采取的都是对抗的形式,对抗的升级就是"大威至"。第七十四章讲"使民常畏死",就是要求统治者应当使百姓经常畏惧死,这才是治国之道。

  这段话也被广泛地应用到养生,"威"被理解为对身体的"小害","大威"被理解为"死亡"。意思是人应当努力从畏惧小害开始,爱养精气神,防止大害降临。②

  "无狎其所居,无厌其所生","狎"字,有三种理解:一是依河上

---

① 王弼《老子注》:"清静无为谓之居,谦后不盈谓之生。离其清静,行其躁欲,弃其谦后,任其威权,则物扰而民僻,威不能复制民。民不能堪其威,则上下大溃矣,天诛将至。故曰'民不畏威,则大威至,无狎其所居,无厌其所生'。言威力不可任也。"

② 《老子河上公章句》:"威,害也。人不畏小害,则大害至。大害,谓死亡也。畏之者,当爱精养神,承天顺地也。"河上公显然是以养生的角度解读老子的这段话。

公本写法为"狭",意谓"急狭",或者压迫、胁迫、威胁;①二是理解为狭陋,或狭劣、褊狭。② 三是依照"狎",理解为玩习。③ 其中第一种理解更合乎逻辑。"厌"(厭),为"厌"和"压"的同体字,既可作厌,也可作压,这里意思当为"压",既有压迫之意,也有堵塞之意,这里解为堵塞。老子想告诫统治者,要给百姓生存的空间,不要让百姓不得安居,不要因自己的政策堵塞了百姓谋生之路。唐朝初年,魏征曾劝诫太宗:君主高居宫廷,也要百姓有房子可居住;君主妻妾成群,也要百姓娶得起老婆。如果要夺了百姓居住的房屋,抢了百姓的老婆,那就要生乱了! 这是一个恒常的道理。

"夫唯不厌,是以不厌",依照高亨的理解,前一个"不厌",指的是上一句话"不厌其所生"的厌,为同语反复以表明强调,意思是压迫、堵塞;后一个"厌"字,意思是厌恶、离弃。④ 这句话表达的是君民之间的善意互动关系,君主要能够给予民众以生存发展的空间,百姓也就不会厌恶有这么一个君主在他们之上了。

"是以圣人自知不自见,自爱不自贵"句中的"自知",第二十二章说"不自见,故明;不自是,故彰;不自伐,故有功;不自矜,故长",

---

① 《老子河上公章句》:"谓心居神,当宽柔,不当急狭也。"陈鼓应《老子注译及评介》引奚侗注:"'狭'即《说文》'陕'字,'隘'也,'隘'有'迫'谊。此言治天下者,无陕迫人民之居处,使不得安舒。"(第319页)任继愈《老子新译》:"唐碑本均作'狭',即逼迫、压迫。"(第216页)

② 李荣《老子注》:"以他处为广大,以本乡为狭陋,此狭其所居也。"成玄英《老子疏》:"厌,舍也。狭,劣也。"

③ 吴澄《道德真经注》:"平日所处,凡损身戕身之事,无所畏惮,狎习为常,安然为之,言不畏威也。"

④ 陈鼓应《老子注译及评介》引高亨语:"上'厌'字即上文'无厌其所生'之厌。下'厌'字乃六十六章'天下乐推而不厌'之厌。言夫唯君不压迫其民,是以民不厌恶其君也。"(第320页)《老子河上公章句》:"夫唯独不厌精神之人,洗心濯垢,恬泊无欲,则精神居之不厌也。"河上公还是从修养方面理解这句话的。

第三十三章说过"知人者智,自知者明",与此话同。"自知",简单地说,是了解自己,可是了解自己什么呢? 其中存在多种可能性,如了解自己是聪明的,或了解自己不是聪明的;了解自己的得与失、对与错等。① 这两种对立的可能性是同时存在的,前一种情况表明没有认知到自己的价值,后一种情况则表明没有"自知之明"。事实上,真正了解自己是不容易的,人易知自己的聪明、得与对,鲜有能了解自己的不聪明、失与错,因为自己难以看清自己,别人不说,自己便不知,俗语"不知自己的斤两","自作聪明",说的正是不自知却以为知。老子说"圣人自知不自见",是说圣人是了解自己的,尽管如此,圣人也不去表现自己的真知灼见,而努力使自己与他人"和光同尘"。② "自爱",当指爱惜自己的生命与身体,这是一种生命的意识和价值理念。③ "自贵",也就是自我矜骄,自以为荣贵,也有求生过厚的意思。④ 就是说,圣人爱惜自己的生命,但并不会因此把自己看得过于娇贵。这里也包含了这样的意思:爱养生命并不需要过于厚重的娇贵之养,爱养生命其实只需很简单的物质要求。在"自知""自爱"与"自见""自贵"之间,圣人都是选择了前者,而不是后者。"自知"与"自爱","自见"与"自贵"是联系着的两种态度,"自知而不自见",自然会"自爱不自贵"。

---

① 《老子河上公章句》:"自知己之得失。"
② 王弼《老子注》:"不自见其所知,以耀光行威也。"《老子河上公章句》:"不自显见德美于外,藏之于内。"
③ 《老子河上公章句》:"自爱其身,以保精气也。"
④ 《老子河上公章句》注"不自贵":"不自贵高荣名于世。"《老子注》:"自贵,则将狎居厌生。"唐玄宗《御疏道德经》:"不自贵者,不自矜贵其身,凌虐于物以聚怨尔。"吴澄《道德真经注》:"自贵即后章贵生,言贪生之心太重也。"李道纯《道德会元》注"不自贵":"不厚其生。"

## 民不畏死

### 第七十四章

民不畏死,奈何以死惧之。若使民常畏死,而为奇者,吾得执而杀之,孰敢?常有司杀者杀,夫代司杀者杀,是谓代大匠斲。夫代大匠斲者,希有不伤其手矣。①

[译文] 百姓不畏惧死,为什么还以死来吓唬他们?如若使百姓总是畏惧死亡,而那些敢于为邪作恶的人,我将其捉住而杀掉他,谁还敢(为邪作恶)?通常由掌管刑杀的人来执行杀,如果代替刑杀的人去杀,这就叫代替木匠去砍木头。而代替木匠去砍木头的人,很少有不伤到自己手的。

[释文] "民不畏死,奈何以死惧之",人总是会怕死的,这是人

---

① 这里采用王弼本。河上本写为:"常有司杀者,夫代司杀者。"傅奕本写为:"民常不畏死,如之何其以死惧之","吾得而杀之,孰敢也","常有司杀者杀,而代司杀者杀,是代大匠斲","稀不自伤其手矣"。帛书写为:"若民恒且不畏死,若何以杀惧之也","使民恒且畏死,而为奇者","吾得而杀之,夫孰敢矣","若民恒且必畏死,则恒有司杀者","夫代大匠斲,则希不伤其手"。

之常情,如果某人不怕死,要么他是一个亡命之徒,要么他是被逼无奈,要么他是出于某种目的(诸如保护自己的家人)而勇敢,这些皆不是常情。第一种情形的不属于正常人,第二、三种情形皆属于正常人。第三种情形是为了保护自己的家人而将生死置之度外,而第二种情形则属于无活路可走而不惧怕死。老子说的正是第二种情形。百姓本来都是惧怕死的,当民不聊生,社会陷入极度动荡,左右都是死的情形下,他们也就不怕死了,此时你试图再用死来威胁他们,他们还会怕么!老子这里所说的还包含了另一种民不聊生的情形,国家的律法过于严苛,动辄罹罪,原本欲使百姓惧怕的威刑,反而使民不畏惧了。① 最极端的事例莫过于秦朝末年陈胜、吴广的起义了:被遣往修筑长城的劳役,由于遭遇连阴雨天,道路阻隔,无法按期到达指定地点,依照秦律当死,于是这些劳役们思量着,横竖都是死,不如反了还能多活几天,于是就有了登高一呼、揭竿而起的故事了。秦律之所以如此严苛,自然是与公孙鞅推行变法的立法原则有关,其中有一条便是"以刑去刑",即对待轻微犯罪者课以重刑。其动机是,轻罪人们容易触犯,重罪不易触犯,如果轻罪重罚,那么人们便会远离它们,重罪更不会有人触犯了。这一变法原则也被法家人物韩非子、李斯等人接受,也成为秦朝法律的基本原则,而最终走到了反面。②

---

① 《老子河上公章句》:"治国者,刑罚酷深,民不聊生,故不畏死也。治身者,嗜欲伤神,贪财杀身,民不知畏之也。人君不宽刑罚,教民去情欲;奈何设刑罚以死惧之?"河上公依然试图从治国和治身两个途径去解读老子的话,但显然,老子这里主要讲的是治国的事情。

② 《韩非子·内储说上》:"公孙鞅之法也重轻罪。重罪者,人之所难犯也;而小过者,人之所易去也。使人去其所易,无离其所难,此治之道。夫小过不生,大罪不至,是人无罪而乱不生也。一曰,公孙鞅曰:'行刑重其轻者,轻者不至,重者不来,是谓以刑去刑。'"

"若使民常畏死，而为奇者，吾得执而杀之"句的"奇"，与"正"相反，"正"指正派做人、遵纪守法，"奇"则是不走正道的邪僻恶行了。① 老子主张的是应当使百姓总是畏惧死，而那些行为邪僻的为恶者，则成为执法的对象。由此以论，又有谁敢以身试法？使百姓畏惧死，其实也就是使百姓成为正常的人，既然"民不畏死"将产生社会灾难，那么使民畏惧死，当然就是社会秩序得以延续的必要前提了。不仅如此，民之畏惧死，还意味着百姓有诸多的顾忌，诸如财产、家庭、宗族的安全等，这也是孟子曾经讲过的"民无恒产，则无恒心"②，百姓有了固定的财产，才有稳定的心态。百姓畏惧，不仅仅畏惧失去生命，也畏惧失去财产和家庭，只有百姓存在着这些畏惧，才是可以治理的，换句话，只有百姓处于这种正常心态下，才能谈治理，至少人心思治，人心思安；如果百姓没有正常的畏惧心态，就失去了治理的基础。

"常有司杀者杀"这段话都是针对君主滥用权力、代替司法的问题。"司杀者"，指执法者，即执法者负责执行诛杀。"常有司杀者杀"，是国家政治生活的正常化，执法者在不受干扰的情况下执行自己的专职。然而，"代司杀者杀"，就是有人剥夺了司杀者的职责，自行诛杀，这个人就只能是君主本人可以做得到，故而，老子列举了一个形象的事例："代大匠斲"。砍木头的事情原本是木匠的职责，你要是代替了木匠，自行拿起斧头砍木头，那么缺乏专业技能的你，"希有不伤其手矣"，即很少不会伤到自己的手。君主如代替法官亲自执法，也就如同代替木匠亲自砍木头一样，一定会伤及自身。伤及自身，可能有种种情形，如滥改刑律，滥用刑罚，撇开法官直接判

---

① 王弼《老子注》："诡异乱群，谓之奇也。"
② 原文见《孟子·滕文公上》。

罪,制造冤案错案等,每一宗案情都会影响到君主本人的社会形象,也就是会伤及君主自身。在君主制时代,君主本人通常都拥有最后的决定权,但这个权利建立在严格的司法审案的程序之上,所谓最后的决定权,其实是最后的审查权,如果君主滥用这个权力,任意推翻司法部门的决定,最终受伤的不是司法部门,而是君主本身。由于君主既是立法者,又有最后决定权,故而君主自己也是最可能危害法律的人,历史上的法家人物多对此反复申述,君主应当依法办事,而不应当"释法而用私",如法家人物韩非子所说:"明主使其群臣,不游意于法之外,不为惠于法之内。"[①]

---

① 《韩非子·二柄》。

## 民何以轻死

### 第七十五章

民之饥,以其上食税之多,是以饥。民之难治,以其上之有为,是以难治。民之轻死,以其求生之厚,是以轻死。夫唯无以生为者,是贤于贵生。①

[译文] 百姓之所以陷于饥寒,是因为统治者收取的赋税太多,所以陷于饥寒。百姓之所以难以治理,是因为统治者的有为,所以难以治理。百姓之所以不顾生死,只是因为统治者要求的奉养太厚,所以百姓不顾生死。唯独不看重自己生命的人,才比看重生命的人高明。

---

① 河上本与王弼本基本相同,只是"以其上之有为"句中,河上本少一个"之"字。傅奕本写为:"民之饥者","民之难治者","以其上之有为也","民之轻死者,以其上求生生之厚也","夫惟无以生为贵者,是贤于贵生也"。帛书本写为:"人之饥也,以其取食锐之多,是以饥。百姓之不治也,以其上之有为也,是以不治。民之轻死也,以其求生之厚也,是以轻死。夫唯无以生为者,是贤贵生。"

[释文] "民之饥,以其上食税之多,是以饥"①,意谓国家的财富来自税赋,而税赋的多寡是由统治者确定的,如果统治者欲望多,税赋就高。在任何一个国度里,纳税人与统治者都是一个对立体,而社会财富是有限的,如果国家纳税多,百姓的日子就不好过,统治者食税过多,百姓就要陷于饥寒了,俗语说"国富民穷",指的也是此类情形。

"民之难治,以其上之有为,是以难治",意谓没有天生好治与不好治的百姓,百姓的好治与不好治,根源皆在于统治者如何对待他们。② 当统治者善待他们,使他们能够休养生息、安居乐业的时候,他们就是好治之民;当统治者以恶相待,使民不聊生、生灵涂炭的时候,他们就是难治之民。这里的"有为",指统治者不顾民生,不惜民力,政令频出,滥作为,妄作为,或者因统治者好大喜功,兴兵动武,皆属于这种"有为"。老子认为,最好的统治者是"无为",而让臣民能够有所作为。凡是所谓"有为"之君,给民众带来的都是扰乱与不安。这句话当中也包含了这样的意思,君主喜欢用谋略对待臣民,而臣民受过统治者的骗,就会跟着学会用谋略对付君主,所以,民众变得刁滑而难以治理。③

"民之轻死,以其求生之厚,是以轻死",意谓人都是会爱惜自己生命的,当人到了轻死的地步,就不是正常状态了。求其缘由,也同样在于统治者的"求生之厚",当统治者们要求的奉养太厚的时候,社会财富就会发生倾斜,两极分化,太少的人集聚了太多的财富,穷

---

① 《老子河上公章句》:"人民之所以饥寒者,以其君上税食下太多。民皆化上为贪,叛道违德,故饥。"唐玄宗《御疏道德经》:"夫人,国之本也。若政烦赋重,而人贫乏,则国本斯弊,弊则危矣。是以下人不足,由君上食用赋税之太多,是以令其饥乏尔。"
② 王弼《老子注》:"言民之所以僻,治之所以乱,皆由上,不由其下也。民从上也。"
③ 林希逸《道德真经口义》:"'有为'言为治者过用智术也。"

人到了一无所有的时候,就无所畏惧而"轻死"了。

"夫唯无以生为者,是贤于贵生"①,这里的"贵生"与前面的"求生之厚"有关,过分看重自己的生命,求生过重,反倒不能长生。相对来说,那些不过分看重生命的人,不求过重过厚的养生,却得以长生。比如生活简单,起居有常,粗茶淡饭,就是养生之方。殊不知,那些过分"贵生"的人,为了维持自己奢侈的生活,就要拿自己的生命做赌注,拼命维护自己的名誉与地位,最终耗竭了自己的生命。这里说到了一种"贤"——高明的智慧,即最简朴的,也是最高明的。

---

① 《老子河上公章句》:"夫唯独无以生为务者,爵禄不干于意,财利不入于身,天子不得臣,诸侯不得使,则贤于贵生也。"

小国寡民

## 小国寡民

### 第八十章

小国寡民,使有什伯之器而不用,使民重死而不远徙。虽有舟舆,无所乘之;虽有甲兵,无所陈之。使民复结绳而用之。甘其食,美其服,安其居,乐其俗。邻国相望,鸡犬之声相闻,民至老死,不相往来。①

[译文] 国家小,民众少,使百姓有各种器具而不使用,使百姓看重生死而不往远处迁徙。虽然拥有舟车,却没有拿来作为乘载的工具;虽然拥有兵器,却没有地方使用它们。使百姓回复到结绳计数的办法。使他们以自己的食物为甘甜,以自己的服饰为漂亮,安心地居住在自己的处所,满意于自己的习俗。相邻的邦国彼此相望,鸡与犬的叫声都听得见,但百姓至死都不相往来。

---

① 这里采取王弼本。河上公本写为:"使(民)有什伯,人之器而不用。"傅奕本写为:"使民有什伯之器而不用也","至治之极,民各甘其食,美其服"。帛书本写为:"使有十百人器而勿用,使民重死而远徙","有舟车无所乘之,有甲兵无所陈之","乐其俗,安其居"。

[释文] "小国寡民,使有什伯之器而不用"句,所谓"小国",乃是小邦国;寡民,是百姓人数稀少。① "什伯之器",河上公本写为"使民有什伯,人之器",解释为农用之器②,有的解释为兵器,有的解为"什物"③。老子这一章引来的争议很大,诸多学者认为老子主张开历史倒车,回复到过去不开化的状态。其实这是老子所描绘的素朴而理想的自然状态。小国也就是邦国,既非"天下"概念,也非"大国",在老子看来,小邦国乃是理想的国度,且有许多个这样的邦国相邻;在这样的邦国里面,人数稀少,人们完全过着素朴而自然惬意的生活,社会关系极为简单,所以尽管拥有各样的器物,却用不上;百姓因看重生死而不愿迁徙到别的地方去,也就是说百姓很在意自己的家园,对于充满不确定性的陌生的地方,不愿意冒险迁徙。

"虽有舟舆,无所乘之"句,是说虽然在这个国度里面,人们也创造出了舟车、甲兵等物质文明,但全然用不上,因为他们无须搭乘舟车出远门,也无须兵器攻打别国或保卫自身。他们宁愿过着一种更单纯的生活,甚至放弃数学,回复到结绳记事的原始状态。

"甘其食,美其服,安其居,乐其俗"句,这是一幅恬静祥和、知足满意、安居乐业的生活状态。他们吃的东西未必称得上美味佳肴,他们穿的服饰未必是世上最华丽的,他们的居处未必是高台楼榭,他们的习俗也未必称得上世上最先进文明的,但他们以此为甘甜、

---

① 任继愈《老子新译》:"马王堆甲本,'国'作'邦'。'小''寡',都是动词,使它小,使它寡。"(第232页)

② 《老子河上公章句》:"使民有部曲什伯,贵贱不相犯也。器谓农人之器。而不用者,不征召夺民良时也。"

③ 李荣《老子注》:"圣人理国用无为之道,所有军戎器械,或多或少,若伯若千,皆悉不用。"朱谦之引俞樾语:"按'什伯之器',乃兵器也。《后汉书·宣秉传》注曰:'军法,五人为伍,二五为什,则共为器物,故通谓生生之具为什物。'然则什伯之器犹言什物矣。"(第307页)

美丽、安宁、满意,这就是他们的幸福感。既然如此,他们还企求什么呢!

"邻国相望,鸡犬之声相闻,民至老死,不相往来",这是一幅邦国之间和睦相望的景象,邦国之间没有企图,没有算计与侵凌,自给自足,各安其分,各足其性,相互守望,但相互不来往。之所以不相往来,是因为无须往来。

老子似乎给我们出了一道难题,人到底要不要追求文明与进步?① 是过一种原始而自然简朴的社会生活,还是应该追逐永无止境的现代而时尚的生活? 这看起来是一个伪问题,因为人类总是在前进,文明总在不断翻新,没有人能够阻挡住历史前进的步伐,也没有人能够阻挡住人们追求方便、舒适、文明的生活。但是,其实又不是伪问题。人类文明进步是不是要保守住人的基本价值,人类的进步是否应该不忘自己的宗本,从何而来,又应当回复到出发点去,人在追求更方便、更舒适、更聪慧的同时,是否应当努力保持原本、自然和素朴,这可以说是人类的困境。解决这个困境的办法,不是单方面的选择非此即彼,而是亦此亦彼。只是老子是站在文化保守的立场看待这些问题而已。老子的春秋时代,早已是礼崩乐坏、社会动荡,老子并非看不见文明与进步给人类带来的好处与方便,但他说这些似乎有违常理的话,目的是要把话说到极致,对文明与进步保持警醒! 况且,老子所描绘的自然社会景象,总是给人一个追往抚昔、保持人的真性的念想。这才是其意思所在。

---

① 陈鼓应《老子注译及评介》引冯友兰《中国哲学史新编》的评语:"老子第八十章描绘了它的理想社会的情况。从表面上看起来,这好像是一个很原始的社会,其实也不尽然。……老子认为,这是'至治之极'。这并不是一个原始社会,用《老子》的表达方式,应该说是知其文明,守其素朴。老子认为,对于一般所谓文明,它的理想社会并不是为之而不能,而是能之而不为。"(第345页)

道与德

# 道与德

道与德

# 上善若水

## 第八章

上善若水。水善利万物而不争,处众人之所恶,故几于道。居善地,心善渊,与善仁,言善信,正善治,事善能,动善时。夫唯不争,故无尤。①

[译文] 最高的善像水那样。水善于有利万物而不与之相争,处在众人都不愿处的地方,所以最接近于道。居住善于选择卑下的地方,心地善于保持沉静,交友善于仁慈相待,言论善于表达信义,为政善于治理,做事善于发挥所长,行动善于把握时机。正是由于不与万物相争,所以没有过咎。

[释文] "上善若水",老子及道家是很讲求善与德性的,这里说的善良就是一种德性,最高的善良是像水一样的德性。德性本是涵养出来的,如果说人性本初有一种善良的话,依照孟子的观点,那

---

① 河上本与王弼本同。傅奕本写为:"故几于道矣""政善治""夫惟不争,故无尤矣"。帛书本写为:"上善如水""水善利万物而有(争)""予善天,言善信,政善治"。

也只是一种善端,人性的完善也要经过涵养操存的,希腊人也认为,德性的形成建立在三个基础上:先天品性、习惯和教养。这大概是一个普遍接受的观点。老子在这里一开始就提出了一个水德的要求,但是,德性既然是人的修养结果,水德何以成为一种德性,就是一个问题。其实,老子说的水德,指的是水的品性,并不是修养之德。借水的品性来喻人的品德,此为老子用意。

"水善利万物而不争,处众人之所恶,故几于道",意谓在万物当中,水总是容让他物,不与之争先后、论高低,却总能有利万物。通常说,水是生命之源,水是利他的,没有自身的利益。水总是选择处身于众人所厌恶的地方,这里运用的也是借喻的方式,以此来比喻人的高尚品格。什么是众人所厌恶的地方呢?比如处在少数人的位置,处在卑下、柔弱、委屈的位置,而不是高贵、刚强与光鲜的位置。正是由于如此,水的品性最接近于道。① 这么说,道的要求就是如此的了。《庄子·大宗师》中有一段描写"真人"的文字,其中说道:

古代的真人,不违逆自己所处的少数人的位置,不以自己的成功而逞强,不用心谋事情。如此,事情有了过错不会反悔,事情做得当了也不会得意。如此,登上高处不会感到战栗,进入水里不会打湿衣服,跳进火里也不会灼伤。像这样的人,我们知道他能够达到道的境界。②

"居善地,心善渊,与善仁,言善信,正善治,事善能,动善时"句

---

① 王弼《老子注》:"言水皆应于此道也。"
② 《庄子·大宗师》:"何谓真人?古之真人,不逆寡,不雄成,不谟士。若然者,过而弗悔,当而不自得也。若然者,登高不栗,入水不濡,入火不热,是知之能登假于道者也若此。"

是对上述水德善利万物而不争的详述。几个"善"字的运用,表明水的品格的一贯、通透与活脱。居处善于选择卑下之地,不愿意与他物争高;心地善于选择沉静敛藏,不至于恍徉波荡;与他物相交善以仁慈相待,而没有利益算计;言论善于流露出诚信道义,而不虚骄造作;为政善于治理国家,而不是为了要弄威权;①做事情则是机敏能干,而不拖沓懈怠;行动善于选择时机,而不轻举妄动。

"夫唯不争,故无尤",则把上述的种种品相结合起来说,就两个字:"不争"。何以不争而没有过咎呢?水由于没有自己的利益,所以,它总是给别人带来利益,它自己不争先、不争高、不争荣耀。依照老子和庄子的理念,得到了某些东西,同时也就意味着失去某些东西,如得到了权势,失去了亲情;得到了地位,失去了平凡;得到了金钱,失去了朋友;得到了显赫,失去了隐私;凡此等等。再说,得到了某些东西,反而容易走向相反,就像祸福相依的道理一样,如俗语"爬得越高,跌得越重"。而水德从不得到什么,它也就不会有过咎了。

---

① "正""政"通用,朱谦之《老子校释》:"作'政'是也。"(第32页)

# 宽容与公平

## 第十六章

致虚极,守静笃。万物并作,吾以观复。夫物芸芸,各复归其根。归根曰静,是谓复命。复命曰常,知常曰明。不知常,妄作凶。知常容,容乃公,公乃王,王乃天,天乃道,道乃久,没身不殆。①

[译文] 努力地达到清虚,笃诚地守持清静。万物都在生长发育,我以此来观察它们的回复。万物纷纭,各自都回归到他们的本根。归根叫作清静,这也称为回复本命。回复本命叫作恒常,而了解了恒常就叫作明智。不了解恒常,肆意作为就叫作凶险。了解了

---

① 河上本与王弼本基本同,只"吾以观复"中多一个"其"字。傅奕本写为:"守靖笃","凡物纭纭,各归其根","归根曰靖,靖曰复命"。帛书本写为:"至虚极也,守静督也","天物魂魂,各复归于其根","曰静。静,是谓复命","复命,常也。知常,明也。""不知常,妄,妄作凶。""道乃。"劳健《老子古本考》认为"公乃王"的"王"字,应该是"全"字之伪,"按《庄子·天地篇》云:'执道者德全,德全者形全,形全者神全,神全者,圣人之道也。'此二句'王'字盖即'全'字之伪。'公乃全,全乃天','全'、'天'二字为韵。王弼注云'周普',是也。"

恒常,所以才会包容;了解了包容,所以才会公平;了解了公平,才可以称王;称得了王,才可以像天地那样;像天地那样,才能够得道;得了道,才能够长久,从而终身不危殆。

[释文] "致虚极,守静笃",这原本是一个人修养的论断,意谓修养应当使自己内心达到清虚与清静,没有尘染,如此还要守持住自己的清虚与清静。① 但由此引申出个人的德性,因为德性是修出来的,而内心的清虚与清静是所有德性修养的前提,有了清虚与清静,才可能有涵养与操存。俗语"见风使舵""随波逐流""同流合污"等等,皆属内心躁动不定,缺少沉淀与操守。只不过,老子所说的作为德性修养前提,有别于世俗社会所说的德性修养,他要求一种天地精神的追求,把天地精神作为自己的德性修养。

"万物并作,吾以观复。夫物芸芸,各复归其根",这是说天下万物都在自我生长发育、成长成熟,我却要从中观察到其中的规则与规律,即都要还复到原来的地方,就像万物从种子开始,发芽、生长、开花、结果一样,回复到原初的状态,它们没有变成别的什么东西。② 植物、生物的变异不是正常的状态,当作另类看待,世上的事情大多属于正常,如果都变成了另类,那么这个世界就变得不可理解了。"吾"之所以可以"观复",在于物自己会回复到原初状态,而"吾"正好以虚静观万物之动。③ "夫物芸芸",指事物形形色色,各个不同,但无论如何不同,却都要回复到原初的状态,这就是后面所说的"常"。老子所说的"物",是一个泛意的,既是指事物,也指人。

---

① 《老子河上公章句》:"得道之人,捐情去欲,五内清净,至于虚极也。"
② 《老子河上公章句》:"言吾以观见万物,无不皆归其本也,人当念重其本也。"
③ 王弼《老子注》:"以虚静观其反复。凡有起于虚,动起于静,故万物虽并动作,卒复归于虚静,是物之极笃也。"

俗语"打回原形",以及"出来混,都要还的",也说得是这个情形,只是有的是主动的,有的是被动的,无论主动或被动,都是要回归到原形的。

"归根曰静,是谓复命。复命曰常,知常曰明。不知常,妄作凶"这段,何以"归根曰静"?是说万物的本来状态是静,一切的变化都从静开始,经历了所有的生长发育、成长成熟过程,回到原初的静,这就是归根了。至于"复命","复"谓回复,也是完成,完成自己的本命与使命。是种子就是要发芽的,是金子就是要发光的,这是种子与金子的本命与使命。也就是说,万物自身的性质决定了它们将要走的路和将要经历的过程。《庄子·人间世》曾经说过,"子之爱亲,命也,不可解于心",意思是:您爱您的父母,这是您的命,是不可能从内心排解掉的。换句话,人爱自己的父母,这是没有条件的,因为这是你的本命与使命。《易传》说"穷理尽性以至于命",也是说"命"乃是"穷理尽性"的归根处。"常"是规则、规律,是恒常的道理,把握这个规则与规律,了解这个恒常的道理,才算是明智的。这个恒常的道理,也就是"道"。反之,如果没有把握这个道理,而一味行动、作为,可谓"盲动""莽撞",结果只能是凶险的。认知与行动始终是一个对子,虽然说两者不可偏废,无论行动力如何重要,通过认知而把握规则与规律总是显得更重要一些。

"知常容",意谓能够知道恒常之道,就能够无所不包容。① 这里的"容",就是包容、宽容的意思。既包括容纳不同的东西、不同的人和阶层、不同的意见,也包括宽谅、宽容别人的过失、冒犯与批评。通常意义上,我们说某人懂道理,就意味着称赞这人比较能够宽谅

---

① 《老子河上公章句》:"能知道之所常行,则能去情忘欲,无所不包容也。"王弼《老子注》:"无所不包通也。"林希逸《道德真经口义》:"知常则其心与天地同大,何物不容?"

别人,如是,懂道理是宽谅的前提。而要作为一种德性修养,一种人生态度,要做到彻底、通透的包容与宽容,就需要懂得恒常的道理,也就是根本的道理。懂得多少,心胸就有多大,当心胸如天地时,还有什么东西容纳不下的!这甚至与我们寻常所说的懂得知识多少不尽相同,懂得知识是懂得道理的必要条件,却非充分必要条件,即我们可能富有知识,却未见得懂得了与知识相称的道理,这就是老子第四十八章所说的"为学日益,为道日损",为学与为道是不同的。这就不难理解有人学富五车,却遇事依然褊狭、自私,因为他没有从学的知识中领悟道理,也没有将这种道理变成自己的德性修养。

在这个方面,《庄子》有透彻的理解,《秋水》篇中说到了"秋水时至,百川灌河",作为河神的河伯,"以为天下之美尽在于己",于是顺河而下,当他来到北海,看到无边无际的大海,才知道自己很渺小,开始反省自己,北海的海神若借势给他讲了一个"井蛙不可以语于海""夏虫不可语于冰""曲士不可语于道"的道理,并拿自己来说,尽管看起来能够海纳百川,其实在天地之间,也不过如同小石、小木在泰山之间。由此,海神若讲出一个如何观天地的观点:"以道观之,物无贵贱;以物观之,自贵而相贱;以俗观之,贵贱不在己;以差观之,因其所大而大之,则万物莫不大;因其所小而小之,万物莫不小。"同一个世界,不同的见识,不同的心胸,不同的立场,会观出不同的结果。其中的"以道观之",就是以道的眼光看,贵贱、大小等等皆在其胸次之内,所谓包容、宽容皆为应有之义。《庄子·天下》引老子的话说道:"常宽容于物,不削于人,可谓至极。"

"容乃公",宽容才会做到公平,这个"公"字,或解为公平,或解为公正、公道,两者意思相近,细分起来略有异趣,公平更多指向人与人之间的平等,公正更多指向作为道理上的没有私心的正义。①为何公平需要宽容呢? 无论是公平,还是公正、公道,都是"公"字在先,也就是与"私"相对应的共同的、公共的、公认的。一个欲念私心重的人,一个只讲自己的道理、不讲公众道理的人,一个怀揣着个人或集团利益的算盘的人,一个心胸褊狭的人,难以想象他能做出公平与公正的事情来,所以,公平、公正是以宽容、包容作为前提的。公平、公正还包括做正确的判断、做正确的事情,同样地,也是要以宽容、包容为前提。私心私欲遮蔽了人的智慧,偏执褊狭阻碍了对事情的全面了解,集团利益则会令人缺乏公正判断,这些却都与人的容量、见识相关,庄子有一句话说得贴切:"其嗜欲深者,其天机浅。"

"公平"作为一种德性修养,为老子、庄子所主张。庄子在《德充符》中提出了一个"止水之德":"人莫鉴于流水而鉴于止水。"意思是人都是以静止的水作为自己的镜子,而不会用流动的水作为自己的镜子。因为静止的水,它公平、客观,不会受人的爱恶而有意将人照丑了,或照漂亮了,所以,人都是用它来作为万事万物的标准。在万物当中,庄子举出了两种类似的情形,一个是松柏,因为它们四季常青,不受季节变化的干扰;一个是尧舜,因为他们没有私心私利,端正公平,把天子之位传给了贤明公正的人,而没有传给自己的子孙。②《吕氏春秋》也曾论及公平问题:"昔先圣王之治天下也必先

---

① 王弼《老子注》:"无所不包通,则乃至于荡然公平也。"《老子河上公章句》:"无所不包容,则公正无私,众邪莫当。"成玄英《老子疏》:"公平也。既能包容庶物,所以公正无私。"唐玄宗《御注道德经》:"含容应物,应物无心,既无私邪,故为公正也。"林希逸《道德真经口义》:"知常则其心与天地同大,何物不容? 既能容矣,何事不公?"

② 《庄子·德充符》:"仲尼曰:'人莫鉴于流水而鉴于止水。唯止能止众止。受命于地,唯松柏独也正,在冬季青青;受命于天,唯尧舜也正,在万物之首。幸能正生,以正众生。'"

公,公则天下平矣。平得于公。"①不过,是把"公"与"平"分开来说的,意思是古代圣王得到天下,必须先要公正,公正才能平等和谐,并且认为,平等是出于公正的,而公正又是出于"道"的。② 这与老子意思相合,公平出自宽容,宽容出自得道。只不过,老子是从德性方面去说,《吕氏春秋》是从社会正义与社会公平方面去说。

在战国时候,荀子和韩非子也谈及过社会公平问题,不过,他们都是从律法的方面谈论公平问题。荀子说:"故公平者,职之衡也,中和者,听之绳也。有其法者以法行,无其法者以类举,听之尽也。"③荀子认为,公平就是一杆衡量社会的秤,而法的本意就应当是实现社会公平。韩非子说:"饬令则法不迁,法平则吏无奸。"④意谓法律要是公平了,就不会产生官吏的奸诈行为。他认为,社会的公平与不公平,不在于执法的人,而在于法律的权威和法度的分明,"暴者守愿,邪者反正,大勇愿,巨盗贞,则天下公平,而齐民之情正也"⑤。

"公乃王,王乃天,天乃道,道乃久,没身不殆"句,有了公平,才可以做王;有资格做得了王,才可以称为如天如地;如天如地,才可以得道;得了道,才可长久;慎终如始地守持住道,就可以终身没有危殆了。这里说的有了公平,是说社会实现了公平;而实现了社会

---

① 《吕氏春秋·贵公》,又说:"尝试观于《上志》,有得天下者众矣,其得之必以公,其失之必以偏。"
② 《吕氏春秋·大乐》:"天下太平,万物安宁,皆化其上,乐乃可成。成乐有具,必节嗜欲,嗜欲不辟,乐乃可务。务乐有术,必由平出。平出于公,公出于道,故惟得道之人,其可与言乐乎!"
③ 《荀子·王制》。
④ 《韩非子·饬令》。
⑤ 《韩非子·守道》。

公平的领导人才是令人膺服的,所以称为"王";①这里所说的"天",指像天地一样,就是与天地同德,也就是像天地那样普遍。②"知常容,容乃公",说的是个人修养及其德性问题;从"公乃王"到"天乃道",说的是国家与天下大治的问题;但"道乃久,没身不殆",则又说到人自身修养问题。这个回合论述表明,治身与治国的一致性,修得了身,才能治得了国,治得了国,还是要回复到生命本身的存在意义上去。③

---

① 《老子河上公章句》:"公正无私,则可以为天下王。"王弼《老子注》:"荡然公平,则乃至于无所不周普也。"

② 王弼《老子注》:"无所不周普,则乃至于同乎天也。"《老子河上公章句》:"能王,德合神明,乃与天通。德与天通,则与道合同也。"与王弼略异,河上公认为"王乃天"主要是讲与天相同。

③ 《老子河上公章句》:"能公、能王、通天、合道,四者纯备,道德弘远,无殃无咎,乃与天地俱没,终不危殆也。"

## 大道与仁义

## 第十八章

大道废,有仁义;智慧出,有大伪;六亲不和,有孝慈;国家昏乱,有忠臣。①

[译文] 大道废弛之后,才有了仁义;聪明智慧出现了,才有了严重的虚伪;家庭不和谐了,才有了孝慈;国家陷于昏乱了,才有所谓忠臣。

[释文] "大道废,有仁义",傅奕本写为"焉有仁义",帛书、竹简本写为"安有仁义","焉""安"相通,作为疑问词,是"哪里""怎么"的意思;不过,这两个词又都有连词的意思,表"于是""则""乃"的意思。这里用的就是连词的作用。这里采取王弼的通行本,中间少了"安"字,却于文意不损。依照老子的意思,"仁义"等德性规范,是在

---

① 傅奕本写为:"大道废,焉有仁义。智慧出,焉有大伪。六亲不和,有孝慈。国家昏乱,有贞臣。"帛书本写为:"故大道废,安有仁义。智慧出,安有大伪。六亲不和,安有慈孝。国家昏乱,安有贞臣。"竹简本不齐,写为:"故大道废,安有仁义。六亲不和,安有慈孝。邦有昏□,安有正臣。"

大道沦丧之后才兴起的,①所以,在第三十八章里,老子说"失道而后德,失德而后仁,失仁而后义,失义而后礼"。"仁义"等德性是为了补救道德的缺失才兴起的,而如果大道流行的话,是不需要仁义等德性的。②《庄子·天运》中,描述了孔子见到老子之后谈起仁义道德问题的一段对话,孔子向老聃谈起了仁义,听完了孔子的话,老聃这才说道:

"那扬起来的糟糠要是钻入人的眼睛,东南西北四方都分不清了;蚊虻叮了皮肤,通宵都难以入眠了。那仁义的结果之惨毒,令人烦闷,没有比这东西更能扰乱人心的了。我的先生啊,您要是能够使天下人不失去朴质的本性,那么您也就可以随风而动,掌持天德而自立了!又何必急急忙忙地四处奔走鼓吹仁义,就像击打着背负的大鼓,去追赶逃跑的人!那鹤不用每天洗澡也是白的,乌鸦不用每天涂染也是黑的。黑白的质朴,乃是它们的本性,不能强使其改变;名誉的外观(暗喻仁义),看起来华丽,却不足以称广大。"③

这段话虽然是庄子所设定的孔子与老子的对话,未必真实,但对话反映了道家对于儒家仁义等德性的看法,即素质的本性应该是

---

① 王弼《老子注》:"失无为之事,更以施慧立善,道进物也。"《老子河上公章句》:"大道之时,家有孝子,国有忠信,则仁义不见也。大道废,恶逆生,乃有仁义,可传道也。"

② 陈鼓应引冯友兰语:"'大道废,有仁义',这并不是说,人可以不仁不义,只是说,在'大道'之中,人自然仁义,那是真仁义。至于由学习、训练得来的仁义,那就有模拟的成分,同自然而有的真仁义比较起来它就差一点次一级了。《老子》说:'上德不德,是以有德',就是这个意思。"(《老子注译及评介》,第132页)《淮南子·本经训》:"知道德,然后知仁义之不足行也;知仁义,然后知礼乐之不足脩也。"(《诸子集成》第七册,北京:中华书局2006年版,第116页)

③ 《庄子·天运》:"孔子见老聃而语仁义。老聃曰:'夫播糠眯目,则天地四方易位矣;蚊虻噆肤,则通昔不寐矣。夫仁义惨然,乃愤吾心,乱莫大焉。吾子使天下无失其朴,吾子亦放风而动,总德而立矣!又奚杰杰然若负建鼓而求亡子者邪!夫鹄不日浴而白,乌不日黔而黑。黑白之朴,不足以为辩;名誉之观,不足以为广。'"

总德、天德,是第一德性,仁义属于具体的德,是第二德性。第二德性需要建立在朴质的第一德性基础上,否则便不是有效的,如同人都不素朴诚实了,那仁义也无补于世。由于老子与孔子的关系是历史的悬案,所以,老子的话未必是针对儒家说的,至少可以肯定是针对周朝的德性论而说的,因为仁义并非孔子的发明,在周朝已经是基本的伦理概念,但是经孔子的阐明,仁、义的内涵丰富起来了,成了儒家伦理的核心概念。

"智慧出,有大伪"①,老子反对玩弄智巧的态度是一贯的,第六十五章所说"民之难治,以其智多",也是这个意思。王弼认为,人们运用智慧,想尽办法,以察奸伪,结果人们为了躲避这种监察,会使出更高明的办法应对,"智慧"就指这种监察,"大伪"则指更高明的办法。② 这不失为一种合理的理解,不过,老子这句话当有另一层含义,"智慧"与"大伪"乃是孪生关系,"智慧"产生了,"大伪"也随之产生,如同"文明"与"不平等"的关系一样。有鉴于此,老子才要反复强调,应当回复到淳朴的自然状态,对文明与智慧,老子总是保持了警惕的态度。

"六亲不和,有慈孝",父母、夫妇、兄弟为六亲,老子这话字面的意思是,六亲不和睦了,就有了慈孝,意谓因为六亲不和睦了,慈孝就显示出来了。王弼以"美恶同门"来理解这句话是有意味的③,美

---

① 陈鼓应《老子注译及评介》依据郭店竹简本中无此句,将其删掉了,认为"'智慧出,有大伪'之衍出,当在战国中后期受到《庄子》后学中激烈派思想影响所致,妄增此句"(第132页)。

② 王弼《老子注》:"行术用明,以察奸伪,趣睹形见,物知避之。故智慧出则大伪生也。"

③ 王弼《老子注》:"甚美之名,生于大恶,所谓美恶同门。六亲,父子、兄弟、夫妇也。若六亲自和,国家自治,则孝慈、忠臣不知其所在矣。鱼相忘于江湖之道,则相濡之德生也。"

丑、善恶乃是一物的两面,"天下皆知美之为美,斯恶矣;天下皆知善之为善,斯不善矣"(第二章),皆在对比中显示出来了。"六亲不和",将无慈无孝,恰在无慈无孝中,有了慈孝的行为,如果六亲都和睦了,我们就看不到慈孝了,正是因为不和睦,我们能够看到慈孝。这或许有两种对比,一是与自身对比,二是与他人对比,如同我们看到的都是美,也就无所谓美了,只在与丑的对比中我们才会欣赏到美一样。

"国家昏乱,有忠臣"是说在和平时期,政通人和,不容易分辨忠臣与奸臣,只有在国家陷入昏乱的时候,才能够看到什么样的人是忠臣与奸臣。和平时期所有的臣子都没有经历考验,看起来都是忠臣;动乱时期的考验,使得臣子们不得不做出两极的选择,或者挺身而出,或者苟且偷生,现出真面目。唐太宗曾经反复说的一句话也如是:"疾风知劲草,板荡识诚臣。"

道者同于道

## 道者同于道

## 第二十三章

　　希言自然。故飘风不终朝,骤雨不终日。孰为此者?天地。天地尚不能久,而况于人乎?故从事于道者,同于道;德者,同于德;失者,同于失。同于道者,道亦乐得之;同于德者,德亦乐得之;同于失者,失亦乐得之。信不足焉,有不信焉。①

　　[译文]　少言是合乎自然的。所以,狂风不会吹整个的早上,骤雨也不会下一整天。谁使之如此的呢?天地。天地的力量尚且不能持久,又何况人呢!所以,追求道的人,他也就与道相同;追求德的人,也就与德相同;寻求失的人,也就与失相同。与道相同的

---

①　河上本、王弼本同。这里采取河、王本,河、王本中"故从事于道者,道者同于道",后一个"道者"为衍文,故据帛书本"故从事于道者同于道",去掉了河上公、王弼本中的多余的"道者"两字。傅奕本写为:"稀言自然。故飘风不崇朝,骤雨不崇日""孰为此者?天地也""从事于得者,得者同于得""于道者,道亦得之""于得者,得亦得之""于失者,失亦得之""信不足,焉有不信"。帛书本写为:"飘风不终朝,暴雨不终日""孰为此?天地""而弗能久,又况于人乎""故从事于道者同于道""得者同于得,失者同于失""同于得者,道亦得之;同于失者,道亦失之"。

人,道也乐于得到他;与德相同的人,德也就乐于得到他;与失相同的人,失也就乐于得到他。信义有缺失,就会有不讲信义的事情发生。

[释文] "希言自然"的"希言",有的理解为平淡无味、"不足听之言",如十四章说"听之不闻名曰希"①;有的理解为"少言",如第五章说"多言数穷,不如守中",多言必有失真,少言反而合于道②;有的理解为"忘言",修道之人应当悟道而忘言,不可执滞言而妨碍了悟道,如同筌蹄与鱼兔的关系,得鱼忘筌,得兔忘蹄。③ 上述三种理解都符合《老子》书的思想逻辑。还有一种理解建立在第二种理解之上,"希言"为"少声教法令之治",即不施加政令,因为政令烦苛是不合于自然的。④ 以上理解皆通,圣人之言通常一语多义,皆一事喻多重道理,就看读者从哪个方面去理解了。不过,笔者完全赞同最后的这种理解,毕竟这一章的"希言"与第二章的"多言"恰好形成一个对子,"多言"不合于自然之道,"希言"才合乎自然之道。

"故飘风不终朝,骤雨不终日。孰为此者?天地。天地尚不能

---

① 王弼《老子注》:"听之不闻名曰希。下章言'道之出言,淡兮其无味也,视之不足见,听之不足闻'。然则无味不足听之言,乃是自然之至言也。"
② 李荣《老子注》:"希,少也。多言数穷,少言合道,故曰自然。道则非空非有,理亦非少非多,欲明多言而失真,故少言而合道。"
③ 唐玄宗《御疏道德经》:"此明言教不可执滞也,希言者,忘言也。夫言者在理,执滞非悟教之人。理必因言,都忘失求悟之渐,则明因言以诠理,不可都忘,悟理则言忘,故云希尔。若能因彼言教,悟证精微,不滞筌蹄,则合于自然矣。故云希言自然也。"吴澄《道德真经注》:"听之不闻曰希。希言,无言也。得道者忘言,因其自然而已。"
④ 蒋锡昌《老子校诂》:"'多言'者,多声教法令之治;'希言'者,少声教法令之治;故一即有为,一即无为也。"(北京:商务印书馆,1937年版影印,第156页)陈鼓应《老子注译及评价》认同蒋锡昌的看法:"'希言'是合于自然的,和五章'多言数穷'成一个对比。'多言'(政令烦苛)是不合于自然的。'希言'和二章'行不言之教'的'不言',意义相同。"(第153页)

久,而况于人乎"句,狂风、骤雨皆为暴戾行为,损伤自然之物,非自然之常,它们却属于天地所为,但是,即便是天地所为,也不可以持久。又何况于人呢?① 隐喻人间采取恐怖、暴政之不可能持久。天地在经历狂风暴雨之后,会很快回复风和日丽的自然常态;恐怖、暴政也就像狂风、暴雨来得快、去得也快,不可能长久地主宰人间社会。② 由此类推,下文才说应当修养道德,讲信修睦。当然,也有论者这段话是接"希言自然",飘风骤雨喻为"轻躁发言",反自然之常。③

"故从事于道者,同于道;德者,同于德;失者,同于失。同于道者,道亦乐得之;同于德者,德亦乐得之;同于失者,失亦乐得之"句,追求道的人,是要得道,而得道其实就是与道相同,也就是与道同一;追求德的人,是要与德相同、与德同一;④追求"失"的人,其实也是要同失相同,相同一。⑤ 这里的"德"字,傅奕本和帛书本皆写作"得",即"得者同于得",得、德通用,⑥ "德"可以解释为"得",只是

---

① 《老子河上公章句》:"飘风,疾风也。骤雨,暴雨也。言疾不能长,暴不能久也。"王弼《老子注》:"言暴疾美兴不长也。"

② 陈鼓应《老子注译及评介》引王淮注:"'飘风'以喻暴政之号令天下,宪令法禁是也。""'骤雨'以喻暴政之鞭策百姓,赋税劳役是也。"(第154页)

③ 吴澄《道德真经注》:"不因其自然而轻躁发言,譬如天地之飘风骤雨,皆反自然之常而为怪变者也。天地反自然之常,其为怪变尚不能久,不及终朝终日而止,况人而不因自然可乎?"

④ 《老子河上公章句》:"道者,谓好道之人也。同于道者,所谓与道同。德者,谓好德之人也。同于德者,所谓与德同也。"王弼《老子注》:"与道同体,故曰'同于道'。"

⑤ 严复《老子道德经评点》:"道者同道,德者同德,失者同失,皆主客观之同物相感者。"

⑥ 王弼《老子注》将"德"解释为"得":"得,少也。少则得,故曰得也。行得则与得同体,故曰'同于得也'。"在第三十八章注中,也是将"德"释为"得":"德者,得也。"任继愈《老子新译》:"'德'与'得'古通用。这里的'德者同于德,失者同于失'有双关的意义。老子是说求'德'的人就可以得到'德'。"(第110页)

德、得通用的时候,"得"就是"德",作为动词使用的"得"则与"德"不同,"德"是德性,"得"是得到。"失"字,有的解释为"任己失人"①,有的解释为"累多",即负累②,有的解释为"失道"③,有的解释为"庸下之人"④。我以为,以上数种,除"失道""失德"这一解释较为合理外,其他几种皆甚不合适,因为"失"是相对于"道"与"德"而言的,即"失者"应当与道、德有关,且与道、德之义相反。但是,如果于道、于德无所得,何以有"失"呢?所以,"失"表达的应该是与追求道德相反的行为,无论是否有道德,"失者"都是在丧失,丧失已有的东西,丧失为人的底线,也就是说,即便丧尽天良的人,他天生不一定是那么坏,而是由于不断地"失"去了某些东西与为人的底线,才成为那个样子的。

"同于道者,道亦乐得之;同于德者,德亦乐得之;同于失者,失亦乐得之"句,论家大多认为,这是同者相应的关系。⑤《易·乾》:"同声相应,同气相求。水流湿,火就燥。"同类型的事物会产生聚合力。只不过,这里的道、德及其失,皆担当了主动者的角色,其实,这里的"道""德"和"失",都是道者、德者、失者的意思。依照老子和庄子的思想,道乃是一个造物者,是有情信的,造物者造物是一个主动的过程,同样,它接受或不接受他物,也是一个主动的过程。

---

① 《老子河上公章句》:"失谓任己失人也。同于失者,所谓与失同也。"
② 王弼《老子注》:"失,累多也。累多则失。故曰'失'也。行失则与失同体,故曰'同于失'也。"
③ 成玄英《老子疏》:"失者犹失道也,故西升云:宿世不学问,今复愈失邻也。"
④ 吴澄《道德真经注》:"庸下之人,所为不能无失者也。"
⑤ 《老子河上公章句》:"此言物类相归,同声相应,云从龙,风从虎,水流湿,火就躁,自然之类也。"王弼《老子注》:"言随其所行,故同而应之。"严君平《道德经指归》:"事从于道,道从于事;事从于德,德从于事;事从于失,失从于事。"唐玄宗《御疏道德经》:"此明气同则应也。"

"信不足焉，有不信焉"，这句话在第十七章里已经出现过了，论者有认为是"错简重出"，所以将其从此章删去。① 但此句并非与此章无关联，不排除老子反复强调之意，且在第十七章与此章的语境有别，故意思也有区别。信与不信是信义问题，但信义需要以道德去保证，有了道德修养，自然有信义；无道德修养，自然无信义。故而，信义不足的地方，就会有不讲信义的事情发生。

　　此章提出了道与德的问题，并有了道、德的序次，但是并没有就此进一步论述，此一问题应该是在第三十八章正面论述了。

---

① 陈鼓应《老子注译及评介》引述卢育三说："'马叙伦、奚侗说，此句已见十七章，这里重出，盖错简所致，且与上文不相应，当删。陈柱、高亨、朱谦之从其说。帛书《老子》甲乙本均无此句，然它本均有，细究此章旨意，有此一句亦可说通。谓'信不足'，指失于道，违背'希言自然'，实行'多言'、'有为'的政治，这与人事之飘风骤雨不能长久，正相应。"（第154、155页）

知雄守雌（知白守辱）

## 知雄守雌

## 第二十八章

知其雄,守其雌,为天下溪。为天下溪,常德不离,复归于婴儿。知其白,[守其黑,为天下式。为天下式,常德不忒,复归于无极。知其荣,]守其辱,为天下谷。为天下谷,常德乃足,复归于朴。朴散则为器,圣人用之,则为官长,故大制不割。①

[译文] 知道什么是雄刚,但坚守其雌柔,成为天下之深溪。作为天下之深溪,所以恒常的德性才不离于己,最后回复到婴儿状态。知道什么是光彩,但坚守其暗昧,成为天下的模则。作为天下

---

① 河上本、王弼本同。傅奕本写为:"圣人用之则为宫长","大制无割"。帛书本写为:"恒德不贷","恒德不离,复归婴儿","知其白,守其辱,为天下谷","为天下谷,恒德乃足","恒德乃足,复归于朴","知其白,守其黑,为天下式","为天下式,恒德不忒","恒德不忒,复归于无极","夫大制无割"。由于《庄子·天下》引《老子》文"知其雄,守其雌,为天下溪。知其白,守其辱,为天下谷",易顺鼎认为这是老子的原文,马叙伦、高亨等认同此一看法,高亨《老子正诂》认为,"其'守其黑,为天下式。为天下式,常德不忒,复归于无极。知其荣'二十三字,后人所加也。"(第 65 页)张松如、陈鼓应等也从其说。这里遵从此说,将二十三字括起来,不予解释。

的模则，所以恒常的德性不出现差错，最后回复到无极。知道什么是荣光，但坚守其屈辱，成为天下的川谷。作为天下的川谷，所以恒常的德性充足，最后复归于朴质。朴质破坏了，被制作成为器物，圣人使用它们，如此有了官长，所以，真正大道制御天下是不会割宰的。

[释文] "知其雄，守其雌，为天下溪"，雄刚为先为高，雌柔为后为卑，明明知道为先为高的好处，却还是坚守其为后为卑的地位，作为天下之深溪，也就是天下姿态最低者。① 这就不仅仅是与人不争了，而是有意采取的姿态。然而，"溪不求物，而物自归之"②，如同水就低处流一样，深溪也就成为天下溪流所归往之地了。

"为天下溪，常德不离，复归于婴儿"，为天下之深溪，就其本身来说，乃是有意采取的低姿态，由于不争先，不处尊显，所以能够守持住恒常的德性而不离于身，长期修持不懈，最后回复到婴儿一般的状态，无知无识，无先无后，无尊无卑，婴儿不用智，但有"自然之智"。

"知其白，[守其黑，为天下式。为天下式，常德不忒，复归于无极。知其荣，]守其辱，为天下谷。为天下谷，常德乃足，复归于朴"，"白"是光亮彩鲜，引身为昭昭、显赫，["黑"是暗昧不彰，引申为默默、无闻。③ "式"为模则、楷式与法式。④ 却依然守持暗昧无知、默

---

① 《老子河上公章句》："雄以喻尊，雌以喻卑。人虽自知其显著，当复守之以卑微，去雄之强梁，就雌之柔和。如是，则天下归之，如水流入深溪也。"
② 王弼《老子注》："雄，先之属；雌，后之属也。知为天下之先者必后也，是以圣人后其身而身先也。溪不求物，而物自归之。婴儿不用智，而合自然之智。"
③ 《老子河上公章句》："白以喻昭昭，黑以喻默默。人虽自知，昭昭明达，当复守之以默默，如暗昧无所见，如是，则可为天下法式。"
④ 王弼《老子注》："式，模则也。"

默无闻,以此作为天下的法式。]"辱"是卑辱、污浊。明知可以昭昭明达、显赫光彩,却依然坚守卑辱、污浊,作为天下之川谷。① 天下之深溪与天下之川谷,意思切近,皆欲说明修道者主动选择卑下之地。守持此恒常的德行不懈怠,这个恒常的德性就会充足,并最终回复到质朴的状态。"婴儿"与"朴",皆为人的原初状态,老子说"复归于婴儿""复归于朴",并非说回复到婴儿、质朴,而是说回复到婴儿、质朴那样的状态。老子用了"常德不离""常德乃足",都是说应当坚守德性的修养,努力使"常德"不离于身,使"常德"充盈,可见"婴儿""质朴"那样的德性是修养出来的,不修养不算是德性。什么才是"常德"呢?从字义上看,就是恒常的德性,有人解释为"德常在"②,有人解释为"真常之德"③,这里从后者。

"朴散则为器,圣人用之,则为官长,故大制不割"句,万物之"朴",被破坏("散")之后,用来制作成各种的器物。这里只是一个借喻,以物质性的质朴之材变为具体可用的器物,表达人的质朴被破坏,从而打造成可用之工具。"圣人"在这个过程中所起的作用应当是,建立政治与法律制度,制礼作乐,树立行政官长,将天下治理成一个文明社会。不过,老子在最后提出了一个治理国家的政治理念:"大制不割"④。"制"谓制御,也可称为治理。⑤ "割"谓割裂,也

---

① 严复语:"今之用《老》者,只知有后一句,不知其命脉在前一句也。"此言甚当,如果只知守雌守弱,那是愚守,岂不知老子强调的是清楚刚强、显达的好处,却自愿守雌守弱,这是一个高超的智慧,也是修道者对于世间的一份容让与诚意。
② 《老子河上公章句》:"人能为天下法式,则德常在于己,不复差忒。"
③ 唐玄宗《御注道德经》:"雄者患于用壮,故知其雄,则当守其雌静谦德,物归是,为天下溪谷,则真常之德不离其身。"
④ 帛书本为"大制无割"。
⑤ 《老子河上公章句》:"圣人用之,则以大道制御天下,无所伤割。"蒋锡昌《老子校诂》:"'大制'犹云大治,'无割'犹云无治,盖无治,则可以使朴散以后之天下复归于朴;复归于朴,正乃圣人之大治也。"(北京:商务印书馆 1937 年版影印,第 192 页)

为伤害。① 苏辙在分析这段话的时候,认为圣人既归于朴,又散朴为器,这两个过程皆是因应社会发展变化之自然,或者说,圣人散朴为器也是不得已而为之,区别只在于,圣人制而无割。② 这与五十八章所说"方而不割",道理相同。依照这个理解,圣人既"朴散则为器",又"大制不割"。"大制不割"也可以理解为因物之自然,"以天下之心为心"③。

---

① 严君平《老子指归》注"方而不割":"不伤害。"高亨《老子正诂》:"大制因物之自然,故不割,各抱其朴而已。"(第67页)陈鼓应《老子注译及评介》:"完善的政治是不割裂的。"(第176页)

② 苏辙《道德真经注》:"圣人既归于朴,复散朴为器,以应万物,譬如人君分政以立官长,亦因其势之自然,虽制而非有所割裂也。"

③ 王弼《老子注》:"大制者,以天下心为心,故无割也。"

## 上德与下德

### 第三十八章

上德不德,是以有德;下德不失德,是以无德。上德无为而无以为;下德为之而有以为。上仁为之而无以为;上义为之而有以为。上礼为之而莫之应,则攘臂而扔之。故失道而后德,失德而后仁,失仁而后义,失义而后礼。夫礼者,忠信之薄,而乱之首。前识者,道之华,而愚之始。是以大丈夫处其厚,不居其薄;处其实,不居其华。故去彼取此。①

[译文] 上德不自名有德,所以是有德;下德自恃有德,所以是无德。上德无为,从而不表现它的作为;下德有为,从而表现出它的作为。上仁看起来有所为,但不表现它的作为;上义有为,也表现出

---

① 河上本与王弼本基本同,这里采取王弼本。河上公本写为:"则攘臂而仍之","不处其薄","不处其华"。傅奕本写为:"上德无为而无不为,下德为之而无以为","则攘臂而仍之","而乱之首也","而愚之始也","不处其薄","不处其华"。帛书本写少"下德为之而有以为"一句。此外,其他文字与王弼本基本同,只在"上德无为而无以为"至"上礼为之而莫之应",句末少语气词"也"字。

了它的作为；上礼有所为，但当得不到回应之时，就会撸起袖臂，强加拽牵。所以，道丧失了而后有了德，德丧失了然后有仁，仁丧失了然后有义，义丧失了然后有礼。礼这个东西，乃是忠信的衰薄，大乱的祸首。所谓先见之明，只是道的虚华，愚昧的开始。所以，大丈夫立身淳厚，而不处浇薄；心处实在，而不居虚华。所以选择前者而抛却后者。

[释文] "上德不德，是以有德；下德不失德，是以无德"，老子在此提出了一个"上德"与"下德"的区别。不名为德的才是"上德"，是真正的德；称为德的是"下德"，其实是无德。既然"下德"是无德，而"上德"又是不能说出来的，说出来的就不算是德，但是，凡是不能说出来的不能都叫作"德"吧，因为从老子的话语中，并不能得到肯定的界定，那么"德"是什么？王弼在注释这段话的时候，给出了一个界定："德者，得也。常得而无丧，利而无害，故以德为名焉。何以得德，由乎道也。"①意思是，德就是得到了某种东西，得到什么东西才算是"德"呢？得到了"道"，变成了自己的品性就是"德"了。在把得到的"道"变成自己的东西的过程中，需要自始至终地"常得而无丧，利而不害"，即从点滴开始，日积月累，修道证得，培植它而不有害于它，最终才能形成自己的德。王弼的理解一是说出了"德"的来源，二是说出了"德"是涵养出来的，这个理解是很合乎老子的思想逻辑的。《韩非子·解老》也提出了"上德"是"神不淫于外"，是涵养充足的"盛德"，意谓表现于外的"德"就不是"上德"了。②

---

① 王弼《老子注》。
② 《韩非子·解老》："德者内也。得者外也。上德不德，言其神不淫于外也，神不淫于外则身全，身全之谓得，得者得身也。凡德者，以无为集，以无欲成，以不思安，以不用固。为之欲之，则德无舍；德无舍则不全，用之思之则不固，不固则无功，无功则生有德，不德则有德，故曰：'上德不德，是以有德。'……德盛之谓上德，故曰'上德无为而无不为也'。"

"上德无为而无以为;下德为之而有以为"句,"上德"无为,其实是无不为,但它不表现出所为,故此,看起来是"无以为"——不作为;"下德"有作为,也表现出有所为了,但因为有所求、有所为,这样的"为"拥有"德"的名声,不免于过失、褊狭,所以为"下德"。王弼认为:"凡不能无为而为之者,皆下德也,仁义礼节是也。"① 即无为而为之者为"上德",有为而为之者皆为"下德",故而,仁义礼节皆属"下德"。

"上仁为之而无以为",韩非子说:"仁者,德之光也。"② 意谓仁乃是内修之德所发散出的光芒,即有了德,就会有仁。"上仁"与"上德"的做法有区别,"上仁为之",即"上仁"不能像"上德"那样"无为而成,不兴而治",还是有所作为了,只是它的结果如同"上德"一样是"无以为",即看不出作为,这种情形应该且只能理解为"上仁"无私心私欲,无亲疏远近,实现普遍广大的仁慈与博爱。③

"上义为之而有以为","义"字作为德性,在层级上低于"仁",它的基本意思应当指君臣、父子、夫妇、亲戚、朋友关系之"宜",韩非子说:"义者仁之事也。""义者谓其宜也。"④ 也就是适宜、恰当之义。

---

① 王弼《老子注》:"是以上德之人,唯道是用,不德其德,无执无用,故能有德而无不为。不求而得,不为而成,故虽有德而无德名也。下德求而得之,为而成之,则立善以治物,故德名有焉。求而得之,必有失焉;为而成之,必有败焉。善名生,则有不善应焉。故下德为之而有以为也。无以为者,无所偏为也。凡不能无为而为之者,皆下德也,仁义礼节是也。"

② 《韩非子·解老》。

③ 同上:"仁者谓其中心欣然爱人也,其喜人之有福,而恶人之有祸也。生心之所不能已也,非求其报也。故曰'上仁为之而无以为也。'"韩注没有强调"仁"的私人性质,有博爱之意味。王弼《老子注》:"不能无为而成,不兴而治,则乃为之,故有宏普博施仁爱之者。而爱之无所偏私,故上仁为之而无以为也。"王注甚当。

④ 《韩非子·解老》:"义者,君臣上下之事,父子贵贱之差也,知交朋友之接也,亲疏内外之分也。臣事君宜,下怀上宜,子事父宜,贱敬贵宜,知交朋友之相助也宜,亲者内而疏者外宜。义者谓其宜也,宜而为之,故曰:'上义为之而有以为也'。"

儒家在解释"义"的时候,也是如此理解的。但王弼把"义"解释为一种含有正义内涵的"义理",所谓"有抑抗正直而义理之者"[1],则是一种创造性的概念转换,其义近乎现代意义上的道义或正义。无论是作为"宜",还是作为道义、正义,都是无法敛藏的行为,都要表现出来的担当,所以说"上义为之而有以为"。什么是"上义",也应当与"上仁"一样,是排除了私心私利、亲疏远近的"义",因为"义"的行为可以是为了公益,也可以是出于保护自身与自家的利益而为之。

"上礼为之而莫之应,则攘臂而扔之","礼"本是礼则、礼仪,是一种外在的行为规范,但其中包含着长幼、尊卑、贵贱等价值观念,相对于仁、义来说,它属于外层的修饰,韩非子认为,"礼者,义之文也"。礼只是"情貌者也",为质所饰的文采而已。"上礼",或许指礼法制度,不同于具体的礼则。[2] 而至美的质料毋须文饰也依然是美,只有不好的质料才需要文饰。[3] 既然礼只是外在东西,不足以感人,那么礼的实行未免强人所难,所以老子说"上礼为之而莫之应",即人们对此未必反应积极,推行者就会"攘臂而扔之"。"攘臂",即撸起袖子,伸出手臂,《庄子·人间世》:"上征武士,则支离攘臂于其间。""扔",河上公本写作"仍",这里指的是强加拽牵,意思为

---

[1] 王弼《老子注》:"爱不能兼,则有抑抗正直而义理之者。忿枉祐直,助彼攻此,物事而有以心为矣。故上义为之而有以为也。"
[2] 吴澄《道德真经注》:"上礼者,在礼之上义也。"
[3] 《韩非子·解老》:"礼为情貌者也,文为质饰者也。夫君子取情而去貌,好质而恶饰,夫恃貌而论情者,其情恶也,须饰而论质者,其质衰也。何以论之,不饰以五采;隋侯之珠,不饰以银黄。其质至美,物不足以饰之。夫物之待饰而后行者,其质不美也。是以父子之间,其礼朴而不明,故曰:礼薄也。"

勉强实行。①

"上德""下德""上仁""上义"和"上礼",因为表达的是人的行为,故此,又都可以解为上德、下德、上仁、上义、上礼之人,如《老子河上公章句》就是如此理解的。在王弼看来,尽管仁、义、礼有上下之分,作为一种德性,却都属于"下德"。在上德与仁、义、礼等下德之间,上德属于本,下德属于末,所谓"本在无为,母在无名。弃本舍母,而适其子,功虽大焉,必有不济;名虽美焉,伪亦必生"②。

"故失道而后德,失德而后仁,失仁而后义,失义而后礼"句,叙述的既是一个道、德、仁、义、礼的先后序次,也是一个价值关系。道是本原、本体,它是普遍的、流行的宇宙精神;德是得到了道,经历涵养,化为自己的品性,当道落实为德的时候,虽然德是落实的、具体的,但以丧失普遍性为代价;仁是德性的一种,它是内在的、慈爱的,但它无法排除私人性,可能丢失了德当中的质朴、公平等品性;义既然旨在处理君臣、父子、长幼、亲戚、朋友、贵贱、上下之间的关系与事,与仁相比,它属于辅助性质;至于礼,它只是维持上述关系的形式,更外在一些了。故此,由道至于礼,逐步地降落,逐步地落实,也逐步地外在化。③

---

① 《老子河上公章句》:"言礼烦多不可应,上下忿争,故攘臂相仍引。"王弼《老子注》:"直不能笃,则有游饰修文礼敬之者。尚好修敬,校责往来,则不对之间愤怒生焉。故上礼为之而莫之应,则攘臂而扔之。"林希逸《道德真经口义》:"'扔',引也。民不从强以手引之,强掣拽之也。只是形容强民之意,故曰'攘臂而扔之'。"吴澄《道德真经注》:"义不足以感人,故为之而莫之应,人不来就我,则我将往就人矣。故捋郤其袂于臂,以行而就之也,甚言其劳拙之状。"

② 王弼《老子注》。

③ 同上,"夫大之极也,其唯道乎!自此以往,岂足尊哉!故虽德盛业大,富有万物,犹各得其德,而未能自周也。故天不能为载,第不能为覆,人不能为瞻。万物虽贵,以无为用,不能舍无以为体也。舍无以为体,则失其为大矣。所谓失道而后德也。以无为用,则得其母,故能己不劳焉而物不理。下此以往,则失用之母。不能无为,而贵博施;不能博施,而贵正直;不能正直,而贵饰敬。所谓失德而后仁,失仁而后义,失义而后礼也"。

"夫礼者,忠信之薄,而乱之首",在道、德、仁、义、礼的道德序次中,礼是最外在的要求,尽管有一种说法,认为礼是通达人心的东西,但礼则的要求本来只是道、德、仁、义不足的时候,才强行对人提出了守礼的要求。依照王弼的观点,既然发于内心的仁、义都还有可能虚伪不实,又何况于依靠外饰之礼而能持久呢![1] 所以,礼是忠信的衰薄,而大乱之首。

"前识者,道之华,而愚之始"中的"前识者",谓先知先识,其实是自以为先知先识,将对于未知之事理的臆测,作为一种确定的知识。[2] 韩非子从知识的角度作了解释,并举一例:詹何坐于堂上,弟子立在一旁,正好有一条牛在外面鸣叫,弟子猜测,一定是一条黑牛,其额头是白色的。詹何肯定说:对,是一条黑牛,其角是白色的。然后叫人出去看,果然是一条黑牛,用白布裹住了角。这个事例会让许多人觉得眩惑,以为詹何有先见之明。然而,派一个愚钝的童子出去看一下,也完全会得出与詹何同样的结论。如此说来,詹何煞费苦心,也与愚钝童子所取得的见识没有两样,那么这样的先知先识,不是愚钝的开始吗?王弼则从政治哲学方面作了理解,认为善于治理国家的"圣人",不应当自作聪明,玩弄智巧,以为具有先见之明,其结果虽然获得了聪慧的名声,岂不知已经丧失了敦厚笃实,又"劳而事昏",如此"圣智"用得越多,愚害百姓越甚。不如"舍己任

---

[1] 《韩非子·解老》:"礼繁者实心衰也。然则为礼者,事通人之朴心者也。众人之为礼也,人应则轻欢,不应则责怨。今为礼者事通人之朴心,而资之以相责之分,能毋争乎?有争则乱,故曰:'夫礼者忠信之薄,而乱之首也。'"王弼《老子注》:"夫礼者,所始首于忠信不笃,通简不阳,责备于表,机微争制。夫仁义发于内,为之犹伪,况务外饰而可久乎! 故夫礼者,忠信之薄而乱之首也。"

[2] 《韩非子·解老》:"先物行先理动之谓前识。前识者无缘而忘(妄)意度也。"

物,无为而泰"①。应当说,老子的这句话起因是有关先知先识的,然而对于政治哲学的关切则是首尾一贯的,故此,王弼的理解不出题外。

"是以大丈夫处其厚,不居其薄;处其实,不居其华。故去彼取此"这段话是为了表明老子的价值观,选择淳厚与实在,放弃浇薄与虚华。这里的"大丈夫"既可指君子,也可指君主,在价值观的选择上并没有君子与君主之分。

---

① 王弼《老子注》:"前识者,前人而识也,即下德之伦也。竭其聪明以为前识,役其智力以营庶事,虽得其情,奸巧弥密,虽丰其誉,愈丧笃实。劳而事昏,务而治薉,虽竭圣智,而民愈害。舍己任物,而无为而泰。守夫素朴,则不顺典制。耽彼所获,弃此所守,故前识者,道之华而愚之首。"

道尊德贵

## 道尊德贵

## 第五十一章

道生之,德畜之,物形之,势成之。是以万物莫不尊道而贵德。道之尊,德之贵,夫莫之命而常自然。故道生之,德畜之。长之育之,亭之毒之,养之覆之。生而不有,为而不恃,长而不宰,是谓玄德。①

[译文] 道使万物产生,德使万物畜养,物使万物有形,势使万物长成。所以万物都要尊崇道、贵重德。道之所以被尊崇,德之所以被贵重,没有人命令如此,而是自然而然形成的。所以,道使万物产生,德使万物畜养,使之成长、发育,使之结果、成熟,使之养育、维护。生成万物却不据为己有,推动万物却不自恃有功,作万物的首长却不宰制,这就叫作玄德。

---

① 这里采取的是王弼本。河上本写为:"长之育之,成之孰之。"傅奕本写为:"夫莫之爵而常自然","长之育之,亭之毒之,蓋之覆之"。帛书本写为"物形之而器成之","是以万物尊道而贵德","道之尊也,德之贵也","夫莫之爵也,而恒自然也","道生之、畜之、长之、遂之、亭之、毒之、养之、覆□","□□弗有也,为而弗恃也,长而弗宰,是谓玄德"。

[释文] "道生之,德畜之,物形之,势成之",道生万物,这是老子的基本的思想,道是宇宙的总根源。德是作为宇宙精神的道的具体与落实,得了道,养成自己的品性就是德,万物各有自己的品性,万物各有自己的德,所谓"德畜之",是说德使得万物成为自己本身,没有德就没有万物各自的规定性。"物形之",物之成为物,皆有其形状,正是物的形状赋予万物的外表。"势成之",帛书本写作"器成之",但王本、河上公本、傅奕本皆写为"势成之",万物皆在生长发育、发展,从而都有自己的变化、发展的倾向和态势,从而有轨迹可追求其过去,也可依据其倾向预知其未来,正由于此,万物才得以完成。①

"是以万物莫不尊道而贵德。道之尊,德之贵,夫莫之命而常自然",万物当中道与德最尊贵,这是一个价值论断。何以道、德最尊贵?因为天下万物皆是道所产生,皆是德所畜养,没有道就没有天下万物,没有德就没有万物的规定性,道是天下万物的根源、宗本,德是天下万物的本质、本性。王弼说:"道者,物之所由也;德者,物之所得也。由之乃得,故不得不尊;失之则害,故不得不贵也。"②所以说道、德是"莫之命而常自然",在于道、德在天地万物中的尊贵地位是自然而然地形成的,并非人为地强加上去的,或者说不是依靠权势才确立其地位,道、德的尊贵,如同百川归海、万物归宗一样。所谓"常自然",意谓这是一个恒常的自然而然的过程,并不会因什么时间、空间的变换而改变。道与德具有同一性,但是同质相因的两个概念,道德合为一个概念,当从《庄子》书开始,所谓:"余愧乎道

---

① 王弼《老子注》:"凡物之所以生,功之所以成,皆有所由。有所由焉,则莫不由乎道也。故推而极之,亦至道也。随其所因,故各有称焉。"
② 王弼《老子注》。

德,是以上不敢为仁义之操,而下不敢为淫僻之行也。"①"道德不废,安取仁义!性情不离,安用礼乐!五色不乱,孰为文采!五声不乱,孰应六律!"②

"故道生之,德畜之。长之育之,亭之毒之,养之覆之",这是对道、德在万物产生、发育、成长、成熟全过程中所起的作用的复述,道、德不仅产生万物,而且爱养、保护它们,使它们按照自己的生长轨迹,完成自己。"亭之毒之",河上本写为"成之熟之",而王弼本、傅奕本、帛书本各本皆写为"亭之毒之",据考证,成之熟之与亭之毒之,其意思相近,皆有使其安定,并庇荫、保护的意思。③

"生而不有,为而不恃,长而不宰。是谓玄德"这几句话,在第二章、第十章中也曾讲过,但在不同的语境中,其寓意有所不同,如在第二章、第十章中,都是直接就政治哲学的意义上讲的,④而在本章中,则主要就道、德生养万物的过程而言的。对于"玄德"的解释,河上公应该是独有心得:"道生万物,不有所取,以为利也。道所施为,不恃望其报也。道长养万物,不宰割以为利也。道之所行,恩德玄暗不可得见。"⑤所谓"玄德",就是阴助万物,成就它们,没有自己的利益,不显自己的恩德。

---

① 《庄子·骈拇》。
② 《庄子·马蹄》。
③ 《老子河上公章句》:"'道之于万物,非但生之而已,乃复长养成熟覆育,全其性命。人君治国治身,亦当如是也。'王弼《老子注》:'亭谓品其形,毒谓成其质,各得其庇荫,不伤其体矣。'朱谦之《老子校释》:'傅奕引《史记》云:"亭,凝结也。"《广雅》云:"毒,安也。"毕沅曰:"《说文解字》:毒,厚也。《释名》:亭,停也。"据之,是亭、成、毒、孰声义皆相近。'"(第204页)
④ 第二章与本章的表达略异:"万物作焉而不为始。生而不有,为而不恃,功成而弗居。"
⑤ 《老子河上公章句》。

三宝(天将救之,以慈卫之)

## 三宝

## 第六十七章

天下皆谓我道大,似不肖。夫唯大,故似不肖。若肖,久矣其细也夫。我有三宝,持而保之:一曰慈,二曰俭,三曰不敢为天下先。慈故能勇,俭故能广,不敢为天下先,故能成器长。今舍慈且勇,舍俭且广,舍后且先,死矣!夫慈,以战则胜,以守则固。天将救之,以慈卫之。①

[译文] 天下都说我道广大,然而它并不像任何东西。正是因为它的广大,所以它不像任何东西。若它像什么东西的话,那它早就是渺小的了。我有三样法宝:一是慈爱,二是节俭,三是不敢走在天下人之先。因为慈爱,所以能够勇敢;因为节俭,所以可以致广

---

① 河上本与王弼本基本同,这里采取王弼本。但首句"天下皆谓我道大",傅奕本、河上本、帛书本皆无"道"字,而强思齐本则又有"道"字。傅奕本写为:"天下皆谓吾大,似不肖","捨其后且先,是谓人死门","夫慈,以陈则正,以守则固"。帛书本写为:"天下□谓我大,大而不肖","我恒有三宝","今捨其慈且勇","捨其俭且广","捨其后且先,则死矣","天将建之,如以慈垣之"。

大;因为不敢走在天下人之前,所以能为万物的首长。如今舍弃慈爱而求勇敢,舍弃节俭而求致广大,舍弃退后而求抢先,结果只会是死路。慈爱,用来作战能够胜利,用来坚守能够稳固。天将要救助谁,就会用慈爱来护卫他。

[释文] "天下皆谓我道大,似不肖"句,河上本、傅奕本、帛书本皆无"道"字,但河上本在解释这句话时,把其中"我大"解释"我德大",①依照老子的思想逻辑,他不可能说"我大",中间必当有一个道或德字,故此依王弼本、强思齐本。而在《老子》书中,老子没有将"我"说成是"道","我"始终都是一个叙述者的身份。② 这段文字的主要意图在于说明,道是广大而无象的,它不是具体的存在物,一旦落入了具体,它就不那么广大了。所以说它"不肖"。③

"我有三宝,持而保之:一曰慈,二曰俭,三曰不敢为天下先"句中的"慈",也即仁爱,第十九章中有"孝慈"一说,出于内心对所有生命的博爱。④ "俭",即节俭,也称节用,俭约,少欲知足,⑤也有人解为少税赋。⑥ "不敢为天下先",后文有"舍后且先",故此这里的"先"为先后之先。这句话有谦让、先物后己、不争先、不抢风头等

---

① 《老子河上公章句》:"老子言:天下皆谓我德大,我则佯愚似不肖。唯独名德大者为身害,故佯愚似若不肖。无所分别,无所割截,不贱人而自贵。"

② 陈鼓应认为"天下皆谓我道大"至"久矣其细也夫":"这一段和下文的意义似不相应,疑是他章错简。"(《老子注译及评介》,第306页)

③ 河上公将"肖"解为"善",似不恰。王弼解为"肖则失其所以为大矣",把"肖"解为"似"或"像",应该是恰当的。

④ 《老子河上公章句》解为"爱百姓若赤子"。成玄英《老子疏》解为"愍念苍生,拔苦与乐"。唐玄宗《御疏道德经》解为"体仁博施,爱育群生,慈也"。任继愈《老子新译》解为"宽容"。(第207页)

⑤ 成玄英《老子疏》:"少欲知足,守分不贪。"

⑥ 《河上公章句》:"赋敛若取之若己也。"

意思。① 这里说的"我",应当指叙述者,即老子本身;而这段话,则是说给天下人的,自然也包括君主在内。"慈"关涉人的心地是否善的问题,为人做事首先要有善意;"俭"关涉能否对自己的生活用度有一个俭约的要求;"不敢为天下先"关涉对待他人、对待世人的态度问题,能否有谦让之心。有此三宝,可以持身,可以为人,可以治国。

"慈,故能勇",因为慈爱,所以能勇敢。② 勇敢指有勇气和胆量,只是一个中性词,勇敢需要一个信念与价值的支撑,如果没有信念与价值,它可能变成逞凶、残暴,或者无意义的匹夫之勇。第四十二章说"强梁者不得其死",第七十三章说"勇于敢则杀,勇于不敢则活",又说"强梁者死",正是此意。老子的意思是,有了慈爱,就会有勇敢,因为慈爱是一种力量。勇敢并不一定需要过人的力气、超强的体魄和无畏的胆量,因为慈爱,即便无力、瘦弱与平日怯懦的人也会变得勇敢,此时的勇敢是为了保护弱小。黄鼠狼是专吃鸡的,鸡也是怕黄鼠狼的,然而,当母鸡为了保护自己的小鸡仔,也会无比英勇地攻击黄鼠狼,这就是慈爱产生的勇敢。孔子说过:"仁者必有勇,勇者不必有仁。"也是说仁慈产生勇敢,而这种勇敢是不需要以体魄、胆量为前提的。《庄子·说剑》专门论述了大智大勇与匹夫之勇的区别。老子说的慈爱之勇、孔子说的仁者之勇、庄子说的大智大勇,都是主张真正的勇敢,是要有仁慈与正义作为支撑的。

---

① 《老子河上公章句》:"执谦退,不为唱始也。"成玄英《老子疏》:"谦麾柔弱,先物后己,退身度人,此师宝也。"
② 《河上公章句》:"以慈仁,故能勇于忠孝也。"王弼《老子注》:"夫慈,以陈则胜,以守则固,故能勇也。"

"俭,故能广",因为俭约,所以能够致广大。① 这里的"广",既指致广大,也指行得远,走得宽广。如何才能俭约呢?老子并没有讲,但说出了一个哲学道理,行远致广,需要以俭约为前提。俭约既是对自己的生活用度的一个要求,那么也涉及对自己生活的一个态度。什么是自己生活所必需的,什么是可有可无的,什么是奢侈的,当人把生活必须作为底线的话,他就能够俭约;当人把奢侈作为自己底线的话,他就不可能俭约。人要是用度过繁,负重过多,就会受其牵累,负重难以致远大。最能致远大的是那些把自己还原成自然本色的人。《庄子·山木》叙述了鲁哀公与市南宜僚的一段对话,鲁哀公想摆脱困扰自己的那些负累与不愉悦,市南宜僚给鲁哀公指出了一条路,要他远远地离开鲁国,去南方一个"建德之国":

鲁君听了这话,颇感新鲜,却又迟疑起来:

"那道遥远且艰险,又有山河的阻隔,我没有车船,怎么办?"

"您只要形不倨傲自贵,心不滞留所居的位置,就可以随万物而乘载了。"

"那道幽远,又见不到人,谁可做我伴侣?我没有粮食,没有食物,怎么才能到达?"

"减少您的资费,淡薄您的欲望,虽然没有粮食也可以自足了。君王漂流江海,放眼望去不见边际,越走越宽广,而不知道穷极。那些来送您的人,走到海岸的边上,也就只好返回去了。您就可以没有牵累了,从此走得远远的。"②

---

① 《老子河上公章句》:"天子身能节俭,故民日用广矣。"王弼《老子注》:"节俭爱费,天下不匮,故能广也。"成玄英《老子疏》:"诸法虚幻,舍而不贪,俭素清高,其德广大。"

② 《庄子·山木》:"君曰:'彼其道远而险,又有江山,我无舟车,奈何?'市南子曰:'君无形倨,无留居,以为君车。'君曰:'彼其道幽远而无人,吾谁与为邻?吾无粮,我无食,安得而至焉?'市南子曰:'少君之费,寡君之欲,虽无粮而乃足。君其涉于江而浮于海,望之而不见其崖,愈往而不知其所穷。送君者皆自崖而反。君自此远矣!'"

依照庄子的意思,要行远、致广大,并不需要很多的东西,也毋需伴侣,你只要放下身段,减少资费,淡薄欲望,这就足够了,人本身需要的东西是很少的,其他的要求都是多余的负累。这段故事为老子的上述这段话做了最好的解释。另外,《左传》在论及晋文公时评议"晋公子广而俭",所以最后能成春秋五霸之一,也正是用的这个意思。

"不敢为天下先,故能成器长",不敢为天下先,不等于不做事,不创造,不上进,而是既然是一种为人的谦逊的态度,当知山外有山,天外有天,当知自己之拙,他人之慧,应当能够甘愿处人之后,而不是事事都抢先,更不当自以为是,以为天下非己莫属。按照王弼的理解,能够成为"器长"的,应当是善处人后,却得人心,令人归服,然后才能成为"器长"的。依照老子的意思,不是有了"大位"就合理地成为"器长"的,而是要得了人心,才够资格成为"器长"。① "不敢为天下先"这话里也隐含一个意思,那就是为万物之"器长"的未必是天下最聪慧的,因为有比自己更贤明的人、更智慧的人,所以,要谦逊、处后,"不敢为天下先"成了"器长"的必要条件。如果一个总是自以为是、自以为贤的人,做了天下"器长",会刚愎自用,听不得批评,甚或封天下人的嘴,如是,他便只是名义上的、而不是真实意义上的"器长"。即便某个时候有人做了天下之先,那么也需要有一种"不敢为天下先"的精神,才能成"器长"。否则,他至多是领了风气之先,而不能成"器长"。

"今舍慈且勇,舍俭且广,舍后且先,死矣",老子设定的逻辑次序是有了前者,才有后者,即前者是后者的必要条件,没有前者,不

---

① 王弼《老子注》:"唯后外其身,为物所归,然后乃能立成器为天下利,为物之长也。"

可能有后者。但一个"今"字道出了老子所处时代的逻辑颠倒,如是,变成了这般局面:舍弃了慈爱而求勇敢,那勇敢就变成了鲁莽、残暴、冷血;舍弃了节俭而求致广大,变成了背负着深重的欲望与奢侈,却还奢谈行远致广大,奢谈治天下太平;舍弃了谦逊与处人之后,处处为人之先,抢占风头,自以为"器长"。所以,那只是一条走不通的死路。

"夫慈,以战则胜,以守则固。天将救之,以慈卫之"句是对三大法宝的一个总结,慈爱是三宝中的核心价值,战能胜,守能固。最后一句话表达的是一个人道与天道的一致性,人间的慈爱,合乎天道精神,天是一个绝对的意志,这个意志通过自然而然的过程来实现,通过赋予其慈爱来实现。慈爱看似柔弱,其实力量无穷,所以,当天将要救助谁时,就会以慈爱来保护他。[1]

---

[1] 《老子河上公章句》:"天将救助善人,必与仁慈之性,使能自营助也。"

## 柔弱处上

### 第七十六章

人之生也柔弱,其死也坚强。万物草木之生也柔脆,其死也枯槁。故坚强者死之徒,柔弱者生之徒。是以兵强则灭,木强则折。强大处下,柔弱处上。①

[译文] 人活着的时候身体是柔弱的,死了之后就坚强了。万物草木活着的时候是柔脆的,死了之后就变得枯槁了。所以,坚强是死的同类,柔弱是生的同类。故而军队要是强大了,就会破灭;树木要是强大了,就会摧折。坚强终究处于下,柔弱终究处于上。

[释文] 这是对于人的生死与万物草木的生死现象的描述,活着的时候很柔软,死了之后就变得坚硬了。老子借此要谈论的是一

---

① 河上本写为:"是以兵强则不胜,木强则共。"王弼本写为:"是以兵强则不胜,木强则兵。"傅奕本写为:"草木之生也柔脆","故坚强者,死之徒也;柔弱者,生之徒也","故坚强处下,柔弱处上"。帛书本写为:"其死也䐃信坚强","□以兵强则不胜,木强则兢"。然而,《列子·黄帝书》《淮南子·原道篇》皆写为:"兵强则灭,木强则折",故采取河上本,只在"兵强则灭,木强则折"句采用《列子·黄帝书》和《淮南子·原道篇》。

个哲学道理,凡是坚强者就意味着将要死,凡是柔弱者就能活下去。所谓"死之徒""生之徒",指死与生的徒类,或同类。由此类推,军队强大了就会破灭,树木坚强了,就被摧折。喜好穷兵黩武、发动战争者,最终会被战争埋葬;那些好逞强、好欺凌人的人,最终也会被人所灭。因为强暴不正义,必遭人类的共同反对,最终破败。[①]

最后,老子做出了一个判断:强大者最终要处于下方,柔弱者最终要处于上方。也就是"柔弱胜刚强"(三十六章)。推出这样一个判断,就是要推出一个柔弱之德。从柔弱胜刚强的道理,至于坚守柔弱,形成修养,就是德性。

---

[①] 王弼《老子注》:"强兵以暴于天下者,物之所恶也,故必不能胜。"

## 水德

## 第七十八章

天下莫柔弱于水,而攻坚强者莫之能胜,其无以易之。弱之胜强,柔之胜刚,天下莫不知,莫能行。是以圣人云:受国之垢,是谓社稷主;受国不祥,是为天下王。正言若反。①

[译文] 天下没有比水更柔弱的了,而攻克坚强的力量没有谁能够胜过水的,没有什么可以替代它的。弱能战胜强,柔能胜过刚,天下没有人不知道,但没有人能够像水那样去做。所以,圣人说过:承受得了全国人的诟病,才是真正的社稷之主;承受得了全国人的灾殃,才是天下之王。正面的话如同反面的。

[释文] "天下莫柔弱于水,而攻坚强者莫之能胜,其无以易

---

① 河上本与王弼本基本同,这里采取王弼本。河上本写为:"天下柔弱,莫过于水","故圣人云","受国之不祥"。傅奕本写为:"而攻坚强者莫之能先","以其无以易之也","天下莫不知,而莫之能行","故圣人之言云","正言若反也"。帛书本写为:"以其无以易之也","水之胜刚也,弱之胜强也","天下莫弗知也,而□□□行也","是以圣人之言云,曰"。

之"句,这一章着重讲的是水的德性。德性本是指人的修养,水无所谓德性,但水的表现在万物当中形成一种特殊性,柔弱无比,而又能无坚不摧,老子说"其无以易之",就是想表明它的无可替代的唯一性,如此,就像是一种德性。在老子看来,德性其实就是事物的品性,在人就成为德性。柔弱,有谦逊、容让、卑下、处后不争等品性。

"弱之胜强,柔之胜刚,天下莫不知,莫能行",柔弱胜刚强,这个道理天下人皆知道,问题是谁也不愿意像水那样,为什么呢?因为人多是功利主义的,人总是着眼于眼前的利益,而不会从长远看问题,眼前的利益看得见,摸得着,长远的利益看不见,抓不着,换句话,人不会为了长远的利益牺牲眼前的利益,这是人之常情。"天下莫不知,莫能行",正是从人之常情来论这个问题的。另外,社会也总是从当下的势力大小、富贵与贫贱、名誉的多寡来评价人的,这也助推了这种"常情"。不计眼下利益,登高望远,从民众的根本利益着眼,只是少数人才能做得到的。

"是以圣人云:受国之垢,是谓社稷主;受国不祥,是谓天下王"句,所谓"圣人云",未必是确定的某人历史人物,只是老子所设定的理想的圣王,即现实中不曾有过的。论题到此转入政治哲学,个人德性的修养直接决定了可否做国君与天下王,老子并没有表明他的政治哲学是德性政治,但毫无疑问,德性是为"社稷主""天下王"必备的条件。而且,这个德性不是老子时代的周人的仁义德性,而是像水一样的天德,能够像水一样的谦柔、容让、卑下,能够承受得了国人的所有批评与指责,能够担当得起国人的所有灾祸,这才配称君主,才能做天下之王。① 中国历史上,许多明君能够下"罪己诏",公开检讨自己执政的过失;有的君主对自己的执政过失公开处罚,如三月不茹荤,睡草席等,像唐太宗在蝗虫泛滥时,亲口活吞蝗虫,表达自己对灾祸的担当,算是极致的情形了。

"正言若反",这是从事物发展的规律性看待世间的道理,正面的话如同反面的。② "弱之胜强,柔之胜刚","受国之垢,是谓社稷主;受国不祥,是谓天下王",这在老子来说都是正面的话,却又似乎是反面的、负面的话。然而这看似反面的话,恰恰表达了真实与终极的道理。宽容、谦逊、处下的人,才能胜人;承受得了批评、屈辱,担得起他人的灾祸与不幸,才能成为万众之首长。这就是承受与担当的一致性。

老子和庄子都提倡水德,但老子从水德当中看出柔弱胜刚强,庄子则从水德中看出公平正义,所谓"唯止能止众止",即唯有这种客观、公平的德性,可以成为天下的准则。这是颇有意趣的。

---

① 《老子河上公章句》:"人君能受国之垢浊者,若江海不逆小流,则能长保其社稷,为一国之君主也。""人君能引过自与,代民受不祥之殃,则可以王有天下。"陈鼓应《老子注译及评介》引蒋锡昌语:"凡《老子》书中所言:'曲''枉''洼''敝''少''雌''柔''弱''贱''损''啬''慈''俭''后''下''孤''寡''不穀'之类,皆此所谓'垢'与'不祥'也。"(第337页)

② 《老子河上公章句》:"此乃正直之言,世人不知,以为反言。"李道纯《道德会元》:"与物相反。"

# 清静与观的艺术

# 以家观家

## 第五十四章

善建者不拔,善抱者不脱,子孙以祭祀不辍。修之于身,其德乃真;修之于家,其德乃余;修之于乡,其德乃长;修之于国,其德乃丰;修之于天下,其德乃普。故以身观身,以家观家,以乡观乡,以国观国,以天下观天下。吾何以知天下之然哉?以此。①

[译文] 善于建立的不易动摇,善于抱持的不会脱落,(以此原则,)子孙可以世代祭祀,而不会中断。用这个道理修养身体,其德乃是真实的;用它来修养家庭,其德可有余庆;用它来修养乡里,其德可以长久;用它来修养邦国,其德可以丰厚;用它来修养天下,其德可以普遍。所以,用整个身体来观察身体,用整个乡里来观察乡

---

① 河上本与王弼本同。傅奕本写为:"善袭者不脱","修之身","修之家","修之乡","修之邦","修之天下,其德乃溥","以邦观邦","吾奚以知天下之然哉"。帛书本文字不齐,已有的字写为:"脩之身","脩之家","脩之乡","脩之国","脩之天下,其德乃溥","以邦观国"。竹简本文字不齐,已有字写为:"善休者不脱,子孙以其祭祀不屯","修之身","修之家","修之乡","修之邦","修之天下","以邦观邦"。

里,用整个邦国来观察邦国,用整个天下来观察天下。我何以知道天下的情况呢?依靠的正是这个道理。

[释文] "善建者不拔,善抱者不脱,子孙以祭祀不辍",此处的"建"谓建立,"拔"谓动摇、倾拔,"抱"谓抱持、抱守,"脱"谓脱落、脱离。这句话以形象之事喻抽象道理,表象上指建筑房屋,善于建筑房屋的应当是不易动摇或不易倾拔;而善于抱持的就不会脱落或脱离。为了不致动摇,就要"深根固柢";为了不会脱落,就要"见素抱朴"。这个道理寓意双关,既可指个人身体的修养,又指理家治国。① 恰恰因为以有形喻无形的东西,《淮南子》把"善建"理解为"建之无形",②有形的总可能动摇,无形的才不可动摇。联系到第二十七章所说"善行无辙迹,善言无瑕谪;善数不用筹策;善闭无关楗而不可开,善结无绳约而不可解",这个理解是合乎老子的本意的。如果子孙都能依据"善建"和"善抱"的道理,那么子孙祭祀祖先的香火就不会中断了。③

"修之于身,其德乃真"句,用上述道理修身,修身也称修己,那么修成的德性就是真实与真纯的,也有人将这个"真"理解为"真人"④。"修之于家,其德乃余",这是说全家以此为修养,不仅惠及全家,且有余庆泽及后世。"修之于乡,其德乃长",是说全乡的人以

---

① 《老子河上公章句》:"建,立也。善以道立身立国者,不可得引而拔也。善以道抱精神者,终不可拔引解脱。"王弼《老子注》:"固其根,而后营其末,故不拔也。不贪于多,齐其所能,故不脱也。"

② 朱谦之《老子校释》:"《淮南·主术训》引'善建者不拔',注:'言建之无形也。'……《文子》正作'故善建者不拔,言建之无形也。'"(北京:中华书局 1984 年版,第 215 页。以下省略出版社及出版年月)

③ 《老子河上公章句》:"为人子孙,能修道如是,则长生不死,世世以久,祭祀先祖宗庙,无绝时。"

④ 《老子河上公章句》:"修道于身,爱气养神,益寿延年,其德如是,乃为真人。"

此修养，就会在乡里形成长久的道德影响，凝成民风民俗。"修之于国，其德乃丰"，这里的"国"，帛书本写为"邦"，是说邦国的人民都以此修养了，邦国会因此而兴旺发达起来。"修之于天下，其德乃普"，"天下"未必等于如今人们所知道的世界，而是当时人们能够感知到的世界，也是人们能够想象的极限，所以，天下人都以此修养，那么天下人就都有了道德了，这种道德就可以得到所称为"普遍"了。

"故以身观身，以家观家，以乡观乡，以国观国，以天下观天下"句，话题到此一转，说到如何"观"的问题。这段话中，老子提出了两个问题：一是"观"的问题，二是以什么来观的问题。

"观"，自然是看的意思，只是该怎么看，以及看什么。人来到世间，从睁开眼睛那一刻起，就在看周边的世界，但是，同一个世界，不同的人看出的却是不同的。小孩睁眼看世界，有的充满惊奇，有的充满喜悦，有的充满恐惧，这是天性使然；成人看世界，有的忧伤，有的喜悦，有的躲避，有的充满战斗精神，这是经历使然。单就成人来说，比小孩复杂得多，其人生经历改变着他们的天性，崇拜权力的人们看待世界以奴性或狠毒，崇拜金钱的人们看待世界以贫贱，追求善的人们看待世界以仁慈，追求等差的人看待世界都是贵贱，追求平等的人看待世界都是不平等，如此等等。

人有什么样的经历与背景，就会以什么样的态度来看待世界。换句话，决定看待世界的关键在于人自身，即人的态度与德性。而德性，按照希腊人亚里士多德的说法，又是由习性、教育形成的。唐朝明君李世民把自己的国号确定为"贞观"，就是要表达一个意思，正确地观天下。这是一个好的态度，至于如何才能正确地观天下，则不那么简单了。

老子考虑国家治理比较多，故而，他多是以治理国家角度思考了如何观看天下的问题。这里提出"以什么什么观",就是要开示出一个正确的、基本的观的方法。有人说老子是以道来观身、观家、观乡、观天下,①这么说似乎正确,因为以道来观,那么就超越了自身,不会受自身的局限。问题是得道并非易事,如果说以修道之心来观,尚且做得到,但得道则是终极目的,得了道,等于说顿时贯通,一了百了,所以不能要求人得了道才开始治理国家。如果从细处做起,从自己的身体做起,以一个正确的态度和方法,是可以做得到的。如此,我们应当这样来理解老子的话:

"以身观身",就是整个身体来观身体,我们的眼睛能够看得见前面的,却看不见后面的,如何能够看到后面到呢?尼采说,希腊神话故事中有一种人能够转动自己的眼珠看自己,不过,这终究属于极富艺术想象力的假设。正是因为看不到自己,所以,认识自己很难,甚至难于自己对别人的认识。如此说来,认识自己始终都是一个人不曾完成的任务。正因为如此,意识到这项任务的艰难,才构成这样的任务,或者说这是针对人自认的弱点提出来的。在老子看来,我们的眼睛是看不到自己的全身的,我们看到的只是局部,要看到自己的全部,我们就要用全面的眼光来看,如同现今所说的"全息术",至少要知道自己的后面看不见,这样才会有意识、想办法去看

---

① 《老子河上公章句》:"以修道之身观不修道之身,孰亡孰存也;以修道之家观不修道之家也;以修道之乡观不修道之乡也;以修道之国观不修道之国也;以修道之主观不修道之主也。林希逸《道德真经口义》:"即吾一身可以观他人之身,即吾之家可以观他人之家,即吾之一乡而可以观他人之乡,推之于国于天下,皆然。言道之所用皆同也,以此者,道也。以道而观,则天下无不然。"张松如《老子校读》:"用修身之道来观察一身,用齐家之道来观察一家,用和乡之道来观察一乡,用治国之道来观察一国,用平天下之道来观察全天下。"陈鼓应《老子注译及评介》:"要从(我)个人观照(其他的)个人,从(我)家观照(其他人的)家,从(我的)乡观照(其他的)乡,从(我的)国观照(其他的)国,从(我的)天下观照(其他的)天下。"(第268页)

清楚自己被遮蔽了的那些部位。无论看清自己的面目多么困难,但总是可能的。

"以家观家",这是针对一家之长说的。在一个农耕社会里面,个人没有独立的身份,人都是作为家族成员存在的。作为一家之长,担当了全家庭和家族的名誉与责任,要成为一个负责的家长或族长,就要心里装得下全家庭和家族的人,不能够厚此薄彼,不能够偏心偏爱,如果家长不公平,就会在某些家庭成员心里留下阴影,这些久久不散的阴影会改变人的成长环境,进而扭曲人的性情。一个人的健康心智,需要家庭或家族内部有一个融洽和谐的生存环境,这也是家庭里面的"自然主义"。

"以乡观乡,以国观国",是针对地方和国家行政长官说的。你是一乡之长,你的心里是否装下了全乡的地方、全乡的人,会不会留下死角,有没有你没关注到的人或事;你是一国之长,你是否以整个国家的眼光在看待这个国家,你的心里是否装得下整个国家的人,能否公平地对待每一个国民,如果你心存个人、家族或集团的利益,你的心里就装不下整个地方或国家的人,即便你总体上满足了多数人的利益,也称不上老子所说的"以乡观乡,以国观国",老子提出的是全方位的要求,应当说,老子的这个要求必定会落实在对少数弱势群体的保证,如果阳光总能照耀到的地方,不用过多关注,要关注的是那些阳光不易照耀的地方,如果从弱势到少数也能得到平等的对待,那么这个地方、这个国家就是阳光普照了,就符合全方位的观照了。

"以天下观天下",是对于天子或者领导世界的人来说的。天下是一个不确定的观念,它的界限不清楚,在传统的中国人看来,中国是天下的中央,又称中央帝国,这才有"普天之下,莫非王土;率土之滨,莫非王臣"的说法,有些自以为大的感觉。无论如何,这种天下的观念是远大于国的观念的。要统领"天下",也是要有天下的心胸,以天下的眼光去观照天下,公正地对待天下事,公平地看待天下人,这才能够服人。

以身对身,以乡对乡,以国对国,以天下对天下,这种对应关系,要求的是物量与眼量的对等,这样就不会被遮蔽;以小观大,就会把对象观小了,所谓"一叶障目"。王弼《老子注》:"以天下百姓心,观天下之道也。天下之道,逆顺吉凶,亦皆如人之道也。"

春秋时期齐国政治家管仲提出过类似的主张:

> 以家为乡,乡不可为也。以乡为国,国不可为也。以国为天下,天下不可为也。以家为家,以乡为乡,以国为国,以天下为天下。毋曰不同生,远者不听;毋曰不同乡,远者不行;毋曰不同国,遂者不从。如地如天,何私何亲;如月如日,唯君之节,御民之辔,在上之所贵。遂民之门,在上之所先。[①]

管子也是主张以家的观念来管理家,以乡的观念来管理乡,以国的观念来管理国,以天下的观念来管理天下,如以家来管理乡,以乡来管理国,以国来管理天下,皆"不可为",因为心地褊狭了。只有超越偏私与狭隘,才能公平行政。心胸有多大,能做多大的事情。尤其是对于管理国家与天下的人来说,应该像天地日月那样光明公正,没有任何的私心和亲疏,才配得上君主与天子的称呼。

---

[①] 《管子·牧民》。

静观玄览

| 静观玄览

## 第一章

故常无,欲以观其妙;常有,欲以观其徼。此两者同出而异名,同谓之玄,玄之又玄,众妙之门。①

## 第十六章

致虚极,守静笃。万物并作,吾以观复。②

[译文] 这两段话的基本意思,在"自然之道"和"道与德"章中

---

① 这一章的文字校正,请看"自然之道"章"众妙之门"节。这一段落有两种不同的断句,一个是"常无""常有",王安石《老子注》:"道之本出于无,故常无,所以自观其妙。道之用常归于有,故常有,得以观其徼。"另一个是"常无欲""常有欲",河上、王弼本皆为"常无欲""常有欲",帛书本写为"恒无欲""恒有欲"。陈鼓应《老子注译及评介》:"《庄子天下篇》说:'老聃闻其风而悦之,建之以常无有。'庄子所说的'常无有'就是本章的'常无''常有'。"(第56页)

② 这里采用王弼本。河上公本写为:"万物并作,吾以观其复。"傅奕本写为:"致虚极,守靖笃。万物并作,吾以观其复。"帛书本写为:"至虚极也,守静督也。万物并作,吾以观其复也。"另请参阅"清静论"章"作为本来状态的清静"节。

已经讲过了。这里的"观其妙""观其徼",都非寻常地看,而是通过"常无"与"常有"的立场,看到不同的现象,"妙"是现象的机巧、要妙,为深层的本质与实质,"徼"是现象的边际、界限,是直观的表象与显像。从"常无"的角度,能够观见到前者;从"常有"的角度,能够看到后者。无论是前者,或者是后者,都是真实的现象,而不是假象,自然,这里的"观"也就是真实地看、如实地观察,都含有不受蒙蔽、不受欺骗的意思,这才是老子所说的"观"的思想意义。

[释文] "万物并作,吾以观复",也同于上述的观。只不过,这里的"观",是一个历史地看,并不是从现象的本质与表象,或者浅层与深层的结构,而是事物的变化与发展的规律,是就某个或某些现象的全过程来看待,无论这个或这些事物如何变化,甚或变幻莫测,它或它们都还是要回复到原来的形态,俗话"打回原形""使现原形",就是使它变回原来的模样,只要你有足够的耐心,只要你不受它变幻的诱惑,它总要回去的,回到根源处,就是它的本来面目。只不过,老子提出个"致虚极,守静笃",是对"观复"者的要求,要求你使内心虚到极致,一物不留,专心致志地守持住静的状态,才可能观见到它的本来面目。如若你自己心神不定,如若你心有匿藏,如若你随波逐流,那么你看到的总是变幻莫测的现象。如果说本质是抽象的,那么本来面目则不一定是抽象的,如同孙猴子七十二变,当它变回了猴子的时候,这才是他的本来面目。老子重视的恰恰就是这种全过程的"观",方能见"复"。

《阴符经》说道:"观天之道,执天之行,尽矣。"又说"天有五贼,见之者昌,施行于天,宇宙在乎手,万物生乎心"①。"立天之道以定人也。"道家的观念,全然依循自然主义,去主观化,认为天地自然中含蕴合理性、善性与机巧,故而人的作为主要是客观地观览、体察自然之意,《阴符经》之"阴符",也是取暗合之义,以一个"观"、一个"执",表达人的意念与行为应当暗合天地精神。

《易·象传》释"观"卦(䷓)说:"大观在上,顺而巽中正以观天下。观盥而不荐,有孚颙若,下观而化也。观天之神道,而四时不忒,圣人神道设教而天下服矣。"这是说,上观天道,下观民情,"神道设教"意谓人间的德教来自上天的意志,这是上观;"下观而化"意谓观民情而使风化。《易·象传》又解释为:"风行地上观,先王以省方观民设教。"既承天道之教,使之风化于民,又要观察舆情民意,这确乎是儒家的道理。

静观也广泛地用在善于观察人、知人善任上面,《吕氏春秋》有"知接"篇,谈到了这样一番话:②

人是用眼睛来看("照")而见到东西的,要是闭上眼睛就看不见了,这也就是睁眼看与闭眼不看的区别了。闭眼睛的人未曾睁眼看,也就没有什么东西看得见了。闭眼睛的人没办法接受外物而已,没有接受而说看得见,那就叫作诳。这个道理用在智慧上说也

---

① 李筌《黄帝阴符经疏》:"天生五行,谓之五贼。使人用心执之,奉天而行,则宇宙在乎掌,万物生乎身上矣。疏曰:无贼者,无行之炁也,则金木水火土焉。"

② 《吕氏春秋·知接》:"人之目以照见之也,以瞑则与不见同,其所以为照、所以为瞑异。瞑士未尝照故未尝见,瞑者目无由接也,无由接而言见,诳。智亦然,其所以接智、所以接不智同,其所能接、所能接异。智者其所能接远也,愚者其所能接近也。所能接近而告之以远化,悉由相得?无由相得,说者虽工,不能喻矣。戎人见暴布者而问之曰:'何以为之莽莽也?'指麻而示之,怒曰:'孰之壤壤也?可以为之莽莽也?'故亡国非无智士也,非无贤者也,其主无由接故也。无由接之患,自以为智,智必不接。今不接而自以为智,悖。若此则国无以存矣,主无以安矣。智无由接,而自知弗智,则不闻亡国,不闻危君。"

是如此,就看你能不能以智接智。智慧与昏愚的区别在于,智者能够接受深远的,愚者只能接受浅近的。如果某人的智识能接受浅近的,你告诉他深远的,他如何能得到什么? 他不具备接受深远的条件,尽管告诉他的人竭尽全力,也不能使他明白。戎人(对西方人的泛称)见到了瀑布,就感叹道:"它怎么这般莽莽啊?"有人指着麻絮以喻之,他则发怒:"它怎么这般壤壤啊?"① 所以啊,灭亡的国家并非没有智士、没有贤良,而是这国的国主接收不到智士、贤良。接收不到智者、贤良,就会以为自己就是智者。这个自以为的"智者",他的"智"是一定接收不到智者之言的。接收不到智者之言的人,以为自己就是智者,这就叫作"惑"。如此,这国家不会长久,君主也不会自安了。如果知道自己并不智慧,反倒没有听说他会因此亡国,也没有听说他是危殆之君的。

大多亡国者,都是听不进智者、贤良之言的,正因为如此,他才会自我陶醉,以为这世上只有自己是最聪颖智慧的,自己说出的话都是金玉良言,把自己与外界隔绝起来,从而也就谈不上观天下了。《吕氏春秋》"贵当篇"还有一段话是描述"善观者"的事情:

楚国有个人善观人的面相,所说的话没有失误过。楚庄王见了他,问其缘由,他回答说:"臣其实不是能给人看相,而是能观察人的朋友而已。观察平民,如果他的朋友都是孝悌、醇厚、谨慎而遵纪守法的人,那么他的家庭一定发达,他本人也会荣贵起来,这就是人们所说的'吉人'。观察侍奉君主的人,如果他的朋友都是讲诚信、有德行、好善乐施的人,那么侍奉君主就会越做越好,官职日益进步,这就是所谓'吉臣'。观察人主,其朝廷大臣多是贤良之人,他的左

---

① 莽莽、许维遹《吕氏春秋集释》注为"长大貌",并引毕沅注"壤壤"为"纷错貌"。(所引文采用许维遹《吕氏春秋集释》,北京:中华书局 2009 年版)

右多是忠臣,君主有过错,都争相规劝批评,那么君主日益受到尊重,天下日益臣服,这就是所谓'吉王'。所以,臣并非能够给人看面相,而是能观察人的朋友。"楚庄王听完这话,很是欣赏,于是赶紧选取贤士,日夜不停,终于称霸天下。

这个看相之人传起来很神秘,说开了也不神秘。因为他看的不是这个人本身,而是他身边的人士与朋友。凡事都不是孤立存在的,而是相互关联的,这相互的关联,正是事情的征兆、迹象,在个人荣辱、兴衰、存亡等大事尚未发生的时候,就能从这些相关联的事情上看出端倪。从一个人交的朋友,就可以看透这个人,这无疑是一种"善观"的智慧。

佛教与道家在许多方面可以互证,佛教也有"观"的学问,也是不同于一般世俗的"看",而是一种思维的观照活动,如天台宗所主张的"一心三观",即主张由假、空、中三观,灭三惑,显三谛圆融之理。如马一浮《老子注》即以佛解老子,认为"常无"为空观,"常有"为假观,"此两者同出而异名,同谓之玄"为中道观。[①]

---

[①] 马一浮《老子注》:"常无者,会极之深谈;常有者,随流之幻用。色不异空,故常无,真空不碍幻有,故言妙;空不异色,幻有不碍真空,故言徼。徼之为言,尽法边际也。妙即空观,徼即假观。""既悟色空不二,斯有无俱离,即是中道第一义谛不思议境,名之为玄。玄之又玄,转益超越。诸圣皆由此圆观证入法界,具足一切种智,故曰众妙之门。上妙谓法,此妙为人也。"(武汉:崇文书局2016年版,第3页)

## 作为本来状态的清静

### 第十六章

夫物芸芸,各复归其根。归根曰静,静曰复命。复命曰常,知常曰明。不知常,妄作凶。①

这段话在"道与德"章中已经说过,纷纷芸芸的事物,都要回归它们的本根。回归本根,就是静。静就是回复它们的本命。回复本命就是常。知道了常,就可以称为明。不知道常,轻举妄动,就会有凶险。②

当老子说"致虚极,守静笃"时,就意味着"虚极"是一种本然的、初始的状态。而虚极之处,就是本根,就是静,也叫作本命和常。这里的"命",非指命运,而是人的自性,或者人性之根源和出处。"常",指"道之常行",即以根本规律体现出来的道的常行。③"静"

---

① 傅奕本写为:"归根曰靖,靖曰复命。"帛书本写为:"天物魂魄,各复归其根。曰静。静,是谓复命。复命,常也。知常,明也。不知常,妄,妄作凶。"
② "复命",河上公注:"言安静者是为复还性命,使不死也。"释德清注:"命,人之自性。"《老子道德经解》陈鼓应注为"复归本原"。(《老子注译及评介》,第 124 页)《易·说卦》:"穷理尽性,以致于命。"这里的命不是命运的意思,而是性的根源,性的出处。
③ 河上公《老子道德经章句》:"复命使不死,乃道之所常行也。"

在这里表现了双重意思,一是回归到本根的意识与行为,二是本来的状态。"守静""归根"与"复命"皆是这种意识与行为,当然,从修养的角度看,纯粹的意识过程也相当于行为,人虽然安静不动,但思想、意识在行动。作为本来状态的静,它是本根的存在样态,就像纷纭杂陈、并生齐放的物种,它们生长的姿态千变万化,花开花落,而回复到本来的状态,则是一个静止的东西,为其本来面目。

## 第四十六章

躁胜寒,静胜热,清静为天下正。①

[译文] 疾动可以御寒,清静可以御热,清静可以为天下的楷模。②

[释文] 这个"正"字,其意值得玩味,它既有端正、正确、本色、正面、典范、楷模的意思,又有以己之正使天下不正归于正的意思。除了本句之外,五十七章"以正治国,以奇用兵",五十八章"孰知其极,其无正也",七十八章"正言若反",《庄子·逍遥游》"天之苍苍,其正色邪",《庄子·德充符》"受命于地,唯松柏独也正","受命于天,唯尧舜独也正",即是第一种情形;五十七章"我好静,而民自正",《庄子·德充符》"幸能正生,以正众生",属于第二种情形。

如何将本根与本来面目看作是"正"呢?在道家看来,凡属于自然的、本性的、质朴的都是善的、正当的、合目的性的,人的虚伪、违心、矫饰,都是后天环境造就的,违背了初心、本心,故而,人的后天

---

① 帛书本为"清静可以为天下正",竹简及其各本皆为"清静为天下正"。
② 《史记老子列传》:"李耳无为自化,清静自正。"河上公注为:"能清静则为天下长,持正则无终已时也。"成玄英《老子疏》:"清虚宁静,可以自利利他,以正治邪,故为天下正。"

修养应当努力回复到先天的那种本来面目,像个婴儿似的。第二十章说:"沌沌兮,如婴儿之未孩;儽儽兮,若无所归。"第二十八章说:"常德不离,复归于婴儿。"所说"沌沌兮""常德",正是指婴儿那般纯正的本性。在庄子的笔下,可以作为典范的人物,都是以清静、醇厚为本心、初心的,如藐姑射之山上的神人,"肌肤若冰雪,绰约如处子",他们没有常人的欲念,清静自在,而他们的动心忍性,就能使万物不疵疠,而五谷熟稔,使一切事物都发生合乎其自身需要的好的变化,他们自身却没有任何特殊的利益;他们能够磅礴大气地将天下的所有贵贱、贫富等差别等同为一,他们与物和谐相处不伤害它们,所以万物也不会伤害到他们。正因为他们即便有一念之动都是为了他人他物的目的,不是为自己,又因为他们与他人他物和谐相处而不伤害他们,所以他们的本心都是清静的,如此才可以做天下之正。《阴符经》说:"自然之道静,故天地万物生。天地之道浸,故阴阳胜。"①意思是,自然之道的本来状态就是静,以静促万物的生;天地之道有了阴阳的浸微,故以阴阳相胜。这里的"自然之道"与"天地之道"是有分别的,天地之道乃是变化之道,而自然之道是道的本然的存在状态。

佛教也是把清静看作心性的本来如此的状态,大乘空宗即是以空寂为归依,空无所空,寂无所寂,清净寂灭,这是六朝时六家七宗所共同认定的道理。《坛经》说:"若言看净,人性本净,为妄念故,盖覆真如,离妄念,本性净。"②"本性自净自定,只缘境触,触即乱,离相不乱即定。"③也是以本性为清静,④禅宗的即心见性,所见的正是清静无染的本性。

---

① "浸",李筌《黄帝阴符经疏》引注为"浸微"。
② 杨曾文校写:新本敦煌《六祖坛经》,上海:上海古籍出版社 1993 年版,第 18 页。
③ 同上书,第 20 页。
④ 净与静,在道佛两家皆可互释。

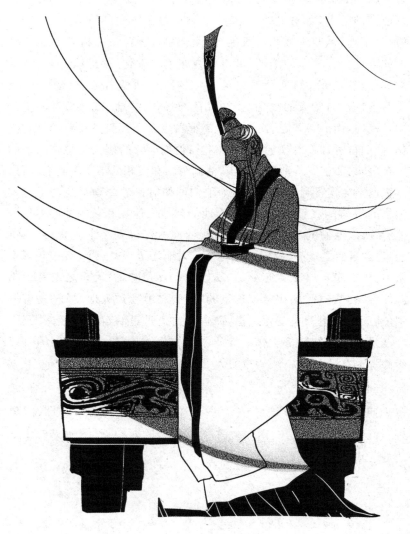

古之善为士者

## 作为修养的清静

### 第十五章

古之善为士者,①微妙玄通,深不可识。夫唯不可识,故强为之容:豫兮若冬涉川;②犹兮若畏四邻;俨兮其若容;③涣兮若冰之将释;④敦兮其若朴;⑤旷兮其若谷;⑥混兮其若浊。⑦ 孰能浊以

---

① 傅奕本、帛书本写为"古之善为道者",王弼本、河上本和郭店竹简本皆写为"古之善为士者",这里从后者。陈鼓应《老子注译及评介》和刘笑敢《老子古今》皆以"为士"更贴近文意。河上公解"善为士者"为"得道之君"。
② 河上本写为"与兮若冬涉川",帛书本写为"与呵其若冬涉川",王弼本、傅奕本、竹简本皆为"豫兮若冬涉川",从后者。
③ 王弼本写为"俨兮其若容",河上本写为"俨兮其若客",竹简本写为"严乎其若客",从河上本。
④ 河上本、王弼本写为"涣兮若冰之将释",傅奕本为"涣若冰将释",帛书本为"涣呵其若凌释",竹简本为"涣乎其若释",从河上、王弼本。
⑤ 河上、王弼、傅奕诸本皆为"敦兮其若朴",帛书本为"沌呵其若朴",竹简本为"屯乎其若朴",从河上等。
⑥ 河上、王弼、傅奕诸本皆为"旷兮其若谷",帛书本为"湷呵其若谷",从前者。
⑦ 河上本写为"浑兮其若浊",王弼、傅奕本为"混兮其若浊",帛书本为"浑呵其若浊",竹简本为"坉乎其若浊"。浑、混相通,老子书多用"混",庄子多用"浑",故从王、傅本。

静之徐清? 孰能安以动之徐生?① 保此道者,不欲盈。② 夫唯不盈,故能蔽不新成。③

[译文] 古代善于修道之士,不可思议,其智慧深不可测。因为深不可测,所以这里勉强来形容他:迟疑审慎啊,像冬天涉河;警觉戒惕啊,像是犯事怕被四邻知道;拘谨庄重啊,像是身为宾客;和蔼可亲啊,像是冰凌消融;敦厚质朴啊,像是未经雕琢的素材;胸襟宽怀啊,像是空虚旷谷;浑厚纯和啊,像是浑浊的水。谁能够在动荡中徐徐而清? 谁能够安静既久,继之以动,徐徐以生? 能够保有此道的人,不欲以奢泰盈满。正因为不欲以奢泰盈满,所以他能够修藏荣光,而不追求功名。

[释文] 在这段话中,老子主要谈论了如何修道得道的问题,其中的一个重要观念是清静修养。"在动荡中徐徐而清",是拿浑水徐徐澄清作比喻,浑水喻世事的浑浊,人不知自己为何,不知自己身在何处,不知为何这般忙碌,只是因为被世事的裹挟而看不清,谁能够使浑水徐徐澄清,使世事逐渐清明? 以老子的看法,不管世事如何,使自己首先澄清、静定,才能看得清世事,如同立乎清渊而观乎浊水。其实,人多不愿趟世事的浑水,可是谁又知自己不在浊水中呢? 善于修道之士,其实也就是得道之士,尽管他本身看起来像是浑浊的水,那是他浑厚纯和的表现,不遣是非,和光同尘,他看得清

---

① 河上本为"孰能浊以静之徐清? 孰能安以久动之徐生?"王弼本为"孰能浊以之徐清,孰能安以久动之徐生",傅奕本为"孰能浊以澄靖之,徐清",竹简本为"孰能浊以静者,将徐清",从河上本。
② 诸本皆为"不欲盈",唯竹简本为"不欲尚盈",从前者。
③ 河上、王弼为"蔽不新成",傅奕、帛书本为"敝而不成",陈鼓应《老子注译及评介》据易顺鼎之说改为"蔽而不成"(第 118 页)。

是非曲直、贵贱宠辱,却轻轻地将其抹平了,就因为他是安静的清流,知道如何修养敛藏,不欲盈满。

## 第二十六章

　　重为轻根,静为躁君。是以君子终日行不离辎重。虽有荣观,燕处超然。奈何万乘之主,而以身轻天下?轻则失根,躁则失君。①

　　[译文]　厚重为轻率的根本,静定为躁动的主君。所以君子行远路总不离开马车。虽然有华丽的楼台,却闲处安然。怎奈大国之君,以轻率、躁动治理天下?轻率就会失去根本,躁动则会失去主君之位。

　　[释文]　重与轻为价值关系,静与躁是事实关系,老子寻求的是价值判断与事实判断的一致,其实就是把静与躁比喻成重与轻的关系,以价值关系引领事实关系,也就是哪一种事实才是合乎人的利益的。轻率与躁动虽然是两种情形与事实,却是人行为的结果,躁动毋须修为,静定则是修为的结果。既然我们从轻率、躁动可以看出后果,那么选择厚重、静定,才是合乎人的理性的。静定之所以为躁动的主君,在于静定是一切存在的本来样态,躁动是变化样态,静可以制动,动不可以制静,人们常说的"以静制动""以不变应万变",皆属这个道理。

---

　　①　河上本为"轻则失臣,躁则失君",王弼、傅奕诸本为"轻则失本,躁则失君",陈鼓应《老子注译及评介》据《永乐大典》和俞樾的理解改为"轻则失根"(第167页),帛书本为"重为轻根,静为躁君。是以君子终人行,不远其辎重。虽有环馆,燕处则昭若。若何万乘之主,而以身轻于天下?"这里从王弼、傅奕本。

《庄子·德充符》中所说:"人莫鉴于流水,而鉴于止水,唯止能止众止。"又说:"平者,水停之盛也,其可以为法也,内保之而外不荡也。"就是说,流水不能使人以此为镜,因为它照出来的是歪曲的形象,只有静止的水才能够公正不阿地照见形象,所以他能够成为万物的法则。成为万物法则的东西,内保其清明而外不波荡,故能够制万物;而被制的万物,不能成为法则的东西。这就是静能制动,动不能制静。

《庄子·在宥》记述了"云将"与"鸿蒙"的一段对话,云将缠着鸿蒙,说好不易碰见了您,一定要留下些规劝的话,鸿蒙只好对他说道:

"哎!养心!你只要行无为之事,而万物将自化。废除你的形体,杜绝你的聪明,连同自己和外物都忘掉,与混溟相同,放弃你的心神,茫茫然无魂无魄。万物并生,各自复归其本根,各复归本根却不自知。混混沌沌的,终身不离这种本性。如果你要是意识到了,那就是脱离了这种本性。他们要是意识到了,那说明他们也脱离了本性。不要追问事物的名称,不要偷窥事情的隐情,万物本来就会自生自长。"

云将听到这番话,对鸿蒙感谢说:

"天(对鸿蒙的尊称)降大德于我,天对我开示以静默(不言之教),我孜孜以求,如今总算得到了。"

《庄子》所说的"养心",就是要存养本心,以致"坐忘",无知无识,混混沌沌,清静无为,使万物自己发生合乎其自身目的的变化。不仅修养是如此,对于求道者来说,也是如此,此谓"心斋",努力使自己的心志虚寂,"虚而待物",即虚到极致,然后等待那"物"(道)的到来。

《淮南子·原道训》说道：

> 人生而静，天之性也；感而后动，性之害也。物至而神应，知之动也，知与物接，好憎生焉。好憎成形，而知诱于外，不能反己，而天理灭矣。……

《清静经》说道：

> 清者浊之源，动者静之基，人能常清静，天地悉皆归。常能遣其欲，而心自静，澄其心而神自清。……能遣之者，内观其心，心无其心。外观其形，形无其形，远观其物，物无其物。观空亦空，空无所空。所空既无，无无亦无。无无既无，湛然常寂。寂无所寂，欲岂能生。欲既不生，即是真静。

《淮南子·原道训》应当是对于老庄思想的阐发，只不过它引入了"天理"的观念，然而此一"天理"主要是自然意义上的，而非宋明时期的道学家所言的伦理意义上的"天理"。《清静经》当然也是对老庄思想的阐发，它从修养方法上把原则落实到具体实践上了，同时，它也坚固了老庄的清静理论，把清静与浊动对置，认为清静是本原，浊动是末流；清静乃是本性与本来状态，浊动只是人欲膨胀的结果；修道正是不断遣除欲念，从浊动回归到本性与本来状态，达至常寂、真静，这样就是离道不远了。

道常无为而无不为

## 作为国君的清静之道

### 第三十七章

道常无为而无不为。侯王若能守之,万物将自化。化而欲作,吾将镇之以无名之朴。无名之朴,夫亦将不欲。不欲以静,天下将自定。①

[译文] 道看起来总是无为的,然而它又是无所不为的。侯王若能守持这个道理,万物都将自己发生变化。事物变化了,如若有欲望产生了,我就以无名之朴来安定它。因为这个无名之朴的作用,故而也将使欲望不产生了。欲望不产生,就复归于静定,如此天下也将自己安定了。

[释文] 河上、王弼和傅奕写本都是"道常",帛书《老子》和竹简《老子》写本都是"道恒",可见彼此可互释。"道常无为",也就是

---

① 河上大夫、王弼本同于正文,帛书写为:"道恒无名,侯王若能守之,万物将自化。化而欲作,吾将镇之以无名之朴。镇之以无名之朴,夫将不辱。不辱以静,天地将自正。"竹简写为:"道恒亡为也,侯王能守之,而万物将自化。化而欲作,将镇之以亡名之朴。夫亦将知足。知(足)以静,万物将自定。"

说,道总是无为的,因为它总是,或者永远顺应自然,而不违逆它。把"无为"解释为"顺自然",或者"不妄为",这都是合乎文义的。①
"无名之朴","无名"指"道"本身,所谓"道常无名","吾不知其名";"朴",这里当指朴真,也就是素朴的本性。第十五章"敦兮其若朴",第十九章"见素抱朴",第二十八章"复归于朴,朴散以为器",第三十二章"朴虽小,天下莫能臣",第五十七章"我无欲,而民自朴",都是类似的意思。

老子总是关注国家政治的,这与他的生活和工作环境有关,作为史官的他,虽然并不在权力的核心,但仰观俯察,静观玄览,无论是天地自然,还是历史或现实发生的事情,都了然于心,而他的思想境界与学术理想,都与现实政治相关,这又是其价值观所决定的。依老子的主张,应当以道治国。道家之为道家,在乎始终都依循"道"的原则,《庄子·人间世》有句话,"凡事若小若大,寡不道以欢成",这可作为道家立场的准确表达,意思是:凡事情不管大小,很少有不合于道、却能愉快地完成了的。既然无论事情的大小,都必得合乎道,那么治理国家这样大的事情,就更难想象有不合乎道,却能治理好了的。其实在这个方面,儒家也是坚执这个理念的,只不过孔子所说的"朝闻道,夕死可矣"的那个"道",与道家的"道"是不同的。把"无为"理解为"不作为",那是缺乏智慧的,要是不作为,如何有"无不为"的效果呢?而把老子所说的"无为"理解为"顺应自然",或者"不妄为",是对的,但意思不完整,顺应自然意味着治国者不去改变某些东西,但不意味着治国者自己清静下来了。至于说"无不为",则是大作为了,使世间一切好的事情都发生了,这种效果必以

---

① 王弼注"无为"为"顺自然也"(《老子注》)。陈鼓应解释"无为"是"不妄为"(《老子译注及评介》,第203页)。

"清静无为"为前提。"万物将自化",字面上的意思也是万物将自己发生变化,只是这变化并非无序的、不合目的的,它们既当合乎万物自身的目的性,也合乎治国的目的性;"万物"也并非仅限于物,也涵括了人在内。万物自化了,事情并没有完,老子说"化而欲作",即欲望产生了,物谈不上欲望,只能是人有了欲望,这不论是统治者,或者是黎民百姓,都有这个问题,谁没有欲望? 只是各有不同的欲望罢了。道家的立场,大凡欲望都是不好的,所以要抑制欲望,方法就是"无名之朴",朴在这里既是素朴、朴真,也是本性,回归到本性,也就是无欲望了。不过,老子这里说的主要是统治者的欲望,因为位置越高,社会影响越大。这也如第五十七章所讲的:"我无为,而民自化;我好静,而民自正;我无事,而民自富;我无欲,而民自朴。"只是本性素朴,并非没有物质的需要,道家所要讲求的素朴,是排除了超过本性需求的奢欲的。做到素朴了,自然也就回归到清静了。所以,老子说的无为而无不为,终究是要达到清静境界的。至于说是"天下将自定",还是"天下将自正",意思差别不大。

## 大国以下小国

### 第六十一章

大国者下流,天下之交,天下之牝。牝常以静胜牡,以静为下。故大国以下小国,则取小国;小国以下大国,则取大国。故或下以取,或下而取,大国不过欲兼畜人,小国不过欲入事人。夫两者各得其所欲,大者宜为下。①

[译文]  大国应该处在像是江河的下流,那是天下交会的地方,也是天下雌柔的地方。安静的雌性动物(牝)总是胜过躁动的雄性动物(牡),正因为它以安静处于下方。所以大国对待小国,若能谦下地处在雌柔位置,就能取信于小国;小国若能以雌柔的态度对待大国,就能为大国见容。无论是取信于他国,或者见容于他国,不过是要蓄养小国,或者求容于大国。这样的大国和小国,各自取得自己想要的,大国尤其应当谦下一些。

---

①  河上、王弼本同。帛书甲本为"大邦""小邦",陈鼓应《老子注译及评介》采帛书本。国、邦,文意相当,可以互释。这里采取河上、王弼本。

[释文] 这段话原本是谈论国际关系的,如果不是采取霸道,而是采取王道,那么它是大有裨益的,因为霸道与王道相对立,霸、王不同道,不能说采取霸道的君主也会认为王道有用,当然,也存在这样的事情,一个坚信霸道可以成王的君主,也会搞一些王道的东西,就像一个常偷公家钱的人,同时又讲求德性修养一样,这也不难理解,人性中总会有善有恶,就看哪个方面占了上风。只不过,当行了霸道的君主,其所行的王道,总有些牵强,甚或虚假不实在。

在春秋时期,有两个国家接近这个目标,一个是小国的典范,一个是大国的典范。小国的典范是郑国,春秋有称为"五霸"的强国,郑国处在这些强国中间,处境艰难,但是在子产等贤臣的辅佐下,不亢不卑,有尊严而自在地周旋于大国之间;而齐国是大国的典范,在管仲等人的辅佐下,"九合诸侯",而齐国也并没有因为自己强大就动辄兴兵欺凌小国。对此,最为追求王道的孔子评价说:"有君子之道四焉,其行己也恭,其事上也敬,其养民也惠,其使民也义。"①"人谓子产不仁,吾不信也。"②谈到管仲的时候,孔子说:"人也,夺伯氏骈邑三百,饭疏食,没齿无怨言。"③"桓公九合诸侯,不以兵车,管仲之力也,如其仁,如其仁。"④虽然,子产和管仲在各自所服务的国家,都推行法治,却又都讲求人道,所以得到孔子的赞赏。

《荀子·王霸》:"故用国者,义立而王,信立而霸,权谋立而王。"中国的文化传统讲求以王而霸,不主张以霸而霸。当以王而霸时,远近来服;以霸而霸时,或能称雄一时,但来得快,去得也快。以老

---

① 《论语·公冶长》。
② 《左传·襄公三十一年》。
③ 《论语·宪问》。
④ 同上。

子的看法,雌柔、下流都属于静,既然雌柔、下流可以胜雄躁、上流,那么无论大小国家,能够静定的君主,才是王者之道。《吕氏春秋》卷十七有个说法:"得道者必静,静者无知。知乃无知,可以言君道也。……天之大静,既静而又宁,可以为天下正。"意思是做君主的,应当静定、谦柔,善于倾听,善于观察,而不要轻率,自以为是,躁动妄为。

知人与自知

# 天下莫能与之争

## 第二十二章

曲则全,枉则直,洼则盈,敝则新,少则得,多则惑。是以圣人抱一为天下式。不自见,故明;不自是,故彰;不自伐,故有功;不自矜,故长。夫唯不争,故天下莫能与之争。古之所谓曲则全者,岂虚言哉!诚全而归之。①

**[译文]** 委屈反而能保全,屈枉反而能伸展,卑下反而能充盈,敝旧反而能出新,少取反而能多获,多得反而迷惑。所以,圣人抱守"一"作为天下的规则。不自以为见,所以明达;不自以为是,所以昭彰;不自我夸耀,故有功劳;不自我骄矜,所以为首长。唯独不与天下相争,所以天下无人能够与他相争。古代所说的"委屈反而能保全",哪里是虚言?的确是能始终保全之。

---

① 河上本、王弼本同。傅奕本写为:"圣人袭一以为天下式","岂虚言也哉"。帛书本写为:"洼则盈","是以圣人执一,以为天下牧","不自示故章,不自见也故明","弗矜故能长","古之所谓曲全者,幾语哉,诚全归之"。

[释文]　"曲则全,枉则直"句,这是一个典型的逆向思维,保全、伸展、充盈、出新,多得而不惑,为人之所愿,但是,这愿望并非能直接获得的,越是想得到,就越是得不到,俗语"欲速则不达"也是这个道理。① 委屈、屈枉、卑下、敝旧、少得等行为,都是一种谦逊、退让、处下的态度,为了保全,某些时候我们需要委屈自己,不能拿鸡蛋碰石头;为了伸展自己的意志,我们有时需要经过曲折而艰难的过程;为了使自己精神充实,我们需要姿态低下,才能从别人那里学到东西;为了获得更新与新生,也不是新上出新,而是推陈出新;得到的东西也不是越多越好,得到的东西越少,我们因此获得的更多,诸如少了东西,获得了人格与他人的尊重;反之,多得了东西,反而会因此陷入困惑,即为物所困,失去了方向与目标。

"是以圣人抱一以为天下式","抱一",即守一;"一",有人理解为"道"②,有人理解为"少之极"③,有人理解为"淳一"④,以上各解皆能通,不过,这个"一"不是孤立的"一",应该是与本章有关的,即与委屈、屈枉、卑下、敝旧、少得等内容相关的、且能统摄上述内容的"一",故此,这个"一"当为行之始终、守之一贯的淳一,即遇到保全而委屈,遇到伸展而枉屈,遇到充盈而卑下,遇到出新而敝旧,遇到多得而少得,总是采取谦柔、屈让的态度,像水德一样。当然,这个态度最终是符合道的精神的。

"不自见,故明;不自是,故彰;不自伐,故有功;不自矜,故长"

---

　①　《老子河上公章句》:"曲己从众,不自专,则全其真也。枉,屈己而伸人,久久自得直也。"王弼《老子注》:"自然之道,亦犹树也。转多转远其根,转少转得其本。多则远其真,故曰'惑'也。少则得其本,故曰'得'也。"
　②　李荣《老子注》:"一,道也。圣人怀道,故言抱一。动皆合理,可以轨物,故言式也。"任继愈《老子新译》:"圣人用道(一)作为观察天下命运的工具。"(第107页)
　③　王弼《老子注》:"一,少之极也。式,犹则也。"
　④　唐玄宗《御注道德经》:"圣人抱守淳一,故可以为天下法式。"

句,这里的"见",不应当被解为"看得见",而应当为见识之"见","自见"与"自是""自伐""自矜"相匹配,即不自以为有见识,所以才算是明达;①这里的"彰"意谓昭彰,乃是智慧的昭彰,不自以为是,才可能放出智慧之光;这里的"伐"为夸耀,"功",乃是实际的功业,是否建立了功业,不是靠自己夸耀的,是要由别人去说的,自己夸耀了,恰好说明功业不显赫,显赫了就不用夸耀了;这里的"矜"为矜骄自傲、自大,"长"为众人之首长,自我矜骄本是显耀身份,前提是有身份可显耀,然而,显耀了身份这个行为本身就表明德性修养不好,境界不高,所以,即便有了众人之长的身份,也难以赢得别人的敬重,只有拥有众人之长的地位而从不显耀,才能赢得别人的敬重。

"夫唯不争,故天下莫能与之争",这是一句总结性的话,"不争"是一个守柔的德性修养,一个对待世界、社会和他人的善意和态度,而"天下莫能与之争",则是效果。在老子看来,当德性修养、善意和和谐态度达到一个相当的高度时,天下人自然会归服,这就是"天下莫能与之争"。而与人相争,就说明德性修养、善意与和谐态度的高度不够,还要通过"争"来获得认可。

"古之所谓曲则全者,岂虚言哉!诚全而归之"句,这是再次强调句首的"曲则全"那句话,只不过,在表现形式上似乎是借助了古人的话,再次强调,无非是要表明,这是一个历史经验的总结,而不是随意讲出的"虚言"。②

---

① 吴澄《道德真经注》:"自见犹云自炫,明谓智之明。不自见者,用晦而明也。"
② 李道纯《道德会元》:"是真实语。"

## 自见者不明

### 第二十四章

企者不立;跨者不行;自见者不明;自是者不彰;自伐者无功;自矜者不长。其在道也,曰:余食赘形。物或恶之,故有道者不处。①

[译文] 抬起脚跟想站得更高,反而不能自立;跨越而走,反而不能行得远;自以为有见识者,反而不明达;自以为是者,反而不昭彰;自我夸耀者,反而无功业;自我矜骄者,反而不能成为首长。从道的立场来看,这些都只是残余之食、尤赘之行,谁都厌恶它们,所以有道的人不以此自居。

[释文] "企者不立,跨者不行","企",河上本写为"跂",古代企、跂通用;"跨",指越,谓三步并成两步。跐起脚跟想要站得高看

---

① 这里采取王弼本。河上本写为:"跂者不立","其于道也","故有道者不处也"。傅奕本与王弼本同,仅"故有道者不处也",比王弼本多一个"也"字。帛书本写为:"炊者不立","自示者不章,自见者不明","故有欲者弗居"。

得远,但不能持久而立;三步并为两步而跨越,也不能持续,所以行不远。这句话本来只是论述一般的道理,但也被理解为某种政治与仕进的企图,如想升得高,进得快,反而不成。①

"自见者不明;自是者不彰;自伐者无功;自矜者不长",这几句与二十二章的意思相同,不赘述。

"其在道也,曰:余食赘形。物或恶之,故有道者不处"句,道与俗相反,在道的立场看来,"企者""跨者""自见""自是""自伐""自矜"等等,都只是残余之食、尤赘之行,所以崇尚道者皆不采取。正面只能看到浅近的、表面的现象,看不到深刻的、内在的本质,崇道者当从反面看问题,反面才能看到真相,看到了真相的人,自然不会采取世俗的态度了。

---

① 《老子河上公章句》:"跂,进也。谓贪权慕名,进取功荣,则不可久立身行道也。""自以为贵而跨于人,众共蔽之,使不得行。"

天下莫能臣

## 知止不殆

## 第三十二章

道常无名。朴虽小,天下莫能臣也。侯王若能守之,万物将自宾。天地相合,以降甘露,民莫之令而自均。始制有名,名亦既有,夫亦将知止,知止可以不殆。譬道之在天下,犹川谷之与江海。①

[译文] 道总是没有名称的。"朴"虽然小,但天下没人能够支配它。侯王如果能守持住它,万物都将自愿服从。天地之间相合,降下雨露,百姓并没有被指令均匀而自然均匀了。朴分散为万物从而有了名称,既然已经有了名称,那么就要知道适可而止,知道适可而止,可以不陷于危殆。譬如道在天下,犹如川谷之归于江海。

---

① 这里采取王弼本。河上本写为:"天亦将知之","知之所以不殆"。傅奕本与王弼基本同,只有个别字不同,如:"王侯若能守","民莫之令而自均焉"。帛书本写为:"道恒无名","朴虽小而天下弗敢臣","天地相合,以俞甘露"。竹简本写为:"道恒亡名","朴虽微,天地弗敢臣","侯王如能守之","天地相合也,以逾甘露","譬道之在天下也,犹小谷之与江海"。

[释文] "道常无名",有人理解为"道无常名",因为它无固定的表现形态,无固定的方位,甚至它的存亡也不确定;①有人理解为"无名为常",因它"无形不繁,常不可名"②。这里采取了后者。"道"已经是"名"了,何以说"无名"?由于"道"只是它(宇宙本体)的名号、代号,虽然称它为"道",其实它无论用什么名号,对它来说都是不甚恰当的,故而,在本来的意义上讲,它是没有名称的。这与二十五章"字之曰道"的观念是一致的。

"朴虽小,万物莫能臣",这段话的关键在"朴虽小",对于这个"朴"字,有两种基本的解释,一是直认"朴"为"道",又称"道朴"③;二是理解为"守朴"④。这两种理解都可以说得通。然而。把"朴"解为"朴真",这似乎符合老子的本意,"守朴"也就是守护朴真。在十五章里,"古之善为道者","敦兮其若朴,旷兮其若谷,混兮其若浊",谈的是修道者如何修道的问题,要敦厚得像朴真那样。十九章"见素抱朴",二十八章"复归于朴",也都是这个意思。如此再来理解"小",才更合理。如果说道能大能小,又"非大非小",为何老子要说"朴虽小"呢?"朴"既是指朴真、素朴,那么它是具体的、个性化的东西,至少它不是在普遍的意义上使用的。如同每个人有自己的本真、素朴,这个本真与素朴相对于天地宇宙来说,它是"小",然而,守住这个本真与素朴,则能大。在老子那里,涵括了这样的道理:"善

---

① 《老子河上公章句》:"道能阴能阳,能弛能张,能存能亡,故无常名也。"
② 见王弼《老子注》。
③ 《河上公章句》:"道朴虽小,微妙无形,天下不敢有臣使道者也。"李荣《老子注》:"妙本非大非小,非大能大,虽大不可贵;非小能小,虽小不可贱也。"林希逸《道德真经口义》:"朴,道也。虽若至小,而天下莫不尊之,孰敢卑之?故曰不敢臣。"吴澄《道德真经注》:"朴指道言,道弥满六合,而敛之不盈一握,故曰小。……此道者可以君天下,而天下不敢臣之。"
④ 王弼《老子注》:"朴之为物,以无为心也,亦无名,故将得道,莫若守朴。"

为道"者,能抱守朴真,而能守得住朴真的人,才能得道,既然得了道,那么天下谁敢不宾服呢!"万物莫能臣",就是天下人没有谁能够随意使唤他,得了道,就顶天立地了。

　　"侯王若能守之,万物将自宾",这是将"天之道"落实到"人之道"。"人之道"有两种做法,一是跟随"天之道",将自然精神落实到人间社会的治理当中去;一是跟随人的欲望,在利益面前无节制、无休止地追逐。这里说的是前一种情形。"侯王"泛指一国之君。国君如果能够守持住这个无名之朴,那么没有人不宾服于你。这里的"万物",如同"万物莫能臣"中的"万物"一样,并不简单指物,更是指人,用"万物",就是要把话说得绝对些,意思是没有例外。你得了道,那就会像是江河赴海一样,远近的人民、天下的事物都会归服于你。

　　"天地相合,以降甘露,民莫之令而自均",这段话人们多从两个方面理解:一是把这个过程看成是天人合德、天降祥瑞的结果。①二是天地二气相合而生甘露,自然均调和谐,如同自然平衡的道理,这个道理也适合人间社会;②前一个理解走了"天人感应"的路子,能够承接上一句,但不合老子的意思。后一个解释比较接近老子的意思,却未能达老子的深意。相对来说,王弼的解释更接近老子一些,他认为:天地合而生甘露,这不是人可以参与或感动天地的过程,是它自己的自然过程;人君可以像天地那样,保守自己的真性,

---

　　① 《河上公章句》:"侯王动作能与天相应合,天即[降]下甘露善瑞也。天降甘露善瑞,则万民莫有教令之者,而皆自均调若一也。"唐玄宗《御疏道德经》:"侯王守道以致和平,则无袄沴灾害,地平天成,二气交泰以相和合,降洒甘露,善瑞侯王也。"

　　② 林希逸《道德真经口义》:"天至高也,下而接乎地,天气下降,地气上腾,而后甘露降焉。天地合则甘露降,民之在天下自生自长,莫不均平,谁实使之,自然之道也。若容心而使则不得其均平矣。"

不去主宰百姓,那么百姓自己也会寻天地之道,自然均平和谐。①在老子看来,天地中就蕴含了自然合理性,这种自然合理性的其中一个表现就是均平和谐;国家领导人若能禀赋天地合理性,就不要用太多的政令、教令,试图去主宰人间社会生活,因为这会破坏了人间社会生活自身的均平与和谐。在这里,老子显然是把治国者的政令、教令与自然和谐对峙起来了。

"始制有名,名亦既有,夫亦将知止,知止可以不殆"句,从无名无始的道朴,分化而有名称,而名称一旦确立,就有尊卑上下之分,然而,名分之分应当适可而止,如果不知道适可而止,就将陷入危险了。对于"始制有名",有各种理解,如理解为"官长"制度,②或法律制度,③不过多是从上述基本义衍生出来的。"夫亦将知止,知止可以不殆",这句话在河上公本里面,写成了"天亦将知之,知之所以不殆",但其他各本皆与王弼本同,且河上本文义难通,故采取了王弼本。依老子的意思,有了名称,就应当知止了,但这是一个一般意义上的名分,故此这里也从一般的意义去理解。名称既有了,但名称不可过分讲求,一来名称说到底只是名称,不直接等同于实物,名实之间不能滥了分寸。二来名称与名分,不可过分追逐,而要知止,

---

① 王弼《老子注》:"言天地相合则甘露不求而自降。我守其真性无为,则民不令而自均也。"

② 王弼《老子注》:"始制,谓朴散始为官长之时也。始制官长,不可不立名分以定尊卑,故始制有名也。过此以往,将争锥刀之末,故曰'名亦既有,夫亦将知止'也。遂任名以号物,则失治之母也,故'知止可以不殆'也。"

③ 李道纯《道德会元》:"立法制度。示以好恶。使之知禁。"陈鼓应引傅山《读老子》:"'始制有名制','制'即制度之'制',谓治天下者初立法制,……后世之据崇高者,只知其名既立,尊而可以常有。天下者,非一人之天下,天下之天下也。"《霜红龛集》卷三十二,陈鼓应《老子注译及评介》,第189、190页)

《庄子·天运》认为,名誉、名分只是"公器",①人只可暂时拥有它,不可以长期占据,说的正是这个道理,应当适可而止,应当前客让后客,如果不知道适可而止,就危险了。唐人韩愈有"事修而谤兴,德高而毁来"的名句,也可佐证老子"知止"的思想。

"譬道之在天下,犹川谷之与江海",这是说"道"存在的普遍性,它是作为人类共同的、也是最大的价值,所以,犹如川谷之流自愿地汇归于江湖,而不是江海召唤川谷,川谷才汇归的。② 通过这章的表述,看得出,所谓人类共同的最大的价值,在于道是自然而然地、悄无声息地调节了阴阳、尊卑、高下等关系,以实现均匀、协调与平衡,以满足天下万物自身的需求,所以道在天下,犹如江海与川谷之间的关系一样。

---

① 《庄子·天运》:"名,公器也,不可多取。仁义,先王之蘧庐也,止可以一宿而不可久处。"
② 王弼《老子注》:"川谷之与江海,非江海召之,不召不求而自归者也。行道于天下者,不令而自均,不求而自得,故曰'犹川谷之与江海也。'"《老子河上公章句》:"譬言道之在天下,与人相应和,如川谷之与江海相流通也。"唐玄宗《御注道德经》:"天降甘露以瑞有道之君,在宥天下,则应之犹川谷之与江海流通耳。"

知人者智(死而不亡者寿)

## 知人者智,自知者明

### 第三十三章

知人者智,自知者明。胜人者有力,自胜者强。知足者富。强行者有志。不失其所者久。死而不亡者寿。①

[译文] 能了解别人可称为"智",而能了解自己才算是"明"。能战胜别人算是有力,能战胜自己才算是强大。知足的人富足。坚持力行者是有志。不失其根据的可长久。身死而神存就是长寿。

[释文] "知人者智,自知者明","知人"是了解、知道别人,"自知"是了解、知道自己;"智"是智慧,"明"是明澈、明达,是"智之明"。能够知道、了解别人,这并非易事,知人善任算是一种,知人疾苦算是一种,善解人意又算一种,懂得换位思考以及懂得"兼听则明,偏听则暗"也算一种,这任何一种都不简单。孔子说过:"君子患不知人,不患人不知。"因为人总是担心别人不了解自己,却不担心自己

---

① 河上本与王本同。傅奕本、帛书本只在每句后多了一个句尾语气词"也",其他文字与河上本、王弼本完全相同。

不了解别人，"君子"是有人格的，与一般的人不同，只担心自己不了解别人，从不担心别人不了解自己。所以，了解、知道别人是一种智慧，也是一种人生的境界。但是，依照老子的看法，了解自己才算是明澈与明达，才算是智之明。这个要求比了解别人更难。犹如人有一双眼睛，可以用来看别人，却难用这双眼睛看自己，至少我们看不清自己。认识自己或许需要很长的时间，或许一生，或许一生也完不成，故而哲学家把认识自己作为哲学的任务。知道自己，包括知道自己的长处，也包括知道自己的短处，后者往往需要别人指出来，如果自己没有一个善意的姿态和真诚的态度，都不可能听到别人的批评。所以，唐朝圣明的皇帝李世民也曾发出这样的感叹："自知者明，信难也！"

"胜人者有力，自胜者强"，"胜人"是战胜别人，这属于力量的对比，对峙的双方，当自己的力量强过对方时，会战胜对方，这是个大概率的事情；"自胜"是战胜自己，这不涉及力量的对比，自己就是自己要克服的对象，此时可能会出现两种情形：一是理智与感情的对立，感情总是代表着习性与堕力，理智代表着思维与向上，一般而论，理性战胜感情，也意味着自己战胜自己（这当中自然不排除理性也会犯错误的情形）；二是自我对外的危险情景，比如战争或某种危险处境，感觉本能会害怕，理智告诉自己必须面对，此时克服了恐惧、害怕，也是自我战胜自己。依老子的意思，战胜自己远胜于战胜别人，所以，战胜别人只是力量对比有利于自己，只是有利的表现，而战胜自己则不取决于力量，而是心智、意志或心理，能够战胜、克服自己，才叫强大。

"知足者富"，知足的思想，老子反复申述，如第四十四章"知足不辱"，第四十六章"祸莫大于不知足"，"知足之足，常足矣"，这里谈论的是知足的态度与富足的感觉。"知足"可以在不同情景下说,就像"满足"可以有不同的意思一样,有的指精神的满足,有的指物质财富的满足,有的指地位、处境的满足,在这里是指物质财富的满足。满足与知足之所以是一个态度,是因为不是拥有的东西多了就可以满足了,有人拥有极少,却很满足;有人拥有极多也不满足。人并非找不到那个满足的界限,而是欲望会不断地推高那个界限,所以永不知足。也有人随着财富的增加与阅历的增长,在不断地降低那个满足的界限。所以,满足与知足是一个态度,当然这个态度与人的认知与人生境界有关。富足则是一个感觉,如果知足了,就感觉到富足;如果不知足,就不会有富足的感觉。富翁也会感觉不到富足,流浪汉也能感觉到富足! 也有一种理解,认为知足就可以没有危殆之事,从而长保福禄,就是富足。①

"强行者有志","强行"为勉力而行之义,这里的"强行"与"自胜者强"中的"强"字,都是积极意义的,不同于四十二章"强梁者不得其死"、三十章"不敢以取强"、第七十二章"坚强者死之徒"中的"强"字。勉力而行,意味着自身或者外在条件不足以完成某种愿景、目标,但克服困难,创造条件,义无反顾地履行它,当人觉得理当做某些事的时候,由此会产生强大的意志,甚至于"知其不可而为之"。"志",当指志向、愿景、理想。如果无"志","强行"便是盲动;如果无"强行",仅仅有"志",便是空谈。

"不失其所者久","所"为根据,又称为根据地、基地。中国人讲求进退有据,不可进退失据,此"所"就是这个"据"。这个"所",就是对于已经达到的高度或已经获取的进步,或者已经取得的共识与经

---

① 《老子河上公章句》:"人能知足,则长保福禄,故为富也。"

验。"不失其所",也就是巩固这些高度、进步、共识与经验,以此作为出发点,去博取新的成就。登山需要大本营,长途探索需要里程碑,人生万事皆是如此,总是拥有自己的根据地,才能立于不败之地,所以说才能长久。

"死而不亡者寿",生命的长寿有两种情形,一是身体的长寿,一是精神的长寿。身体的长寿不死,乃是宗教的追求;精神的长寿不死,则为宗教与世俗皆可追求的目标。老子这里说的正是后者。有的人死了,灰飞烟灭,什么也不曾留下来;有的人死了,身体虽死,却活在别人的心里,留下的不仅是身体的形象,更有精神财富留下来,所以说,他依然存在,用王弼的话来说即:"身没而道犹存。"①

---

① 王弼《老子注》:"虽死而以为生之,道不亡乃得全其寿。身没而道犹存,况身存而道不卒乎!"

## 知不知

### 第七十一章

知不知,尚矣;不知知,病也。夫惟病病,是以不病。圣人不病,以其病病,是以不病。①

[译文] 知道自己有所不知,这样最好;明知自己不知却装作知,这是毛病。只有把这种毛病看成是毛病,才不会犯此病。圣人不犯此病,因为他把这个毛病看成是毛病,所以不犯此病。

[释文] "知不知,尚矣;不知知,病也"句,"尚",河上本、王弼本皆写为"上",上、尚通用。这句话与孔子所说"知之为知之,不知为不知,是知也",意思类似,反对强以不知为知。这是一个做人的诚实态度,本来是一个小孩都能做得到的简单事情,但成人要复杂得多,往往做不到,就像说出在嘴边的真话何其容易,但说出来又是

---

① 河上本、王弼本同,皆写为"知不知上",这里采取河上、王弼本,但依帛书本改为"知不知,尚矣;不知知,病矣。"傅奕本写为:"知不知,尚矣。不知知,病矣","圣人之不病","以其病病,是以不吾病"。帛书本不全,写为:"知不知,尚矣;不知知,病矣","是以圣人之不病也,以其病病也,是以不病"。

何其难。难就难在人在说出真实的时候,在平衡诸多的利害关系,最终把所知与所不知的实情平衡掉了。这也是一个学风问题,人当认识到自己所学所知的局限,不把自己的一偏之见或有限的知当作真理,不拿自己不确定的知识忽悠他人。故而,把自己的不知当作知,就是毛病了。论者有一个说法,这是一种"德之病",即品德上的毛病。①

"夫惟病病,是以不病",能够意识到把不知当作知是一种毛病,所以就不会犯这个毛病。这是一种自我意识,一种对自我的知,只有意识到毛病,才可能不犯此毛病。有的人没有意识到这是毛病,这是认知问题,没有认知到,也就不会给自己设下界限;有的人是不愿意面对自己的毛病,即虽然意识到这是毛病,但不愿意承认,讳疾忌医,也就如同不把毛病当毛病了。

"圣人不病,以其病病,是以不病",圣人之所以不犯此毛病,就在于他有清楚的自我意识。圣人也是人,而"不知知"之"病"乃是人的毛病,圣人之为圣人,不在于他的非人性,而在于他能对人性的毛病有清澈的认知,所以不犯人的这个毛病。有人认为,圣人与世人的区别,在于圣人不以知为知,得到的是真知;世人不知以为知,得到的是妄知,妄知就是毛病了。②

《吕氏春秋·听言》曾评述过帝尧启用舜、舜启用禹的事:

尧如何能够礼贤天下之士而启用舜呢?舜又如何礼贤天下之士而启用禹呢?凭他们的耳朵所听到的作出判断,之所以凭耳朵听到的可以作出判断,是因为出于人的"性命之情"。如今当政者对此

---

① 《老子河上公章句》:"不知道,言知,是乃德之病。"
② 《老子河上公章句》:"圣人无此强知之病者,以其常苦众人有此病。"李道纯《道德会元》:"圣人无所不知,不自以为知,真知也。世人无所知,自以为知,妄知也。"

感到困惑不解,是因为他们不知道这是出于"性命之情"。其次他们不知道观察五帝三皇如何治理天下,那么他们何以知道当世不可治理呢?又何以知道自身比不上五帝三皇呢?最高的境界是知道,其次是知道自己不知。知道自己不知就问,不会做就学。学贤问,这是三代之所以昌盛的原因。不知而自以为知,这是出现百祸的根本原因。①

所谓"性命之情",当指人的心智健全的本能,尧、舜之所以凭着耳朵所听到的有关舜、禹的口碑,就能决定把帝位传给他们,就因为他们凭着耳目外通和健全的心智,能够听到真实的情况。后世的君主既缺乏这种"性命之情",又缺乏对于五帝三皇治理天下的历史了解,还自作聪明,不知却自以为知,这恰恰是一切祸害的根源。

---

① 《吕氏春秋·谨听》:"夫尧恶得贤天下而试舜?舜恶得贤天下而试禹?断之于耳而已矣。耳之可以断也,反性命之情也。今夫惑者,非知反性命之情,其次非知观于五帝三王之所以成也,则奚自知其世之不可也?奚自知其身之不逮也?太上知之,其次知其不知。不知则问,不能则学。《周箴》曰:'夫自念斯学,德未暮。'学贤问,三代之所以昌也。不知而自以为知,百祸之宗也。名不徒立,功不自成,国不虚存,必有贤者。"

# 如何看待财富

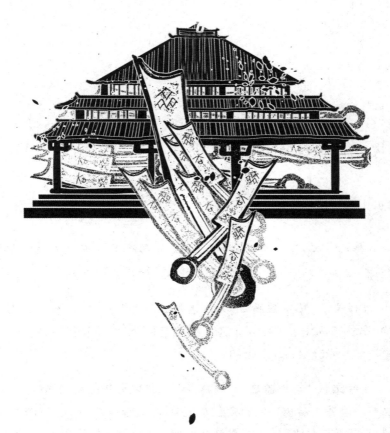

金玉满堂,莫之能守

## 金玉满堂,莫之能守

### 第九章

持而盈之,不如其已;揣而锐之,不可长保。金玉满堂,莫之能守;富贵而骄,自遗其咎。功遂身退,天之道也。①

[译文] 执持盈满,不如休止。锻造而使之锐利,不能长久保持。金玉满堂,无人可以守藏。富贵而骄淫,将自取其祸害。大功告成而及时隐退,这是天之道。

[释文] "持而盈之,不如其已",这是以器物的溢满为喻,如果执持一盈满之器物,必将倾溢之,还不如及时放弃。② 引申的意思则为,骄傲而自满了,就会有倾危之险,不如始终保持谦逊,不使盈

---

① 河上公本写为"功成名遂身退,天之道"。王弼本写为"揣而棁之",但王弼"注"又写为"锐而令利",可见当为"锐"字;傅奕本写为"鼓而棁之";帛书本写为"揣而允之,不可长葆也";竹简本写为:"炱而盈之,不不若已,湍而群之,不可长保也。金玉盈室,莫之能守也。富贵骄,自遗其咎也。"

② 河上公注为:"盈,满也。已,止也。持满必倾,不如止也。"林希逸《道德真经口义》:"器之盈者必溢,持之则难,不如不盈之易持。已者,不盈之意也。"

满。恰如四十二章所说:"物或损之而益,或益之而损。"这里说的正是后一种情形,过于盈满,就会招致损害。《周易》"谦卦":"谦亨,君主有终。"又如《尚书·大禹谟》:"满招损,谦受益,时乃天道。"庄子在《大宗师》里,描绘过真人的人格,其中谈到真人是如何广大而谦逊的样态:

  古代的真人,他的行为与他人处得来,却不会与人结为朋党;他冲虚不足,却不必承受;他遨游独化,却并不固执;他虚怀广大,却不浮华;他和畅的样子像是喜悦,他动态的样子似乎从不停息,他温润和蔼的样子使我喜形于色,他动而常寂的样子使我心性归服。辽阔啊,无边无际;高远啊,未可限量;绵邈啊,似十分的宽闲;无心啊,似乎忘了语言。①

"揣而锐之,不可长保","揣"是锻造、锤炼的意思,②如剑被锤炼得既尖又锐、锋芒毕露的样子,是不能长久的,因为过于锐利则易折损。为人方面,如锋芒毕露,既易伤人,也易伤及自己,所以说,武器好使就行,不必过于锐利。

"金玉满堂,莫之能守",这是谈论对待财富的态度,意思是财富其实是守藏不住的。《庄子·大宗师》谈到藏金与藏山的寓言故事:

  把舟藏在深渊里面,把山藏在湖泊中间,这可以算是稳固的了。可是,半夜的时候,不料有个大力气的人,连同你的舟和山一同背走了,而睡熟了的主人对此毫无知觉。所以,藏小的东西,或者藏大的

---

① 《庄子·大宗师》:"古之真人,其状义而不朋,若不足而不承;与乎其觚而不坚也,张乎其虚而不华也;邴邴乎其似喜也,崔崔乎其不得已也,滀乎进我色也,与乎止我德也,广乎其似世也,謷乎其未可制也,连乎其似好闭也,悗乎忘其言也。"

② 河上公注为:"揣,冶也。"

东西,本以为已经很妥当了,却还是丢失了。如果你把天下藏在天下,就不会丢失了,这是事物的真实情形。

《庄子·胠箧》中又谈到藏宝贝的故事:

有人为了防止小偷盗箱子、撬匮子,于是想尽办法来防备,用绳子、藤子把箱子、匮子捆得紧紧的,加上坚固的锁匙,这是世俗所称的智慧。然而,来了个大盗,却背了主人的匮子、提了箱子一起走了,那大盗还唯恐主人的绳子、藤子和锁子不够坚固呢!所以啊,乡里人所以为的智慧,难道不是为大盗积攒财富吗?

俗语说:"富不过三代",此之谓也。

"富贵而骄,自遗其咎"。因为富贵而骄奢淫逸,最终给自己留下了祸患,如时语所说"给自己挖了个大坑"。不过,骄淫大多是因为大富大贵所引起的,尤其是对于那种身份变化的人来说更是如此,"得意忘形"指的正是此类情形。秦国宰相李斯在任时,与宦官赵高勾结,"持禄位之重,阿顺苟合,严威酷刑,听高邪说,废嫡立庶"①,却在被赵高诛杀的时候想到:要是能过一个平常人的生活该多好啊,他对自己的儿子说:"我想与你再牵着黄犬,一起到上蔡东门外去追逐狡兔,还能行吗?"隋炀帝杨广在没有当上皇帝之前,其姿态也不高,据说口碑还不错呢,因此得了父皇的信任,然而当了皇帝之后,骄奢淫逸至极,在十三年的光景里就把一个好端端的大隋王朝玩完了,不仅自己身死国灭,还贻害后辈,他的儿子皇泰主被王世充鸩杀的时候,还发出了无力的感叹:"愿从今往后,永世不生帝王家!"这类教训,不胜枚举。既是身份变化的反差使人产生如此的后果,那么老子这句话就是醒世恒言了,对于那些发了迹的"穷小子"

---

① 《史记·李斯列传》。

和进了城的"灰姑娘"来说,又都是一场人生的考验。

"功成身退,天之道也",这里虽然没有说出"人之道",其实是在与"人之道"相比较的情形下,强调了"天之道"。"人之道"主张的是功成名遂,长保富贵,不会主张"功成身退",《孝经》:"立身行道,扬名于后世,以显父母,孝之终也。""富贵不离其身,然后能保其社稷,而和其民人,盖诸侯之孝也。"老子在这里并没有说立功晋爵的"人之道"有什么不对,只是说"天之道"是与此不同的。人间社会是"天下熙熙,皆为利来;天下攘攘,皆为利往"(《史记·货殖列传》),《老子》第二十章也描绘了人间社会的众生相:"众人熙熙,如享太牢,如春登台。""俗人昭昭""俗人察察""熙熙攘攘"是众人对于功名利禄的热衷,"昭昭""察察",是对于功名利禄的算计。而"天之道"遵循的是自然主义,不会用心追寻"人之道"所在意的东西,如第十七章所说:"功成事遂,百姓皆谓我自然。"这里有一个观念需要澄清,"天之道"并非不做立功立德的事情,而是要超越功德,也并非不做人间社会的事情,也是要追求"功成事遂"的,只是要"功成而身退",事情做成了,不去占据那个名分与利禄,而是乘着大家不注意的时候,悄然转身,消失在人们的视野中。①

《庄子·应帝王》中描述了至人的人格:

至人用心像一面镜子那样,对待万物不有意送走,也不有意迎接,事情来了就及时反应,而不有心藏匿,所以,他能够掌握事物,却

---

① 陈鼓应认为:"'身退'并不是引身而去,更不是隐匿形迹。王真说的对:'身退者,非谓必使其避位而去也,但欲其功成而不有之耳。''身退'即是敛藏,不发露。老子要人自完成功业之后,不把持,不据有,不露锋芒,不咄咄逼人。可见老子所说的'身退',并不是要人做隐士,只是要人不膨胀自我。"(《老子注译及评介》,第91、92页)

不会伤害事物。①

"至人"的人格是庄子理想人格中最高的一格,所以,他的行为是最能体现"天之道"的,而他也非不用心,他有自己的"用心",那就是掌握事物,成就事物,却不伤害它们。

---

① 《应帝王》:"至人之用心若镜,不将不迎,应而不藏,故能胜物而不伤。"

## 甚爱必太费

### 第四十四章

名与身孰亲？身与货孰多？得与亡孰病？是故甚爱必大费，多藏必厚亡。知足不辱，知止不殆，可以长久。①

[译文] 名誉与生命哪一个更亲切？生命与财货哪一个更重要？得到与失去哪一个更有害？所以，过分的贪爱必致很大的破费，过分的聚敛必致惨重的损失。知道满足可以不致屈辱，知道止步可以不陷危殆，可以长久平安。

[释文] "名与身孰亲？身与货孰多？得与亡孰病"，这是一个价值与利益的比较，"亲"，论者多解为"亲切"，相对应的是"疏"，但也有解释为"爱"的；②"多"，非多少之义，而是"重"的意

---

① 河上公本与王弼、傅奕本基本相同，只是河上公本少"是故"两字，这里采取王弼、傅奕本。帛书本文字不齐，已有文字与王弼本、傅奕本同。

② 王弼《老子注》："尚名好高，其身必疏。"任继愈《老子新译》："虚荣跟生命哪一个更亲切。"（第155页）吴澄《道德真经注》："亲，犹云所爱。名与身，孰为可爱者乎？"

思,引为"重要";①"病",这里指损害。比较名誉与生命,当然生命更亲切,名是虚名、虚荣,属外在的东西,只是满足了心理的虚荣感,而生命属于内在的、自己的,生命本身需要自在与自由,并不必须名誉,在老子看来,即便名誉与名义是需要的,在必须要做选择的时候,比起生命来说,它也显得不重要了。牺牲生命以换取名誉、名义,是不划算的。同样,对待生命与财货,哪个更重要?财货也是维持生命所必须,但财货的多少也应当在维持生命所需与奢侈贪婪之间划出一道界限,当财货的需要超出维持生命所需的时候,就要掂量生命与财货哪一个更重要了,得财货越多,生命失去的也越多。②再者,维持奢侈的生活,也要继续付出高昂的生命代价。"得与亡孰病",对这句话论者多有歧义,基本有两种理解:一是得财货而亡身,③二是得财货而亡财货。④ 笔者以为,这里的"得"与"亡",应当不指具体的得财货与亡(失)生命、亡财货,如果"得"指得名利,"亡"指失生命的话,那么前两句话已经在"孰亲""孰多"中表达过了,如果再讲这个,语义重复,依老子的逻辑,这里的"得"与"亡"是在最一般意义上讲的,即从名誉、财货及其生命的具体情形,上升到抽象意义的得与失,即在任何情形下的得与失。如此,这句话的意思就是:得到与失去,哪一个损害更大?一般理解,认为得到与失去,失去损害更大,如得到财货,失去生命,但是,依照"正言若反"的思维惯性,

---

① 陈鼓应《老子注译及评介》引奚侗注:"《说文》'多,重也。'谊为重叠之重,引伸可训为轻重之重。《汉书·黥布传》:'又多其材。'师古注:'多,犹重也。'"
② 《老子河上公章句》:"财多则害身也。"王弼《老子注》:"贪货无厌,其身必少。"
③ 王弼《老子注》:"得多利而亡其身,何者为病也。"《老子河上公章句》:"好得利则病于行也。"吴澄《道德真经注》引司马氏语:"得名货而亡身,与得身而亡名货一者,孰病?"陈鼓应《老子注译及评介》:"'得',指得名利。'亡',指亡失生命。"(第234页)
④ 唐玄宗《御注道德经》:"得名货与亡名货,孰者病其身也?"林希逸《道德真经口义》:"名货皆外物也,无益于吾身,则虽得虽亡,何足为病?而不知道者每以此自病。"

则是得到比失去损害更大。失去往往是明面的、看得清的,而得到所带来的损害是潜藏的、看不清的,往往比失去带来的损害更大。这才是老子的意思。[①] 诸如:得名者自大,得财者炫耀,得势者猖狂,得天下者成孤家寡人!

"是故甚爱必大费,多藏必厚亡",这里的"爱"是贪爱,"费"是周折、耗费;"藏"是敛藏,"亡"是失。过分的贪爱必定会带来大的周折与耗费,一般的爱好并不算是贪爱,只有过分的、不正当的、玩物丧志的爱好才是贪爱。"多藏"指无节制的敛藏,聚财聚物,巧取豪夺,搜刮民财,皆属"多藏",这里的"多"与"甚"字意同,也是过分的意思。无节制地敛藏必定损失惨重,原因有很多,诸如敛藏本身可能是不正当的,剥夺者最终也会被剥夺,多藏会有很高的成本,藏得越多越招人惦记等等。在第六十四章里,老子说"欲不欲,不贵难得之货","难得之货"正是贵重的财货,不把难得之货看得贵重了,奢望就减少了。以庄子的观念来表达,财富越是藏得深固,丢失得越是彻底。

"知足不辱,知止不殆,可以长久",依照上下文的关系,这里的"知足"与"知止",都是与财富有关系的,"知足"属于心理的满足所采取的态度;"知止"属于心理满足所采取的行为,知道适可而止,在哪里止步。而对待财富的心理满足并不应该建立在欲望的满足基础上,欲望是不可能满足的,而应当建立在身心实际需求上,超过实际需求,便是奢望。人若能把满足的分界线设定为身心实际需求,

---

[①] 成玄英《老子注》:"夫多贪得财必丧己,少欲亡货则存身。然则得是丧己之徵,亡是存身之验。丧己可以为病,存身可以为药。世人翻以得为遇、以亡为病者,不亦谬乎!"苏辙《道德真经注》:"不得者以亡为病,及其既得而患失则病,又有甚于亡者。惟齐有无、均得丧,而无后病也。"

那么，对待奢望的东西，至少采取可有可无的态度，故而随时可以止步，且止得了步。知道满足，不会招致屈辱；知道止步，可以不陷入危殆之地。如果将实际需求的分界线设置得过高，那就是老子说的"求生之厚"。屈辱大多是因为有求于人，危殆大多是由于追逐奢欲，为了不致屈辱与危殆，需要把自己的实际需求降至可能的低，不去追逐奢欲。当人们能够做到这一步的时候，也就"可以长久"了。老子这句话是针对财富问题说的，但一语多意，既指处世的平安长久，也指生命的平安长久。

不贵难得之货

## 不贵难得之货

## 第六十四章

其安易持,其未兆易谋。其脆易泮,其微易散。为之于未有,治之于未乱。合抱之木,生于毫末。九层之台,起于累土。千里之行,始于足下。为者败之,执者失之。是以圣人无为,故无败;无执,故无失。民之从事,常于几成而败之。慎终如始,则无败事。是以圣人欲不欲,不贵难得之货。学不学,复众人之所过,以辅万物之自然而不敢为。①

---

① 河上公本与王弼本只有一字之差,河上本写为"其脆易破",王本写为"其脆易泮",这里采取王弼本。傅奕本写为:"其脆易判","为之乎其未有,治之乎其未乱","合裹之木,生于豪末","民之从事,常于其几成而败之","慎终如始,则无败事矣","学不学,以复众人之所过"。帛书本文字不齐,录其相异者为:"其安也,易持也","九成之台,起于累土""百千之高,始于足下","是以圣人无为也,□无败□","无执也,故无失也","民之从事也,恒于其成而败之","故曰:慎终若始,则无败事矣","而不贵难得之货","能辅万物之自然而弗敢为"。竹简本文字不齐,录其相异者为:"其安也,易持也;其未兆也,易谋也","其脆也,易判也;其几也,易散也","为之于其亡有也,治之于其未乱","为之者败之,执之者[远]之","是以圣人亡为故亡败,亡执故亡失","临事之纪,慎终如始,此亡败事矣","教不教,复众之所过"(竹简 15a 写为"学不学,复众之所过"),"是故圣人能辅万物之自然而弗敢为"。

[译文] 安稳的局面容易守持,未出现迹象的时候容易筹谋。事情脆弱的时候容易破除,事情微小的时候容易消散。在事情还没有出现的时候提前防范,在没有发生祸乱之前采取治理的措施。双臂合抱的大树,从细微的苗芽生长;九层之高的楼台,从第一层的泥土筑起;远行千里,从迈开第一步开始。强意作为,会因此失败;勉强把持,会由此失去。因此,圣人不作为,所以不失败;不执掌,所以没失去。百姓做事,常常接近成功、却最终失败了。始终如一地谨慎,就不会有失败之事。因此,圣人把不欲作为自己的欲望,不看重那些贵重之物;学常人所不学的东西,以补救常人的过错,借以辅助万物自身的自然而然,而不敢妄作妄为。

[释文] "其安易持,其未兆易谋。其脆易泮,其微易散。为之于未有,治之于未乱"句,"泮",傅奕本、竹简本皆写为"判",泮、判通用,为"破"的意思,"微",竹简本写为"几",几、微可以互释。这几句话,意在表明在事态平稳之时,尚可控制;问题在脆弱的状态,容易破解。人当居安思危,在无事的时候,就要筹划可能出现的事,毕竟提早筹划方便,破解脆弱的苗头容易。① 至于"为之于未有,治之于未乱",这是说凡事皆有个发展过程,不要等到问题出现了,才去想怎么应对,而应及早采取措施;对于治理国家来说,更是要在混乱局面出现之前,就采取治理,把可能出现的混乱处理在萌芽状态。俗语"防患于未然",以及"人无远虑,必有近忧",说的正是这种情况。

"合抱之木,生于毫末。九层之台,起于累土。千里之行,始于

---

① 《河上公章句》:"情欲祸患,未有形兆时,易谋止也。""祸乱未动于朝,情欲未见于色,如脆易破除。""其未彰著,微小易散去也。""欲有所为,当于未有萌芽之时,塞其端也。""治身治国于未乱之时,当豫闭其门也。"

足下"这几句是借三种现象说明任何事情都有自己的起始、发展与完成的过程。参天大树是从苗芽开始成长的,高楼大厦是从累土开始堆积起来的,行千里之远是从举足迈步开始的。常人总是注意事情的现状,不去注意事情的萌动、兴起与发展的经过,当事情已经发生之时,才急忙采取应对措施,而此时也只能治表而不能治里,治流而不能治源,也就不能从根本上解决问题。如果具有一双慧眼,能够从现象中识别出事物的品类、事情所处的阶段,就能把住脉动,有理、有节、有序地采取措施了。《荀子·劝学》也说过类似的话,如:"不积跬步,无以至千里。不积小流,无以成江海。"不过,荀子的目的在于劝学,老子的目的在于防患于未有、未乱之先。

"为者败之,执者失之。是以圣人无为,故无败;无执,故无失"句,这里回到老子的基本立场上了,即道家的无为而治的政治哲学理念。"为者",即有为者;"执者",即执意把持。① 前面的叙述似乎只是铺垫,到此则回到圣人的治国立场,故而所说皆与政治哲学有关。这里的"为"非一般的为,而是治理国家之为;这里的"执"也非一般的名利的把持,而是国家权力的把持。国家这么大,不能仅靠领导人的有为,而是要臣民有作为,当臣民都有作为的时候,领导人反倒可以无为了。领导人的有为可能干扰、阻碍了臣民的作为,所以,领导人最好是无为。领导人的作为就在于创造一种和谐自在的环境,使得臣民能够有所作为。老子这段话表达的是一个理想类型,却又是以历史经验作为基础,凡是强意妄为的必定失败,凡是执

---

① 《老子河上公章句》理解为"执利":"执利遇患,执道全身,坚持不得,退让返还。"王弼《老子注》理解为有为治国:"当以慎终除微,慎微除乱。而以施为治之,形名执之,反生事原,巧辟滋作,故败失也。"陈鼓应《老子注译及评介》理解为"执意把持"。(第298页)

意把持国家领导权的必定失去权力。强意妄为违背百姓的意愿,执意把持国家权力违背民心向背。圣人之所以无败亡、无失去,就在于他不强为、不把持,让臣民充分地去创造、去作为,把权力还原给臣民,让臣民自己成就自己。

"民之从事,常于几成而败之。慎终如始,则无败事",这里的"民"指个体的常人,常人之所以做事总是将要成功了,最终却失败了,就因为他难以"慎终如始"①,即从头至尾皆小心戒惕,古语说"靡不有初,鲜克有终",说的也正是此类情形。《书经·太甲》:"惟慎终于始。"意思是要想有一个好的结果,就要有一个好的开始。老子的意思就不只是要开始了,而是自始至终,都要谨慎,要不然胜利就可能偷偷地溜走了。

"是以圣人欲不欲,不贵难得之货。学不学,复众人之所过,以辅万物之自然而不敢为"句,圣人并非没有欲望,是人就会有欲望,只是圣人的欲望不同于常人,圣人的欲望是"不欲",即把没有名利、没有权力作为自己的欲望。既以"不欲"为欲望,自然也就不会把难得之货看得珍贵了。所谓"难得之货",凡是人之所欲、且不易获取的就是难得之货,既"不贵难得之货",也视之如敝帚,也不会费尽周章去得到它。"学不学",圣人并非不学而成,只是圣人学常人所不学的东西,常人会学知识,学技能,学经验,甚至也学会生存,学会钻营等,圣人则是学道,学会化简自己,如"损之又损,以至于无为"(四十八章)。②"复众人之所过","复"是补救的意思,也就是不仅不犯

---

① 《老子河上公章句》:"终当如始,不当懈怠。"
② 《老子河上公章句》:"圣人学人所不能学;人学智诈,圣人学自然。人学治世,圣人学治身。守真道也。"苏辙《道德真经注》:"人皆徇其所欲以伤物,信其所学以害理,圣人非无欲也,欲而不欲,故虽欲而不伤于物;非无学也,学而不学,故虽学而不害于理,然后内外空明,廓然无为,可以辅万物之自然而待其自成矣。"

常人所容易犯的错误,且能补偏救弊。"以辅万物之所为而不敢为",圣人所做的一切,都只是辅助万物之自为,也就是使万物能够自然而然,圣人之所以"不敢为",是因为万物自己可为,可自己成就、完成自己,何必要去干扰他们的自为呢!这里所说的"万物",不仅仅指物,更是指万众。这就是老子的政治哲学观念。

# 为学与为道

众人熙熙,如登春台

## 众人熙熙,如春登台

## 第二十章

绝学无忧。唯之与阿,相去几何?善之与恶,相去若何?人之所畏,不可不畏。荒兮其未央哉!众人熙熙,如享太牢,如春登台。我独泊兮其未兆,如婴儿之未孩;儽儽兮若无所归。众人皆有余,而我独若遗。我愚人之心也哉,沌沌兮。俗人昭昭,我独昏昏;俗人察察,我独闷闷。澹兮其若海,飂兮若无止。众人皆有以,而我独顽似鄙。我独异于人,而贵食母。①

[译文] 弃绝俗学而无侵扰。敬诺与慢应,彼此有多远?善良

---

① 这里采取王弼本。河上本有两处与王弼相异:"我独怕兮其未兆","乘乘兮若无所归"。傅奕本写为:"美之与恶,相去何若","荒兮其未央","我独魄兮其未兆","若婴儿之未咳,儡儡兮其不足以无所归","我独若遗","俗人皆昭昭","俗人皆詧詧,我独若闵闵","淡兮其若海,飘兮似无所止","我独顽且图","吾独欲异于人,而贵食母"。帛书本写为:"绝学无忧。唯与呵,其相去几何?美与恶,其相去何若?人之所畏,亦不可不畏人。恍呵其未央哉!众人熙熙,若饗于大牢,而春登台。我泊焉未兆,若婴儿未咳。累呵似无所归。众人皆有余。我愚人之心也,湷湷呵。俗人昭昭,我独若昏呵。俗人察察,我独闵闵呵。忽呵其若海,恍呵若无所止。众人皆有以,我独门顽以鄙。吾欲独异于人,而贵食母。"

与邪恶,彼此有多远?人所敬畏的,我也不能不敬畏。辽远啊无边无际!众人嘻嘻然欢悦的样子,如同分享盛宴,如同春日登上高台眺望美景。唯独我对此淡泊,不为所动,如婴儿尚未发出笑声一般。落落不群啊,似无归宿。众人皆怀抱有余的样子,唯独我像失去了的样子。我是愚钝之心吧,混混沌沌啊!俗人昭然若明,唯独我昏然暗昧;俗人皆苛察,我独自淳厚。深远啊,像无边的大海!长风啊,若疾驰不止!众人皆有一套本领以施用,唯独我愚陋无知的样子。我唯独与众人不同的地方,在于我遵从于道。

[释文] "绝学无忧","绝学"是弃绝俗学,"无忧"是心灵的纯净无侵扰。论家认为,此章与后面的第四十八章相联属,四十八章讲"为学日益,为道日损",是对本章"绝学无忧"的进一步阐述。[1]这里的"学"应当是与"道"相对应的,"学"可以增进经验与知识,对于为道者来说,就需要弃绝俗学,因为俗学有碍于为道,所以要"损之又损,以至于无为","损之又损"就是"绝学"的过程,也就是洗净尘埃,不使其入于心府。

"唯之与阿,相去几何?善之与恶,相去若何","唯",为恭敬的应答;"阿",为怠慢的回应。[2]这里是设问,恭敬地应答与怠慢地回应,善良与邪恶(傅奕本、帛书本写为"美之与恶"),这之间究竟有多远的距离呢?在表现行为上,差之远矣,"唯"与"阿"表明了对待人的两种迥然不同的态度,"善"与"恶"表现了待人待事朝着两个不同的方向;而在一人之心灵上,也就是一念之差了,所谓"差之毫厘,谬

---

[1] 王弼《老子注》:"下篇云:为学日益,为道日损。然则学求益所能,而进其智者也。若将无欲而足,何求于益?不知而中,何求于进?"《老子河上公章句》:"绝学不真,不合道文。"

[2] 成玄英《老子疏》:"'唯',敬诺也。'阿',慢应也。"

大器晚成

以千里"①。

"人之所畏,不可不畏","人",河上公认为是"道人"②。"畏",有解释为畏惧的③,有解释为敬畏的④,两者其实相同,畏中有敬,即是敬畏。

"荒兮其未央哉","央"为止的意思,"未央"即未止。这句话分歧也大,一种观点认为,这是指世俗的荒乱,而未有止境。⑤ 另一种观点认为,这其实是表示圣人辽远宏阔的境界,未有边际。⑥ 我以为,后者更切当一些。

"众人熙熙,如享太牢,如春登台。我独泊兮其未兆,如婴儿之未孩;儽儽兮若无所归"句,"熙熙"为人群喧嚷的样子,如同"天下熙熙,皆为利来;天下攘攘,皆为利往"。以下几段话,都在表明圣人与世人在行为与思想境界上的区别。众人都在像分享盛宴、观看美景一样,乐以奔竞利益、名誉与地位的时候,圣人则对此淡漠,不为所动。"儽儽兮若无所归",是说圣人不仅如此,且也不受世俗的限定,他像个落落无归的人,身在世外,心有天游。

"众人皆有余,而我独若遗。我愚人之心也哉,沌沌兮。俗人昭昭,我独昏昏;俗人察察,我独闷闷。澹兮其若海,飂兮若无止。众人皆有以,而我独顽似鄙"句,"众人皆有余"这句话,有理解为满怀

---

① 王弼《老子注》:"叹与俗相反之远矣。"
② 《老子河上公章句》:"人,谓道人也。所畏者,畏不绝学之君也。不可不畏,近令色,杀仁贤。"
③ 同上。成玄英《老子疏》:"学人之所畏,谓生死及诸尘也,不可不畏,必设溺也。前绝学示善恶皆空,恐滞斯文,遂染尘境,故发此句以戒之。"
④ 张舜徽:"此言人君为众人之所畏,人君亦不可不畏众人也。"
⑤ 《老子河上公章句》:"言世俗之人荒乱,欲进学为文,未央止也。"
⑥ 吴澄《道德真经注》:"荒,犹广也。央,犹尽也。"苏辙《道德真经注》:"人皆徇其所知,故介然不出畦畛,圣人兼涉有无,无入而不可,则荒兮其未央也。"高亨《老子》:"荒兮其未央,犹云茫茫其无极耳。"(开明书店,商务印书馆影印本,第 46 页)

志向，①有的理解为怀抱余财、余智，②似乎都能说得通，我想这里并非特指，而是一般意义的说法，意谓世人怀抱着"得到所有的"那种愿望，包括名、权、利等等。"而我独若遗"，是一种状态，"我"不仅不怀抱"得到"的愿望，且不断地减损自己已有的东西，"损之又损"，像遗失所有的一样。这种状态，也就如同混沌无知的愚人了。昭然若明（"昭昭"）表达的是聪颖、明白，与此相对应的是昏然暗昧（"昏昏"）；苛察（"察察"）表达的是刻薄严厉，与此对应的是淳厚（"闷闷"）。在这个两极相反的表述中，既表明了"我"的与众不同，也表明了自己的选择。后者并不是"我"的天然性，而是主动的选择，是不断修养的结果，即修养成为似乎愚钝、昏然、闷闷的样子。"澹兮其若海，飂兮若无止"③，这是以大海的深远、长风的疾驰不止，表达"我"不受世间境遇的局限，不受物质欲望的系执，深远而自由。"众人皆有以，而我独顽似鄙"，是说众人都学会一套本领以应世之用，而"我"却显得愚陋无知的样子。然而，自认为愚陋无知，是否就真的愚陋无知呢！

"我独异于人，而贵食母"，这是总结性的话，道与俗反。"人"指人众。"食母"指道。④ 求道之人能够放下常人所不能放下的东西，而求常人所不求的东西，恰如《庄子·德充符》所说的："故德有所长而形有所忘。人不忘其所忘而忘其所不忘，此谓诚忘。"庄子所说的"人"，也是常人、众人。

---

① 王弼《老子注》："众人无不有怀有志，盈溢胸心，故曰'皆有余'也。我独廓然无欲，若遗失之也。"

② 《老子河上公章句》："众人皆有余财以为奢，余智以为诈。"

③ "澹"，深远之义。"飂"，高风。《吕氏春秋·有始览》："东北曰炎风，……西方曰飂风。""飂风"指西风。

④ 《老子河上公章句》："食，用也。母，道也。我独贵用道也。"王弼《老子注》："食母，生之本也。人皆弃生民之本，贵末饰之华，故曰'我独欲异于人'。"

## 大器晚成

### 第四十一章

上士闻道,勤而行之;中士闻道,若存若亡;下士闻道,大笑之。不笑不足以为道。故建言有之:明道若昧,进道若退,夷道若纇;上德若谷,大白若辱,广德若不足,建德若偷;质真若渝,大方无隅,大器晚成,大音希声,大象无形。道隐无名。夫唯道,善贷且成。①

[译文] 上士听见了道,会勤勉实行;中士听见了道,有时保存有时亡失;下士听见了道,会因此而大笑之。要是不为下士所笑,也

---

① 河上公本与王弼本基本同,只有两处写法有异:河上本写为"夷道若类","建德若揄";王弼本写为:"夷道若纇","建德若偷",这里采取王弼本。傅奕本写为:"上士闻道,而勤行之","下士闻道,而大笑之","夷道若类","大白若黦","建德若媮","质真若输","大音稀声"。帛书本文字不齐,录其异者为:"上□□道,[仅]能行之","弗笑□□以为道","是以建言有之曰:明道如费","夷道如类","上德如谷,大白如辱,广德如不足","建德如□","[天]象无形,道褒无名","夫唯道,善始且善成"。竹简本文字不齐,录其异者为:"上士闻道,[仅]能行于其中","中士闻道,若闻若亡","弗大笑,不足以为道矣","明道若曹","夷道若繥","上德如谷,大白如辱","广德如不足,建德如□","□真如偷,大方亡隅","大器曼成,大音祇声","天象亡形"。

就不足以为道。所以古人有言:明澈的道好似暗昧,前进的道好似倒退,平坦的道好似崎岖,崇高的德好似卑下的川谷,纯洁的好似含垢的,广大的德好似不充足的,建立之德好似怠惰的;质朴真纯像是难以持久,最大的方正像是无棱角,贵重的器物总是最后完成,最大的声音反而声稀,最大的形象反而无形。道幽隐无名,但唯独这个道,善于施恩万物且使之完成。

[释文] "上士闻道,勤而行之;中士闻道,若存若亡;下士闻道,大笑之。不笑不足以为道"句,"上士""中士"与"下士",当指三种品性的人士,这里的"士"并非专指士人或学人。① 三种品性的人士,同样听到了道,但反应各不相同,品性为上等的,不仅存于心,且能立即依照道的要求努力实行;品性为中等的,有时候能存于心,有时候则又忘了,谈不上实行;② 品性为下等的,听到了道,反而大笑之。③ 上、中、下三等人的分类,恐始于老子。不过,老子只是根据他们听了道之后的不同反应,而分出三种类型,彼此并没有身份差异,有似孔子上智与下愚的智识之别。有人将"若存若亡"理解为"将信将疑"也有道理,只是"将信将疑"是态度,而"若存若亡"是效果,犹如上士闻道,"勤而行之"是效果,而笃信不疑是态度。态度上

---

① 《老子河上公章句》:"上士闻道,自勤苦竭力而行之。中士闻道,治身以长存,治国以太平,欣然而存之。退见彩财色荣誉,或于情欲,而复亡之也。下士贪狠多欲,见道柔弱,谓之恐惧。见道质朴,谓之鄙陋,故大笑之。"

② 高亨注:"'亡'读为忘,二字古通用。"(《老子正诂》,开明书店,商务印书馆影印本,第92页)

③ 朱谦之引俞樾注:"按王氏念孙《读书杂志》曰:'大笑之',本作'大而笑之',犹言迂而笑之也。……傅奕本作:'上士闻道,而勤行之;下士闻道,而大笑之。'盖误移两'而'字于句首,然下句之有'而'字,则尚可籍以考见也。'而勤行之',是'勤而行之'之误。然则'而大笑之',是'大而笑之'之误,可以隅反矣。"(第167页)任继愈《老子新译》如是看待,只是译为"就认为空洞,而加以诽笑",则意又不同。

的差异,导致行为效果的不同。下士之所以"大笑之",因为他们听了道,觉得孟浪之言、不可思议,故而诽笑之。对于这种反应,老子深信不疑,所以说不笑不足以名为道。①

"故建言有之","建言"或许是一本古书,老子转借来表达自己的意思,②或许只是老子所托古人之语,实际上是老子在表达自己的思想,后者的可能性更大。"建"字,河上公理解为"设","设"为设言,"建"也就是建言了。③ "建"字在《老子》书中反复使用,其用意颇深。

"明道若昧,进道若退,夷道若纇","纇"字,河上本、傅奕本、帛书本皆写为"类",竹简本写为"繶",据考证,"类""纇"相通,为不平之义。④ 四十章:"反者道之动,弱者道之用",七十八章:"正言若反",皆用反之言。道本身是光明的、进步的、平坦的,但看起来却似晦暗的、倒退的、崎岖的。说道是光明的,是因道给世间带来的是光明的、正义的,而它本身则是玄微深妙的;说道是进步的,因其带给世间的是前进的、正的力量,而它的表现形式又是退让的;说道是平坦的,是因其带给世间的是公平的,而它的表现形式又是以迂回的、崎岖不平的方式。

---

① 《老子河上公章句》:"不为下士所笑,不足以名为道。"
② 高亨注:"《建言》,殆老子所称书名也。"(《老子正诂》,开明书店,商务印书馆影印本,第93页)
③ 《老子河上公章句》:"建,设也。设言以有道,当如下句。"王弼《老子注》:王弼《老子注》:"建,犹立也。"
④ 《老子河上公章句》:"夷,平也。大道之人,不自别殊,若多比类也。"将类释为比类,与文义不合。王弼《老子注》:"纇,坳也。大夷之道,因物之性,不执平以割物。其平不见,乃更反若纇坳也。"朱谦之《老子校释》:"范曰:'纇,古本音耒,丝节也。《河上公》作类。今从古本。'今案:'纇'、'类'古通用。……《左传·昭》十六'刑之颇纇',服注:'不平也。'不平与平对立,故曰'夷道若纇'。夷,平也,'纇'则引申为不平之义。"(第168页)

"上德若谷，大白若辱，广德若不足，建德若偷"①一句中的"上德"本是最高尚的德性，但它的姿态很低，像川谷那样卑下，似乎是无德一样，有如三十八章所说："上德不德，是以有德；下德不失德，是以无德。""大白"本是纯洁无瑕，但它并不耀眼，而是像《庄子·天地》说的那样"明白入素，无为复朴"，它的高洁以素朴无华的形式表现出来，王弼解为"知其白，守其黑，大白然后乃得"。"广德"为广大之德，没有偏私、没有界限，乃是公平、充满之德，但是，它表现得似乎并不充足，极为谦逊，永远都不自满的样子。"建德"，有的理解为"建设道德"②，有的理解为"刚健之德"③。"偷"，王弼本写为"偷"④，河上本写为"揄"⑤，傅奕本写为"媮"⑥，这三个字古代通用，其基本义为苟且、偷惰之义。依照"建"与"健"相通的理解，"建"可以解为建立，也可解为刚健，因为与后面的"偷惰"之义相联系，理解成刚健似最合理，但若依照《老子》书中"建"字的反复使用及其用意看，这个"建"字解为纯粹形容词"刚健"，不甚恰当，而解释为动词形容词化，则比较合理。第五十四章说"善建者不拔"，本章说"建言有之"，"建"字都是一个行为，这里的"建德"之"建"也应该是一个行

---

① 《庄子·寓言》引老聃语为："大白若辱，盛德若不足。"
② 《老子河上公章句》："建设道德之人，若可揄引使空虚也。"唐玄宗《御注道德经》："建，立也。"林希逸《道德真经口义》："建立其德是有为者，而为之以不敢为，所以能建立也。"
③ 朱谦之《老子校释》引俞越注："《释名·释言语》曰：'健，建也，能有所建为也。'是'建'、'健'音同，而义亦得通。'健德者偷'，言刚健之德，反若偷惰也。正与上句'广德若不足'一律。"（第 171 页）任继愈《老子新译》、陈鼓应《老子注译及评介》也理解为"刚健之德"。
④ 王弼《老子注》："偷，匹也。建德者，因物自然，不立不施，故若偷匹。"俞樾说："然偷匹之义，于古无徵，义亦难晓。"
⑤ 《老子河上公章句》虽然写为"揄"，但其注释又为"偷引"，见注 523。
⑥ 朱谦之《老子校释》："《说文》：'媮，巧黠也，从女，俞声。字亦作偷。'……由上知'偷'、'媮'、'揄'、'输'古可通用，'偷'字是故书。"（第 170、171 页）

为。《庄子·山木》提出过"建德之国",其"建德"也当理解为建立之德。① 无论是老子的"建德",抑或庄子的"建德之国",都不是一个可以追寻的现实存在,只是一个理想类型,这个类型乃是根据人类的理想与现实的缺憾而建构、设立起来的,这或许就是老子、庄子的深意吧!

"质真若渝,大方无隅,大器晚成,大音希声,大象无形,道隐无名"句,这几句话也是顺着上句"正言若反"的逻辑,正面的价值都以反面的言语来表达。"质真若渝"的"渝"为改变之义。质朴纯真为何像是难以持久呢?质朴纯真是一种品质,更是修养,然而这种修养其实像柔弱的稚子,而不是刚健强大,所以那样子像是难以坚持下去一样。② "大方无隅",③ "方"为方正、原则之义,最方正、最原则的往往没有棱角,棱角容易割伤,这里引申为真正的方正、原则是不会伤人的,如五十八章所说"方而不割,廉而不刿,直而不肆,光而不耀"。"大器晚成",珍贵的器物不能速成,而要细雕细琢,引申为大器之人,不可卒成,必经历练,而后成器。④ "大音希声",傅奕本写为"大音稀声",希、稀通用,十四章:"听之不闻名曰希",最大的声音反倒是稀声,意谓最强音反倒是听不见的,能听到的就不是"大音"了。三十五章:"道之出口,淡乎其无味,视之不足见,听之不足闻,

---

① 《庄子·山木》:"南越有邑焉,名为建德之国。其民愚而朴,少私而寡欲;知作而不知藏,与而不求其报;不知义之所适,不知礼之所将。猖狂妄行,乃蹈乎大方。其生可乐,其死可葬。吾愿君去国捐俗,与道相辅而行。"成玄英《庄子疏》注"建德":"言去鲁既远,名建立无为之道德也。"
② 王弼《老子注》:"质真者,不矜其真,故若渝。"
③ 严君平《道德真经指归》解释为:"大方不矩,无所不包。"
④ 《老子河上公章句》:"大器之人,若九鼎瑚琏,不可卒成也。"

用之不足既。"可知,"大音希声",描述的对象是道。① "大象无形",这里的"大象"也是指道,意谓道是最大的形,然而此形却无形象,凡言象者,皆属有形有分的具象,凡属具象,就不属大象,大象就是无形之象。② "道隐无名",所说"道隐",指道潜隐而不彰显。③ "无名",道没有真正的名称,一章说"无名天地之始,有名万物之母",三十二章说"道常无名",都是说道是无名,道所以是无名,因为任何的名都陷于局限,任何的名都不适合道,"道"这个名号也是勉强给它戴上的,名号也不能等于道本身。

"夫唯道,善贷且成"的"贷"谓恩赐、辅助;"成",谓成就、完成。唯独道,它能善于恩赐万物,使它们自己成就自己。道对于万物的恩赐,还不仅限于一次或两次的恩赐、辅助,而是要负责到底,直到万物自身得以成就、完成,这才叫作"善贷且善成"④。《庄子·应帝王》说过"善贷万物而民弗恃",庄子所说的"善贷"与老子所说的"善贷",其用意是一样的。

---

① 王弼《老子注》:"'听之不闻名曰希。'大音,不可得闻之音也。有声则有分,有分则不宫而商矣。分则不能统众,故有声者非大也。"
② 王弼《老子注》:"有形则有分,有分者,不温则凉,不炎则寒。故象而形者,非大象。"
③ 《老子河上公章句》:"道潜隐,使人无能指名也。"
④ 帛书乙本写为:"善始且善成。"《老子河上公章句》:"成,就也。言道善禀贷人精气,且成就之也。"河上公从修炼方面来理解这句话。王弼《老子注》:"凡此诸善,皆是道之所成也。贷之非唯供其乏而已,一贷之则足以永终其德,故曰'善贷'也。成之不如机匠之裁,无物而不济其形,故曰'善成'。"

## 为道日损

### 第四十八章

为学日益,为道日损。损之又损,以至于无为,无为而无不为。取天下常以无事,及其有事,不足以取天下。①

[译文] 从事于学问,要日益积累;从事于求道,则要日益减少。减少再减少,以达至无为境地。无为,就没有什么事而不为的。治天下,常常采取无事的方式,如若采取有事的方式,则不足以治理天下了。

[释文] "为学日益,为道日损","为学"是对学问、知识的学习与求索,也是对于经验之知的追求,所以要日积月累,天天增加;"为道"是对超验本体、真理整体及其宇宙究竟之知的追求,它非经验的

---

① 河上公本、王弼本同(强思齐本引河上本多一个"之"字,即"损之又损之")。傅奕本写为:"为学者日益,为道者日损","损之又损之","无为则无不为","将欲取天下者,常以无事","及其有事,又不足以取天下矣"。帛书本文字不齐,录其异者为:"为学者日益,闻道者日损","□□取天下,恒无事"。竹简本文字不齐,录其异者为:"学者日益,为道者日损","损之或损,以至亡为也","亡为而亡不为"。

知识，所以，对于道的追求要通过完全不同于经验之知的方法，即以排遣既有知识为前提的方法，这种方法被庄子描绘为"心斋""坐忘""朝彻""见独"，后人描绘成直觉、体悟、了知、神秘契会等等。依照老子和庄子的看法，"为学"之类的经验之知，只能抓住某些真理的碎片，这些碎片不能拼凑成完整的道或者真理。道或者真理，要么就一次性得到，要么就得不到。在求道的过程中，经验之知会妨碍对于真理的把握，故而要不停地排除，当到达了无欲、无知、无识的境地的时候，就离道不远了。"为学"或许会有利于求道，但"为学"与"为道"是两个相反的方向。人自然不能不"为学"，但"为学"到了一定的时候，就应当朝相反的方向运动，即不断减损，力求使已有之知不妨碍对于道或者真理的追求，那就是"日损"的功夫。就人生来说，人需要入世学习，需要积累社会、历史的经验，但到了一定的阶段，就需要不断地化简自己，祛除身上的尘染与负累，万缘放下，把自己打回原形，成为一个纯粹的自然人，如此可得人生真谛。如果只是一味增加而不知反要归宗，就会不堪重负，绝力而死。

"损之又损，以至于无为，无为而无不为"，这是求道的功夫，通常说就是减少自己的欲望，减除自己的负累，且这不是一次就可以完成的，而是需要不断地、持续地做，以致内心不留一物，虚静澄明。最后连减少、减除的意识都没有的时候，就是"无为"了；到了无为的境地，就可以无不为了，"无不为"乃是一种灵应的状态，一心不动，遇物斯照，一切皆在其观照之下，一切皆顺应自然，发生合目的的运动。这个道理也解释为治国，治国者当无为无欲，不钳制、不宰制人民，让人民做他们乐意做的事情，如此，就会形成一个合乎人民意愿的自然社会生态，达到君主无为，天下无不为的和谐政治局面。

"取天下常以无事，及其有事，不足以取天下"，"取"字，可以理解为"得",或者"夺",但以老子之意,皆不妥,这里理解为"治"才是合理的。① 但凡天下的大变局,必经激烈动荡,如无"逐鹿中原"的过程,难以夺取天下,不过,"马上得之,焉得马上治之?"老子的问题,其重心在于后者。治天下常应采取的方式是"无事",也就是减少政令、赋税、劳役以及战事等,不去烦劳百姓,不去侵扰他们的正常生活。要知道,朝廷的"有事",与百姓的愿望都是对立的。所以,凡是通过各种花样的"有事",役使百姓的,都是不足以治天下的。

---

① 《老子河上公章句》:"取,治也。治天下常当以无事,不当烦劳也。及其好有事,则政教烦,民不安,故不足以治天下也。"

相反相成

 美之为美

美之为美

## 美之为美

### 第二章

天下皆知美之为美，斯恶已。皆知善之为善，斯不善已。故有无相生，难易相成，长短相形，高下相盈，音声相和，前后相随。是以圣人处无为之事，行不言之教；万物作而不始，生而不有，为而不恃，功成而弗居。夫惟弗居，是以不去。①

[译文] 天下人都知道什么是美，就因为有丑；天下人都知道什么是善，就因为有不善。所以，有与无相配合而生成，难与易相互完成，长与短相互显形，高与下相互满足，音与声相互和谐，前与后

---

① 河上本与王弼本只有一字之差，"长短相形"，王弼本写为"长短相较"，这里采取河上本，参照傅奕本、帛书本和竹简本。傅奕本写为："故有无相生"至"前后相随"，中间多一个"之"字；"万物作而不为始"，"功成不处"。帛书本写为："天下皆知美之为美，恶已"，"有无之相生也，难易之相成也"，"长短之相形也，高下之相盈也"，"音声之相和也，先后之相随，恒也"，"是以圣人居无为之事"，"万物作而弗始，为而弗恃也，成功而弗居也"，"夫唯弗居，是以弗去"。竹简本写为："天下皆知美之为美也，恶已"，"皆知善，此其不善已"，"有亡之相生也，难易之相成也"，"长短之相形也，高下之相盈也"，"音声之相和也，先后之相随也"，"是以圣人居亡为之事"，"万物作而弗始也，为而弗恃也"，"成而弗居"，"夫唯弗居也，是以弗去也"。

相互跟随。所以,圣人做的是无为之事,行的是不言之教。使万物兴起而不表现自己的发动作用,使万物生长而不据为己有,推动了事物而不认为自己有功,功成事就而不居其位。恰好因为不居其位,所以功成事就的业绩也不离开他。

[释文] "天下皆知美之为美,斯恶已。皆知善之为善,斯不善已"这段话讲的是美与善的来源。美与善都是一个审美与道德判断,但这个判断与另一个审美判断和道德有关,即丑与不善。当人们以为什么是美的时候,就因为有一个丑的对象存在,不管这个丑的对象在不在眼前,人们在比较中才说眼前的这个对象是美的,如果天下都是美的,也就无所谓美了。反之亦然。同样,当人们以为什么是善的时候,就因为有不善的对象存在,失去了不善的对象,人们便无从判断什么是善。就是说,无论是美,或者善,失去了用来比较的对象,它们都不存在。①

"故有无相生,难易相成,长短相形,高下相盈,音声相和,前后相随"这段话是对于美丑、善不善的问题的继续言说,不唯独美丑、善不善是如此,有无、难易、长短、高下、音声、前后皆是如此。"有无相生",帛书本、竹简本皆写为"有无之相生",后面几句中间皆有"之"字,由于其意不殊,故皆不改。"有",当指有形可见的现象,"无"当指无形可见的现象,但不是绝对的无,只是看不见、摸不着而已。"相生",当从两个方面理解,一是万物的产生,既需要经过无的

---

① 林希逸《道德真经口义》:"有美则有恶,有善则有不善。美而不知其美,善而不知其善,则无恶无不善矣。"吴澄《道德真经注》:"美谓美于他物,以质而言也;善谓善于他事,以能而言也。美恶、善不善之名相,因而有以有恶,故有美;以有不善,故有善。皆知此之为美,则彼为恶矣;皆知此之为善,则彼为不善矣。欲二者皆泯于无,必不知美者之为美,善者之为善,则亦无恶无不善也。"

阶段，也需要经过有的阶段，如四十章所说"天下万物生于有，有生于无"，"有"是有形质的东西，"无"是无形质的东西，从"无"到"有"，从"有"到具体的存在，万物生成的总过程便是"有无相生"，缺一不可以生。二是"有"与"无"相互合成，成为一物之体用，"有"表现为物体，"无"表现为作用，如第十一章所说："三十幅共一毂，当其无，有车之用。埏埴以为器，当其无，有器之用。凿户牖以为室，当其无，有室之用。故有之以为利，无之以为用。"任何物体皆有其形体，这是"有"，任何物体皆有其作用，这是"无"，缺了任何一方都不能独立自存。其他如"有名"与"无名"："有名天地之始，无名万物之母"；"有欲"与"无欲"："常无，欲以观其妙；常有，欲以观其徼。此两者同出而异名，同谓之玄"（一章）；"有为"与"无为"："道常无为，而无不为"（三十七章），等等。诸种有无关系，皆构成一个对子，不可只讲一面，不可以偏枯。

"难易相成"，世上所有的事情，没有只有难，或只有易，难与易相匹配，如同没有哪一个人一生只碰到过容易的事情，或只碰到困难，幸运的眷顾不会只对某个人，不幸运也不会总让某个人遭遇，尝遍人间的酸甜苦辣，方是完满的人生。

"长短相形"，长短只是个说法，没有绝对的长或绝对的短，皆在相比较中而显出长短，离了短便没有长，离了长也没有短，且没有只长不短，或只短不长，长短构成一个参差而有致的局面，这就是世界的和谐。

"高下相盈"，河上本、王弼本皆写为"高下相倾"，帛书本、竹简本皆写为"高下之相盈"，故依此改"倾"为"盈"。盈有满足之义。这里是说高低相互满足，彼此既相对待，又相互补充、满足，盈满是一个充足的状态,却是以互补的形式出现的。①

"音声相和",音、声现在无别,但在先秦音、声应有区别,否则便不会说音声相和。② 河上公解释为"上唱下必和",那么"音"就是"唱","声"就是"和"。第四十一章说"大音希声",意谓最大的音听起来反而稀声。③《孟子·梁惠王》:"君子之于禽兽也,见其生,不忍见其死;闻其声,不忍食其肉。"意谓"声"是禽兽发出而被人听到的声音。《庄子·徐无鬼》:"夫或改调一弦,于五音无当也,鼓之,二十五弦皆动,未始异于声而音之君已!"这里的"音"指的是"宫商角徵羽"五种音调,"声"也当指人们听到的声音。音、声同源,但一个是始发者为音,一个是听到的效果为声。音、声相和,意谓音与声虽然有别,但相应和。

"前后相随",前后为方位的先后,先后的方位似乎是确定的,但在老子看来,先后也并非确定无疑,从变化与运动的角度看,在后的也可以是在先的,如果运动是一个循环的,后者为前,前者亦可为后,所以用"相随"来表达,意谓前后可以相互为跟随的关系。

以上种种,老子虽然列举出了各种对峙与对待的对子,却不突出彼此的对立,而是强调了彼此的依待关系,彼此相存相依,谁也离不开谁。

"万物作而不始,生而不有,为而不恃,功成而弗居",这段话我们在"治国论"章的"处无为之事"一节中谈论过了,兹不赘述。

---

① 陈鼓应《老子注译及评介》认为"盈"为"呈"字的假借:"'盈'为'呈'字之假,'呈'与'形'义同,高下相呈,是说高与下在对待关系中才显现出来。郭店简本正作'浧'。'浧'通盈。"(第61页)

② 严君平《老子指归》:"音以声别,声以音停,无音则无以知声,无声则无以知音也。"

③ 任继愈《老子新译》:"古人用时有区别。简单的发音叫做'声'。声的组合,成为音乐节奏的,叫做'音'。"(第64页)历史情形可能正相反,音、声都可表示音乐,但分别而论,"音"当表示发音,"声"表示"音"的回应,为人们听到的声音。

有无之间

## 有无之间

### 第十一章

三十幅共一毂,当其无,有车之用。埏埴以为器,当其无,有器之用。凿户牖以为室,当其无,有室之用。故有之以为利,无之以为用。①

[译文] 三十根辐条凑集到车的毂上,有毂中间的空虚之处,才有了车的作用。抟泥土做成器皿,有了器皿中间的空虚,才有了器皿的用处。开凿门窗以造房屋,有了其中的空虚,才有了房屋的用处。所以,"有"作为人的便利,"无"才是其用处。②

[释文] 这章着重谈物质实物与其作用,车、器皿、房屋皆是实物,而车、器皿和房屋的空虚之处才是其作用,人们容易看得见实物的便利与实利,容易忽视看不见的空虚之处的作用,殊不知,没有这

---

① 河上本、王弼本与傅奕本同。帛书本写为:"卅辐同一毂","当其无,有埴器之用也"。

② 《老子河上公章句》:"古者车三十辐,法月数也。共一毂者,毂中有孔,故众辐共凑之。……无谓空虚。毂中空虚,轮始得行。"

些实物中的空虚之处,便没有了实物给人带来的便利与实利。在老子看来,这些空虚之处,才是最为关键的存在。自然,不是任何的空虚都会给人带来那些作用,作用需要与实物和实体联系起来,作为实物或实体中的空虚,才是有用的,如同天地是很大的空虚,人却未见得能感受到它的作用。这也印证了老子所主张的"有无相生"的观点,对立的双方,不能脱离对方而独存。

  这里的"有"和"无",是具体实物的存在与实物中间的空虚的存在,非本体意义上的"有"和"无"。"有"与"无"的关系,中国人常拿"体用"来表达。具体实物、实体的存在是"有",是"体";而具体实物、实体的作用是"无",是"用"。然而,如果上升到宇宙本体的意义上,恰好倒过来,"无"是"体","有"是"用"。显然,老子在这里是在实物、实体及其作用的意义上来使用"有"和"无"的。① 在这个意义上,河上公拿"空无"来象征"道",是一种误解。②

---

 ① 陈鼓应《老子注译及评介》引冯友兰语:"老子所说的'道',是'有'与'无'的统一。因此它虽然是以'无'为主,但是也不轻视'有'。它实在也很重视'有',不过不把它放在第一位就是了。"(第101页)

 ② 《老子河上公章句》:"言空虚间,乃可用盛受万物,故曰虚无能制有形。道者,空也。"对此,陈鼓应说道:"本章所说的'有''无'是就现象界而言的,第一章上所说的'有''无'是就超现象界、本体界而言,这是两个不同的层次。它们的符号型式虽然相同,而意义内容却不一。'有''无'是老子专设的名词,用来指称形而上的'道'向下落实而产生天地万物时的一个活动过程。"(第102、103页)

微明(鱼不可脱于渊)

## 微明

## 第三十六章

将欲歙之,必固张之。将欲弱之,必固强之。将欲废之,必固兴之。将欲夺之,必固与之。是谓微明。柔弱胜刚强。鱼不可脱于渊,国之利器不可以示人。①

[译文] 将要收缩它,必先扩张它。将要削弱它,必先强大它。将要废除它,必先兴盛它。将要夺取它,必先给予它。这就叫作"微明"。柔弱终会战胜刚强。鱼不可以脱离深渊,国家的利器不可以拿出来给人看。

[释文] 这一章整个讲的都是攻防谋略,为克敌制胜的手段。与其他章节讲道德不同,这一章设定有敌手,如何在不违逆道德的前提下战胜对手。老子这里预设的对手应该是国家。扩张、强大、

---

① 这里采取王弼本。河上本写为"将欲噏之,必固张之"。傅奕本写为:"将欲翕之,必固张之","柔之胜刚,弱之胜强","邦之利器,不可以示人"。帛书本写为:"将欲禽之,必固张之","将欲去之,必固与之","将欲夺之,必固予之","柔弱胜强"。

兴盛、给予，这些皆如人所愿，反之，被收缩、被削弱、被废除、被夺取，皆非人所愿。想要战胜强敌，就要利用强敌的弱点，利用对手占取上风的心理，故意制造一种氛围，让对手的心理得到满足，甚或制造假象，使对手沉醉于虚假的胜利，使其放松对自己的心理警戒。当对手的弱点充分暴露出来之后，再图谋战胜它。在老子所设定的几种情形中，都是有意示弱，不去逞强，但收缩、削弱、废除、夺取它，都是一种坚定的意志，只不过采取了"柔弱胜刚强"的方式。战胜对手的具体形式，或者是让对手扩张，以致大而不能自制的形式垮掉；或者是让对手穷兵黩武，"兵强则灭"，以自灭自毁；或者让其自我骄矜，盛极而衰，再废除它；或者使其满足于所得到的东西，由此懈怠堕落。战胜对手或许是不战而胜，或许是被弱化之后战而胜之，总而言之，是"抗兵相加，哀者胜"（六十九章）。

"微明"，各家理解不尽相同，有的理解为"道"的几微，而效果明显[1]；有的理解为"微妙分明"[2]；有的理解为"几先的征兆"[3]；我则理解为"微妙的智慧"[4]。之所以微妙，是因为"柔弱"能胜"刚强"，"哀兵"能胜；之所以为智慧，因为能够看到这种几微之妙，故能采取"张之""强之""兴之""与之"等举措。但是，这毕竟是谋略，不可以此广而告之。老子还说过："见小曰明"（五十二章），"知常曰明"（五十五章），既要知常人所不知的，又要知常理常道。

"鱼不可脱于渊，国之利器不可以示人"，此是以"鱼"与"渊"的

---

[1] 《老子河上公章句》："此四者，其道微，其效明也。"成玄英《老子疏》："上来权道，虽复微密，而甚有明验。"由于此章讲述的是谋略，故此成玄英称此为"权道"，而非"实教"。
[2] 李荣《老子注》。
[3] 陈鼓应《老子注译及评介》（第199页）。
[4] 成玄英《老子疏》又说："又云：微，隐密也；明，智慧也。言此权道是隐密明智也。"任继愈《老子新译》释为"深沉的预见"（第138页）。

关系,比喻"国之利器"与治国之道的关系。鱼应当深潜于水,而不可脱离水,"国之利器"应当深藏起来,而不可拿出来晒给人看。如若拿出来昭告天下,便不是以正道教人,人人都学权谋,无论何事何人,彼此都讲求智谋,社会便无正义。"国之利器",当指"微明",也称"权道",①亦即上述的"将欲"与"必固"的智慧。"利国之器",也被后人理解为军队、刑法等。② 再说,这些智谋如果都让敌人明白了,也就失效了,所以老子说,"国之利器,不可以示人"。

---

① 《老子河上公章句》:"利器,权道也。治国权者,不可以示执事之臣也。治身道者,不可以示非其人也。"王弼《老子注》:"利器,利国之器也。唯因物之性,不假刑以理物。器不可睹,而物各得其所,则国之利器也。示人者,任刑也。刑以利国,则失矣。鱼脱于渊,则必见失矣。利国之器而立刑以示人,亦必失也。"
② 陈鼓应《老子注译及评介》:"'利器'有几种说法:一说利器指权道(如河上公);一说利器指赏罚(如韩非);一说利器指圣智仁义巧利(如范应元)。按本章'利器'者权柄军力。"(第200页)

## 贵以贱为本

### 第三十九章

昔之得一者,天得一以清,地得一以宁,神得一以灵,谷得一以盈,万物得一以生,侯王得一以为天下贞。其致之,天无以清将恐裂,地无以宁将恐发,神无以灵将恐歇,谷无以盈将恐竭,万物无以生将恐灭,侯王无以贵高将恐蹶。故贵以贱为本,高以下为基,是以侯王自称孤、寡、不穀,此非以贱为本邪?非乎?故致数誉无誉,不欲琭琭如玉,珞珞如石。①

[译文] 过去凡是得到"一"的,天得到了"一"而清静,地得到了"一"而安宁,神得到了"一"而灵妙,河谷得到了"一"而充盈,万物

---

① 这里采取王弼本,同时参照河上本、傅奕本、帛书本。河上本写为:"侯王得一以为天下正","是以侯王自称孤寡不穀","故致数舆无车","不欲琭琭如玉,落落如石"。傅奕本写为:"其致之,一也,天无以清将恐裂","王侯无以为贞而贵高将恐蹶","是其以贱为本也,非歟","故致数誉无誉,不欲碌碌若玉,落落若石"。帛书本写为:"昔得一者","谷得一盈,侯王得一以为天下正","其至也,谓天毋已清将恐裂","地毋已宁将恐发","谷毋已盈将竭","侯王毋已贵以高将恐蹶","故必贵以贱为本","必高矣而以下为基","夫是以侯王自谓孤寡不穀","此其贱之本與?非也?","是故不欲禄禄若玉,硌硌若石"。

得到了"一"而生长,侯王得到了"一"而使天下安定。他们都依据"一"得到了他们想要得到的。天要是没有清静将会崩裂,地要是没有安宁将会震动,神要是没有灵妙将会止息,河谷要是没有充盈将会枯竭,万物要是没有生长将会灭绝,侯王要是没有贵高将会颠覆。所以,贵以贱为根本,高以下为基础,所以,侯王自称为孤家、寡人、不榖,这难道不是以低贱为根本吗?不是吗?所以,达致最高的声誉其实是无须称誉的,不愿像玉那样华丽,而愿像石头那样坚实。

[释文] "昔之得一者,天得一以清,地得一以宁,神得一以灵,谷得一以盈,万物得一以生,侯王得一以为天下贞。其致之"句,这段话主要谈论"一",天的清静、地的安宁、神的灵妙、谷的充盈、万物的生长、侯王的国家安定,无不是由于"一"的主持。那么这个"一"指什么?论家多认为"一"就是指"道",这应该是没有问题的。尽管"一"并不必定指"道",如第四十二章"道生一,一生二,二生三,三生万物",既是道生了一,那么一就不是道了,这里的"一"其实就是一个开始或初始,即凡是言开始、初始的,都是"一"。但是,在这里的"一"就只能是"道"了,如二十一章所说"圣人抱一为天下式",这个"一"也指的是"道""以为天下贞",河上公本、帛书本都写为"以为天下正","正"与"贞"字意同。上述各种皆以得到了"一"而达到了他们想要的(清静、安宁、灵妙、充盈、生长、安定)。老子的这段表述,犹如《庄子·大宗师》所描绘的那样:

上古时代的豨韦帝得到了它,可以掌握天地[①];伏戏帝得到了它,可以与气母相合[②];北斗得到了它,可以永远不会出差错;日月

---

① 豨韦,有文字出现以前的帝王。
② 伏戏,三皇,也写成伏牺。

得到了,可以永世不停息;堪坏得到了它,可以入昆仑山而为神①;冯夷得到了它,可以游走山川②;肩吾得到了它,可以居于泰山;③黄帝得到了它,可以升登云天④;颛顼得到了它,可以稳居北方玄宫⑤;禺强得到了它,可以居住在北方⑥西王母得到了它,可以坐于少广山,没有人知道她什么时候出生的,也没有人知道她究竟可以活多少年⑦;彭祖得到了他,向上可以到达舜的时代,向下可以延及春秋五霸时期⑧;傅说得到了它,可以辅佐武丁,奄然清泰,搭乘东维,骑着箕尾,而与列星相媲美。⑨

在老子和庄子那里,道———一,都是一个意志的存在,它的意志就在于实现宇宙、社会的自在、和谐以及万物自身的需要。

"天无以清将恐裂,地无以宁将恐发,神无以灵将恐歇,谷无以盈将恐竭,万物无以生将恐灭,侯王无以贵高将恐蹶"这段话是从反面证实上述的那段话,如果没有得到"一"的话,天将崩裂,地将地震,神将失灵,谷将枯竭,万物将灭绝,侯王也将失去他的尊贵。老子在这里其实是在设问,天地、河谷、万物、侯王,其自身的秩序与和谐、他们之间的和谐是如何实现的?这段话的意思就是,他们自身

---

① 堪坏,昆仑上神。
② 冯夷,河伯神。
③ 肩吾,泰山神。
④ 黄帝,轩辕,华夏民族的祖先,据说登仙而去。
⑤ 颛顼,黄帝之孙,也称玄帝。
⑥ 禺强,水神。
⑦ 西王母,女神仙,居住在西极山上。
⑧ 彭祖,帝颛顼之玄孙,得道者。
⑨ 《庄子·大宗师》:"狶韦氏得之,以挈天地;伏戏氏得之,以袭气母;维斗得之,终古不忒;日月得之,终古不息;勘坏得之,以袭昆仑;冯夷得之,以游大川;肩吾得之,以处大山;黄帝得之,以登云天;颛顼得之,以处玄宫;禺强得之,立乎北极;西王母得之,坐乎少广,莫知其始,莫知其终;彭祖得之,上及有虞,下及五伯;傅说得之,以相武丁,奄有天下,乘东维,骑箕尾,而比于列星。"

其实是无能实现自己的目的性的,也无法实现彼此之间的目的性,而必要由这个"一"——"道"来实现,这就是道的存在的必然性。由此说来,老子提出的"自然而然",并不是天地、万物自己无目的地可以实现的,须由"道"——"一"来实现,只是"道"——"一"的推动作用不是强扭的,而是由天地、万物自由自愿地实现的,这才说"自然而然",即自己成为这个样子的。

"故贵以贱为本,高以下为基,是以侯王自称孤、寡、不穀,此非以贱为本邪?非乎?故致数誉无誉,不欲琭琭如玉,珞珞如石"句,尽管天下有贵贱、高下的秩序,也无论这些秩序多么具有合理性,但是,贱是贵的根本,下是高的基础,没有了贱与下,也就没有了贵与高。故此,君主、侯王都要称自己为孤家、寡人、不穀,① 这些名字虽然在君主制时代是荣耀、至尊的专有名词,但它们的本意都是谦下的,意思是孤德、寡德,不善的意思。② 在这些谦辞里面,蕴涵着基本的事实,低贱是一切贵高的根本与基础,治理国家的人应该明白、社会的根本、基础在下而不在上。"此非以贱为本邪?非乎?"连续的反问,意在强化口气,著意于肯定。最后两句话在于表明态度。"数誉无誉",王弼本原文为"数舆无舆",河上本写为"数车无车",帛书本写为"数舆无舆",而傅奕本写为"数誉无誉",经文字学家的考证,"数舆无舆",或"数车无车",语义难通,也有把"舆"解释为"誉"的,但过于迂曲,结合《庄子·至乐》"至誉无誉"之说,故采取傅奕的

---

① 《老子河上公章句》写为"不穀"。
② 朱谦之《老子校释》:"孤、寡、不穀,谦词是也。……章炳麟曰:'自称曰仆,本是臣仆,亦兼短义。王侯谦以自称不穀,不穀即仆之合音。'"又引洪颐宣注:"案《礼记·曲礼》'于内自称不穀',郑注:'穀,善也。'"(第159、160页)

"数誉无誉"。① 既然最高的声誉是无须声誉的,那么求道者自然会看重朴实如"珞珞如石",而不会看重"琭琭如玉"。② 处雌守弱,知白守黑,利万物而不争,处众人之所恶,这也是老子一贯坚持的立场。

---

① 朱谦之《老子校释》:"王弼本、《淮南子·道应训》作'致数舆无舆',各为曲说,与本文宜不相附。陆氏《释文》出'誉'字,注:'毁誉也。'是原本作'誉'。由'誉'伪为'舆',由'舆'伪为'车',后人反谓《释文》为误,非也。《庄子·至乐篇》'至誉无誉',下文云'天无为以之清,地无为以之宁'云云,正引此章语,尤可证。"(第162页)

② 河上本写为:"琭琭如玉,落落如石",傅奕本写为:"碌碌如玉,落落若石",帛书本写为:"禄禄如玉,珞珞若石",古人通用,其意无差。朱谦之《老子校释》引《后汉书·冯衍传》注曾言之:"玉貌珞珞,为人所贵;石形落落,为人所贱,贱既失矣,贵亦未得。言当处才与不才之间。"(第164页)

大成若缺

## 大成若缺

### 第四十五章

大成若缺,其用不弊。大盈若冲,其用不穷。大直若屈。大巧若拙。大辩若讷。躁胜寒,静胜热,清静为天下正。①

[译文] 最圆成的像是有缺陷的,它的作用不会衰坏;最充盈的像是空虚的,它的作用不会穷竭。最正直的像是弯曲的。最精巧的像是笨拙的。最善辩的像是口讷。疾动可以胜寒,安静可以胜热,清静可作为天下的楷模。

[释文] 此章似乎是在举例说明"正言若反"的道理,从事物的反面、缺点去说正面的作用,那看来是有缺陷的东西,反倒是圆成、完满的;那看来是空虚的往往是最充盈的,如此,看来弯曲的,其实是正直的;看来笨拙的,其实是精巧的;看来口讷的,其实是善辩的。

---

① 河上公本、王弼本同。傅奕本写为:"大满若盅,其用不穷","大直若诎,大巧若拙","靖胜热","知清靖,以为天下正"。帛书本写为:"大盈如冲,其用不窘","大直如屈,大巧如拙","大赢如绌","清静,可以为天下正"。竹简本写为:"大成若缺,其用不敝","大盈若盅,其用不穷","大巧若拙,大成若诎","大直若屈","躁胜沧,清胜热"。

以此类推,动与静可以相互制衡,但从究竟的意义看,静是万物的本性,清静才是天下的楷模。老子试图从事上去说的这个道理,其目的并不在于说事,而是要说道。因为世上的所有事物,皆不可称"大"或"最",只有道才可以最圆成、最充盈、最正直、最精巧、最善辩等等。故而,王弼在理解"大成"时,说:"随物而成,不为一象,故若缺也。"①十四章所说"无物之象",二十一章所说"惚兮恍兮其中有象",四十一章所说"大象无形"等,都是在道的意义上使用的。"清静为天下正","正"字,既是楷模,又是正性、本性。说"正"是楷模,乃是在求道的意义上说,意谓天下人都应当以道为楷模;说"正"是正性、本性,乃是在本来意义上说,道的本性是"清静"的。

《庄子·齐物论》说道:

大道不可称谓,大辩反而不言论,大仁反而无所谓仁,大廉不讲逊让,大勇不害人。道要是昭显了就不是道,言辨清楚了必有所达不到的地方,仁爱有亲疏之常就不能周全,廉洁清明了却不能取信于人,勇敢而伤害了人则不能成功。以上这五个方面都是想得到"圆",却出现了"方"的结果。②

庄子的这段话,可以作为老子上述思想的正解。

---

① 王弼《老子注》。
② 《庄子·齐物论》:"夫大道不称,大辩不言,大仁不仁,大廉不谦,大勇不忮。道昭而不道,言辩而不及,仁常而不成,廉清而不信,勇忮而不成。五者圆而几向方矣!"

长生久视

## 玄牝之门

### 第六章

谷神不死,是谓玄牝。玄牝之门,是谓天地根。绵绵若存,用之不勤。①

[译文] 谷神是不死的,所以称为玄牝。玄牝之门,叫作天地之根。(养谷神)就要慢慢温养,似存似不存,从而用之不尽。

[释文] "谷神不死,是谓玄牝","谷神",有人理解为深谷之虚当中的"无",暗指"道"②;有的理解"谷"是炼养之义,"神"为心肝脾

---

① 河上本、王弼本、傅奕本同。帛书本写为:"绵绵呵其若存,用之不勤。"
② 王弼《老子注》:"谷神,谷中央无者也。无形无影,无逆无为,处卑不动,守静不衰,物以之成而不见其形,此至物也。处卑守静,不可得而名,故谓之玄牝。"严复《老子道德经评点》:"以其虚,故曰'谷';以其因应无穷,故称'神',;以其不屈愈出,故曰'不死'。"任继愈《老子新译》:"'道'(谷神)是永恒存在的,这就叫做'玄牝'。"(第72页)

肺肾五脏之神①；有的理解为身体中潜藏的道——神②。"玄牝"，"牝"本是指母，玄牝也就是玄母。玄母既是不死，下文又说"天地根"，可知"玄牝"指的就是道。第二十五章说"有物混成，先天地生"，"可以为天下母"，三十四章说"万物恃之以生而不辞"，正是说能够生天生地的道。不过，在身体的修炼中，"玄牝"成为一个特殊的用语。

"玄牝之门，是谓天地根"，"玄牝之门"，指玄牝进出之门，也是生天生地之门，犹如"玄之又玄，众妙之门"（一章）。"天地根"，谓天地的总根源。老子认为，天下万物都是物物相生而生出来的，而万物的多样性都是由一个总的根源来的，这个总根源就是道。由此进入到修炼学说，则指玄牝为鼻口，玄为鼻，牝为口，主天地五气与五味的出入。③

"绵绵若存，用之不勤"，这句话也当从两个方面理解。从宇宙论的角度看，"绵绵"表示的是若有若无、似无而有的存在状态，也就是道的存在。"勤"字可解为勤劳，又可解为"尽"。以宇宙论的观点

---

① 《老子河上公章句》："谷，养也。人能养神，则不死也。神，为五脏之神也。肝藏魂，肺藏魄，心藏神，肾藏精，脾藏志，五藏尽伤，则五神去矣。"河上公的理解为汉代以下到南北朝时期流行的观点，如道教的上清派的修炼学说都认为人的身体中每一脏腑都有神主宰。

② 唐宋以后的修炼家大都如此看待，生命中的"性"就是"神"，而"神"就是早已潜藏于生命中的道。

③ 王弼《老子注》："门，玄牝之所由也。本其所由，与太极同体，故谓之'天地之根'也。"《老子河上公章句》："言不死之道，在于玄牝。玄，天也；于人为鼻。牝，地也，于人为口。天食人以五气，从鼻入，藏于心。五气清微，为精神聪明，音声五性，其鬼曰魂。魂者，雄也，主出入，人鼻与天通，故鼻为玄也。地食人以五味，从口入，藏于肾。五味浊辱，为形骸骨肉，血脉六情，其鬼曰魄。魄者，雌也，主出入，口与地通，故口为牝也。"又曰："根，元也，言鼻口之门，是乃通天地之元气，所从往来。"李道纯《道德会元》注"玄牝"为"一阴一阳"，注"玄牝之门"为"一阖一辟"。

看,就是道造就天下万物,但道本身并不劳敝。① 这里用的是"勤苦"之意。也有的认为,指道的用处无穷尽,这是"尽"的理解。② 从修炼论的角度看,这句话的意思就是,修炼者当不著意,不助推,似有若无地温养,小心翼翼,不勤不劳,不懈不息,若"十月怀胎"。③

---

① 王弼《老子注》:"欲言存邪,则不见其形;欲言亡也,万物以之生,故'绵绵若存'也。无物不成而不劳也,故曰'用而不勤'也。"李荣《老子注》:"勤者,苦也。得玄牝之道,运用无穷,无为逸乐,故曰不勤也。"

② 任继愈《老子新译》:"无形地存在者,用之不尽。"(第73页)商务印书馆《古代汉语词典》也用"穷尽""枯竭"解释老子这句话。

③ 《老子河上公章句》:"鼻口呼噏喘息,当绵绵微妙若可存,复若无有。用气常宽舒,不当急疾勤劳也。"陈景元《道德真经藏室纂微篇》:"绵绵不绝之貌。此结上养神炼形之义也。夫养神则深妙冥极,清静虚空,绵绵若存,感物而起,无有绝时。炼形则呼吸太和,导接血气,饮难终之泉,咀延年之草,使其支节宣畅而不勤劳。此方可与天地同根,众妙共门也。"李道纯《道德会元》:"无休无息,应用无穷。"

## 天地何以长久

### 第七章

天长地久。天地所以能长且久者,以其不自生,故能长生。是以圣人后其身而身先,外其身而身存。非以其无私邪!故能成其私。①

[译文] 天长地久。天地之所以能长久,在于它的生存不为自己,所以能够长久。所以,圣人置身于他人之后,反而处在先;把自己的生命置之度外,反而能够保全生命。难道这不是无私吗?所以,能够成全他的私。

[释文] 这章论述的主题是生命如何能够长久的问题。天地长久,是因为天地生生不息,生养了万物,却都不是为了自己,所以它能够长久。如果它只是为了自己的生命,它反倒不能长久了。因为天地一旦进入到了生生灭灭的过程,在乎自己的生死,它就有生

---

① 河上公本、王弼本同。傅奕本有一字之别,写为:"不以其无私邪"。帛书本写为:"以其不自生也,故能长生","是以圣人退其身而身先","不以其无私舆"。

有死了,只有它不在意于自己的生死,把生看作死的延续,把死看作生的开始,它才会是长久的。① 故而,后面讲"后其身而身先,外其身而身存",这可能是以具体事例解释前面的话。"后其身而身先",这似乎是在说众人都在抢风头,唯那不曾抢风头的人,以德获尊,才有资格处于众人之先,犹如"圣人终不为大,故能成其大"一样(六十三章);也如在战场上那最怕死的人,可能最先死,反倒不怕死的人,最终活了下来,身经百战的将军大多有类似的经历,兵法上讲求"投之亡地然后存,陷之死地然后生"②,可以为老子这句话作注解。③"圣人"为得道之人,行为皆依循天地"不自生"的道理,故而也能长久。最后两句话,是讲无私而能成全自己的私。天地是无私的,圣人也是无私的,所以他们能成全自己的"私"。什么是天地、圣人的"私"呢?当然是长久不死了,可是这长久不死是以生存不为自己的精神实现的。这个"私",并非私欲、私念或私利,而是一种个体性,是一个体对于天下万物或万民的一种担待,就像圣人把不欲看作自己的欲望一样。

对此,《庄子·知北游》有一个正解,在庄子看来,生与死如同春夏秋冬的自然变化一样,生命本来只是气的聚散:

"生是死的徒儿,死是生的开始。有谁知道它们的界限在哪里?生命的产生,只是气的集聚,死亡则是气的消散,如果我们把生死看成是彼此为徒儿,我还会为生死而烦恼吗!"④

---

① 《老子河上公章句》:"天地所以独长且久者,以其安静,施不求报,不如人居处,汲汲求自饶之利,夺人以自与。"又曰:"以其不求生,故能长生不终也。"王弼《老子注》:"自生则与物争,不自生则物归也。"河上公、王弼的注解,似不达老子的深意。

② 《孙子·九地》。

③ 李荣《老子注》:"唯圣人能行此,行谦退以居物后,德尊所以居先。存道于,外身而身存,自与道合也。"

④ 《知北游》:"生也死之徒,死也生之始,孰知其纪!人之生,气之聚也。聚则为生,散则为死。若死生为徒,吾又何患!"

## 为腹不为目

### 第十二章

　　五色令人目盲,五音令人耳聋,五味令人口爽,驰骋畋猎令人心发狂,难得之货令人行妨。是以圣人为腹不为目,故去彼取此。①

　　[译文]　缤纷的色彩使人目盲,动听的音乐使人耳聋,丰美的食物使人口伤,飞骑打猎使人心发狂,珍贵的货物使人行为不当。所以,圣人重吃饱而不重好看,不要后者而要前者。

　　[释文]　此章主要谈论身体实际需求与感官感受的关系。缤纷的色彩为人之所欲,但过分炫目会伤害人的眼睛;动听的音乐为人之所欲,但过分震撼会伤害人的听觉;美味佳肴为人之所欲,但过分讲求口感会伤害味觉;野外郊游为人之所欲,但放任不羁会伤害

---

① 河上公本、王弼本、傅奕本同。帛书本文章顺序有错位,写为:"五色使人目盲,驰骋田猎使人心发狂,难得之货使人之行妨。五味使人口爽,五音使人耳聋。是以圣人之治也,为腹不为目。故去彼而取此。"

人的心智；珍贵的货物为人之所欲，但执著于它则会行为迷失。"爽"，并非爽快、惬意，而是爽伤、破坏之义。① "妨"，指伤害，王弼解为"塞人正路"。② 凡事皆有个适当，超过了适当，再好的东西都会危害人的健康。王弼认为，这些都应当"顺其性"，如不顺其性，就会"伤自然"。③ 看起来老子似乎是反对人的所有感觉享受，其实不然。他是在一个比较的意义上说这番话的，即我们的身体需求与感官感觉，哪一个更重要？如果必要做出选择的话，肯定应该注重身体的实际需要，而不是感觉，故而老子说"为腹不为目"。当超出人的身体实际需求的时候，放纵自己的感觉，实际上就是以感觉奴役自己的身体了。④ 如同一个健康的人，他往往不在意身体的实际需要，而当他生了病的时候，他会为了身体而牺牲感觉，而保证身体的实际需求。道家自始至终都是讲求清淡、自然的，反对奢求过欲，但也不是禁欲的，只是希望欲望能得到节制，节制本身是美德。

至于说老子的话似乎反对任何的感觉，那是他的表达方式，话不彻底便无用，如同话不激切不动人一样。

---

① 《列子·黄帝》："昏然五情爽惑。"《淮南子·精神训》："五味乱口，使口爽伤。"王弼《老子注》："爽，差失也。失口之用，故谓之爽。"《老子河上公章句》："爽，亡也。人嗜无味，则口亡。言失于道也。"

② 王弼《老子注》："难得之货塞人正路，故令人行妨也。"《老子河上公章句》："妨，伤也。难得之货，谓金银珠玉。心贪意欲，不知厌足，则行伤身辱也。"任继愈《老子新译》注："'行妨'本来是指的一切损害别人利益的行为。在这里特别指的盗窃、掠夺之类的行为。"(第84页)

③ 王弼《老子注》："夫耳、目、口、心，皆顺其性也。不以顺其性，反以伤自然，故盲、聋、爽、狂也。"

④ 同上："为腹者以物养己，为目者以物役己，故圣人不为目也。"

## 贵大患若身

## 第十三章

宠辱若惊,贵大患若身。何谓宠辱若惊?宠为下,得之若惊,失之若惊,是谓宠辱若惊。何谓贵大患若身?吾所以有大患者,为吾有身,及吾无身,吾有何患?故贵以身为天下,若可寄天下。爱以身为天下,若可讬天下。①

[译文] 受宠受辱都惊恐不安,重视大祸患如同身体一样。什么叫受宠受辱都惊恐不安呢?得宠本是卑下的,得到它惊恐不安,失去它也惊恐不安,这就叫受宠受辱都惊恐不安。什么叫重视大祸患如同身体一样呢?我之所以有大祸患,在于我有自己的身体,如

---

① 这里采取王弼本。河上本写为:"何谓宠辱","则可寄于天下","乃可以讬为天下",此外,陈景元《道德真经藏室纂微篇》、李道纯《道德会元》皆写为"宠为上,辱为下",王卡點校《老子河上公章句》认为:"李、陈二人所见与日本抄本同,皆有'宠为上',是河上本原有此三字。"(北京:中华书局 1993 年版,第 50 页)傅奕本写为:"苟吾无身,吾有何患乎","则可以讬天下矣","爱以身为天下者,则可以寄天下矣"。帛书本与王弼几同,录其异者为:"宠之为下也","为吾有身也","及吾无身,有何患","故贵为身于为天下,若可以讬天下矣;爱以身为天下,女可以寄天下矣"。

果我没有自己的身体,我有什么祸患?所以,珍惜天下如同自己身体一样的人,或可以把天下寄托于他;爱惜天下如同自己身体一样的人,或可以托付天下于他。

[释文] "宠辱若惊,贵大患若身"中的"宠辱若惊",与其对应的一个词是"宠辱不惊"。"宠辱不惊"是正面的意思,指那种阅历丰富且高尚其事的人们,在宠或辱面前都不为所动;而"宠辱若惊"则有双面的意思,一是小人得志而得意忘形,失意则如丧家之犬;二是得宠得辱,都领受不起,故惊恐不安,这是中性的意思。显然,老子是在后一种情形下使用这句话的。"贵大患若身","大患",有的论家认为是荣宠之类①,有的理解为"烦恼老病"②,两种理解都说得通。这句话的理解分歧较大,一种是负面的,一种是正面的,负面的观点认为,身为大患之本,如果忘了身,就没有了大患③;正面的观点认为,重视荣辱之属的大患对于身体的危害,像王弼所说的"生之厚必入死之地"④,在这个意义上,"贵"也可以解释为"畏",即"畏大患至身"⑤。所以说是正面的观点,重视生命并没有什么错,而把荣辱、烦恼老病看成是大患,就表明这些东西是危害自己生命的,而不是忘了身就没有大患了。头两句话实为两个命题,后面的话则是分解这两个命题。

---

① 王弼《老子注》:"大患,荣宠之属也。生之厚必入死之地,故谓之大患也。人迷之于荣宠,返之于身,故曰'大患若身'也。"
② 成玄英《老子疏》:"大患,谓烦恼老病等也。"
③ 李荣《老子注》:"夫外其身者得失难骇,贵其身者宠辱易惊若也,贵身即有大患,故言贵大患若身也。"苏辙《道德真经注》:"古之达人,惊宠如惊辱,知宠为辱之先也。贵身如贵大患,知身之为患本也,是以遗宠而辱不及,忘身而患不至。"
④ 王弼《老子注》:"大患,荣宠之属也。生之厚必入死之地,故谓之大患也。人迷之于荣宠,返之于身,故曰'大患若身'也。"
⑤ 《老子河上公章句》:"贵,畏也。若,至也。畏大患至身,故皆惊。"

"何谓宠辱若惊？宠为下，得之若惊，失之若惊，是谓宠辱若惊。何谓贵大患若身？吾所以有大患者，为吾有身，及吾无身，吾有何患"句，"宠为下"，意谓无论是宠或辱，皆是卑下，得之惊恐不安，失之也惊恐不安，也就是得宠与得辱，皆为同一，或者说，把得宠看作是得辱一样，所以惊恐不安，这正是老子的正面意义。后面几句话，最容易误解，从文字上看，似乎老子是赞成无身而无患的，其实不是。若如此看待的话，就与后面将要说出的"贵以身为天下"的话冲突了。老子的意思是，我所以有此大患（如荣辱，或烦恼老病），就在于我很在乎自己的生命（奉养过厚），"大患"之为大患，在于我认识到它们对于我的生命的祸害，如果我不那么在乎自己的生命，它自然也就不算是祸患了。①

"故贵以身为天下，若可寄天下。爱以身为天下，若可托天下"这最后两句话为前面论述的结论，也是老子通过上面的论述，想要表达的意思。珍惜天下，爱惜天下，像对待自己的身体一样对待国家的人，才是可以托付天下的人。② 因为珍惜自己的身体，爱惜自己的生命，从而珍惜、爱惜天下所有的生命，从而，政令不滥出，"治大国若烹小鲜"，处处小心谨慎，生怕自己的政令伤及民生、民权与民智。这才是老子所推崇的大国之君。

---

① 陈鼓应《老子注译及评介》说："按老子说这话是含有警惕的意思，并不是要人弃身或忘身。老子从来没有轻身、弃身或忘身的思想，相反的，他却要人贵身。"（第109页）

② 陈鼓应《老子注译及评介》又引福永光司的话："本章谓真正能够珍重一己之身，爱惜一己生命的人，才能珍重他人的生命，爱重别人的人生。并且，也只有这样的人，才可以放心地将天下的政治委任他。"（第110页）

出生入死

## 出生入死

### 第五十章

　　出生入死。生之徒，十有三。死之徒，十有三。人之生，动之于死地，亦十有三。夫何故？以其生生之厚。盖闻善摄生者，陆行不遇兕虎，入军不被甲兵。兕无所投其角，虎无所用其爪，兵无所容其刃。夫何故？以其无死地。①

　　[译文]　人出生为生，生命终结为死。生命长寿的，占十分之三。短命的占十分之三。生命过程中，自我蹈之死地的，也有十分之三。这是什么原因呢？因其奉养过度了。听说善于养生的人，走路不怕遭遇兕牛老虎，当兵不怕被兵器伤害。兕牛没有使用它的角，老虎没有使用它的爪，兵器也没有用上它的刀刃，为什么？因为

---

①　这里采用王弼本。河上公本写为："动之死地十有三"，"以其求生之厚"。傅奕本写为："而民之生生，而动皆之死地，亦十有三"，"以其生生之厚也"，"夫何故也？以其无死地焉"。帛书本文字不齐，写为："□生入死，生之□□有□，□之徒十有三"，"而民生生，动皆之死地之十有三"，"夫何故也？以其生生"，"盖闻善执生者，陵行不避兕虎，入军不被兵革"，"兕无所揣其角，虎无所措其爪，兵无所容□□"，"□何故也？以其无死地焉"。

没有进入该死之地。

[释文] 此章讲如何养生长寿的问题。老子所说生命长寿,应当是指享受了人的自然生命,即生命应该享受的时间长度,对此,道家其实是相信有一个自然生命周期的,只是不同时期有不同的期待,或六十岁,或八十岁,或一百二十岁等等。在这个周期里,各个时期具有不同的作为和生理反应,《庄子·大宗师》里描绘过如此的情形:"大块载我以形,劳我以生,佚我以老,息我以死。"完成如此的各个时段的事情,就算是完成了生命的自然周期,自然而生,经历劳苦,晚年享受生活,最后自然而死,死是一种安息。短命的人约占十分之三,这部分人或许是命中注定的,诸如生命密码异常,或者家族遗传病史等等,或者飞来之祸,使得生命终止,这部分也是非人为的死亡。第三部分"动之死地",则纯然是人为的,自己跳入死地的。这部分人或许很在意自己的生命,或者贪图享乐,或者奉养过厚,最后把自己送入了死地。在老子看来,养生不在乎怕死,不在乎过分的财货,不在乎过多的营养,而在于简单自在,简化欲望,与人为善,与天地万物为善,故而兕牛、老虎不会伤害他,战争不会伤害他,因为他没有进入到该死之地。①

---

① 《老子河上公章句》:"养生之人,虎兕无由伤,兵刃无由加之也。""以其不犯十三之死地,故神明营护之,此物不敢害。"

## 复归其明，无遗身殃

## 第五十二章

天下有始，以为天下母。既得其母，以知其子。既知其子，复守其母，没身不殆。塞其兑，闭其门，终身不勤。开其兑，济其事，终身不救。见小曰明，守柔曰强。用其光，复归其明，无遗身殃。是为习常。①

[译文] 天下有一个初始，这就是天下之母。既已得到母，就要以此知道万物是母之子。既已知道万物皆是母之子，就要反过来守持其母，这样终身就不会有危殆了。塞住奢欲的孔窍，关闭奢欲的门径，则终生不会劳苦。如果打开奢欲的孔窍，接济奢欲之事，那么终身不能得救。能见识细微叫作"明"，能守持柔弱叫作"强"。运用智识之光，复归内观自知之明，就不会给自己留下殃祸。这就是

---

① 这里采取王弼本。河上公本写为"既知其母，复知其子"，"守柔曰强"。傅奕本写为："无遗身殃，是谓袭常。"帛书本写为："塞其垗"，"启其垗，齐其事，终身不棘"，"毋遗身殃，是谓袭常"。竹简本文字不齐，写为："闭其门，塞其兑，终身不㽞"，"启其兑，赛其事，终身不逨"。

延续不绝的常理。

[**释文**] "天下有始,以为天下母。既得其母,以知其子。既知其子,复守其母,没身不殆"这段话似乎是讲宇宙论,其实是借此讲人的生命意识问题。既然天下有一个共同的根源,这就说明无论世间多么丰富多元,每人都与这个共同根源有着根深蒂固的联系,从知道母子关系,到主动回归、守持其母,所说的"母",就是道,这就是老子主张的"归根复命"。只要守持住这个联系,就能不失道,也就会终生无危殆之事了。这也表明,人们求道,不是求与己无关的道,而是求潜藏在生命中早已有之的道。

"塞其兑,闭其门,终身不勤。开兑,济其事,终身不救"这句话讲如何"复守其母"的问题,即如何求道。"兑",为眼睛,引申为引起欲望的孔窍。① "门",为人之口②,引申为引起欲望的门户。"勤",当理解为勤苦,也有理解为疾病的。③ 求道就当塞兑、闭门,排解人的感官对于外界的诱惑,方能求道有成。如果打开自己的七窍,放任感官对于外界诱惑的接济,终身无成,也就不能从追逐奢欲的凡尘中得救。得救,也就是解脱,只不过,老子主张的并不是外力的解救,而是通过修炼,自我得救。

"见小曰明,守柔曰强。用其光,复归其明,无遗身殃。是为习

---

① 《老子河上公章句》:"兑,目也。使目不妄视也。"王弼《老子注》:"兑,事欲之所由生。"
② 同上:"门,口也。使口不妄言。"王弼《老子注》:"门,事欲之所由从也。"
③ 同上:"人当塞目不妄视,闭口不妄言,则终身不勤苦。"王弼《老子注》:"无事永逸,故终身不勤也。"陈鼓应《老子注译及评介》引马叙伦注:"'勤'借为'瘽',《说文》:'病也。'"(第260页)

常"中的"小",论家多认为是"微细""微妙",也指"妙理"。① "强",指刚强。"光",当指智照之光,即智慧。② "明",前面说"见小曰明",此处"复归其明"的"明",应当不是前面的那个"明"③,而是复归于内明,用光于外以观照,复归于内照之明。"习常"二字,傅奕本和帛书本皆写为"袭常","习""袭"相通,皆指前后相续的常理,河上公、王弼等皆以为"习常"为"常道"④,《老子》书中大多数的"常"皆指道,此章解"常"为"道"也没有问题,只是相对于此句的前面,都是讲如何外照、内明的修养方法,故此"常"理解为"常理"更合理一些。整个这一章,主要是要阐述个人的修养,明理,守道,经塞兑闭门、外照内明的功夫,可以神清气爽,身无病殃。

---

① 《老子河上公章句》:"萌芽未动,祸乱未见为小,昭然独见为明。"成玄英《老子疏》:"见,观照也。小,微细之名也,即至妙之理也。"

② 《老子河上公章句》:"用其目光于外,视时世之利害。"吴澄《道德真经注》:"水镜能照物谓之光,光之体谓之明。用其照外之光,回光照内,复返而归藏于其内体之明也。"

③ 《老子河上公章句》:"昭然独见为明。"成玄英《老子疏》:"虽复用光照,物即照而忘,韬光晦迹,归明于昧,故曰复其明也。"唐玄宗《御注道德经》:"故当用光外照,复归守内明,则长无患累矣。"

④ 《老子河上公章句》:"人能行此,是谓习修常道。"王弼《老子注》:"道之常也。"

# 物壮则老

## 第五十五章

含德之厚,比于赤子。蜂薑虺蛇不螫,猛兽不据,攫鸟不搏。骨弱筋柔而握固。未知牝牡之合而朘作,精之至也。终日号而不嗄,和之至也。知和曰常,知常曰明。益生曰祥。心使气曰强。物壮则老,谓之不道,不道早已。①

[译文] 德性涵养的深厚,可与幼子相比。蜂蝎毒蛇不刺,猛兽不犯,猛禽不攫。修养到筋骨柔弱,把握就很牢固。尚且不知男女交媾之事,其生殖器也会勃起,这是精气极其充足的缘故。整天哭号,声音却不会嘶哑,这是阴阳极其平和的缘故。知道了阴阳淳和叫作"常",认识了"常"就叫作"明"。贪生纵欲叫做妖祥,以心役

---

① 这里采取王弼本,部分字句依王弼本、傅奕本、帛书本和竹简本改,如王弼"未知牝牡之合而全作",依河上本、傅奕本及帛书本改"全"为"朘"。河上本写为:"毒虫不螫","知常曰明"以下"曰"字皆写为"日"。傅奕本写为:"蜂薑不螫","未知牝牡之合而朘作","终日号而嗌不嗄"。帛书本写为:"据鸟猛兽弗搏","未知牝牡之合而朘怒","终日号而嗌不嗄"。竹简本写为:"蜮蠆虫蛇弗螫","攫鸟猛兽弗扣,骨弱筋柔而捉固","未知牝牡之合然怒","终日乎而不忧","和曰常,知和曰明","物壮则老,是谓不道"。

气叫作逞强。万物壮盛就会走向衰老,这叫做不合于道,不合于道就会早夭。

[释文] "含德之厚,比于赤子"①,这是把德性修养的目标比作赤子,即像赤子那样柔弱、淳厚、无邪,但不是说赤子就是一种德性,不经修养不成德性,有充分的阅历,经过修养而能像个赤子那样,这才是道家所期望的德性。

"蜂蠆虺蛇不螫,猛兽不据,攫鸟不搏。骨弱筋柔而握固"句,②既像赤子那样,也就无求无欲,也就不会触怒蜂蝎毒蛇、猛兽飞禽了,所以它们也就不会侵扰他了。③"骨弱筋柔"是一种修炼纯熟的样态,大凡修炼家都以此为目标。"握固",当需要握固的时候,就能把握得很牢固,因为他精神专一,这在修炼中也是一种功夫。④"握固"后来在内丹修炼中成为一个专业术语。⑤

"未知牝牡之合而朘作,精之至也;终日号而不嗄,和之至也"句,"牝牡"指男女。"朘",傅奕本和帛书本写作"脧",脧、朘其意相同。"嗄",河上本写作"哑",两字相通。小孩虽然不知男女交媾之事,但他也会生殖器勃起,就因为他的精气充盈。小孩整天都在哭号,但他为何不会哭哑了嗓子呢? 就在于他的阴阳二气平和。这就是说,小孩虽然幼小、柔弱,但他具有超越成人的长处,精力旺盛,阴阳平和,却没有成人的短处,所以,修养才要以小孩为目标。

---

① 《老子河上公章句》:"谓含怀道德之厚也。"
② 《老子河上公章句》写作"毒虫不螫"。
③ 王弼《老子注》:"赤子,无求无欲,不犯众物,故毒螫之物无犯于人也。含德之厚者,不犯于物,故无物以损其全也。"
④ 王弼《老子注》:"以柔弱之故,故握能周固。"《老子河上公章句》:"赤子筋骨柔弱,而持物坚固,以其专心不移也。"
⑤ 见《中华道教大辞典》,北京:中国社会科学出版社1995年版。

"知和曰常,知常曰明。益生曰祥。心使气曰强。物壮则老,谓之不道,不道早已"句,王弼理解为:万物本来就是以安静平和作为常理的,所以了解了安静平和,就得了常理,而得了常理,也就可称为明达了。① 应当说,这个理解是比较合乎老子之意的。"祥",这里指妖祥,即灾祸。② "益生"谓养生之厚,指贪生纵欲;"心使气"谓强力役使自己的精力去干某些事情。这两者不是妖祥,就是逞强。这也是下句所谓的"物壮"。"物壮",既是指万物到了壮盛之时,就要衰老,走下坡路了,也是说在纵欲、逞强之后,就要衰竭了。"物壮则老"是一个规律,为何又说"不道"呢? 因为"不道早已",即不合于道就要早夭,而早夭是不符合老子对生命的期待的,老子期望生命之树常青,像婴儿一样。

---

① 王弼《老子注》:"物以和为常,故知和则得常也。不皦不昧,不温不凉,此常也。无形不可得而见,故曰'知常曰明'也。"
② 任继愈《老子新译》:"这里是指灾殃、妖孽;《庄子·庚桑楚》:'孽孤谓之祥'。《左传》昭公十八年:'将有大祥','祥'字都是指的灾祸。"(第 179 页)

# 生活中的智慧

## 善言与善行

### 第二十七章

善行无辙迹。善言无瑕谪。善数不用筹策。善闭无关楗而不可开。善结无绳约而不可解。是以圣人常善救人,故无弃人。常善救物,故无弃物。是谓袭明。故善人者,不善人之师。不善人者,善人之资。不贵其师,不爱其资,虽智大迷,是谓要妙。①

[译文] 善于行走的没有痕迹。善于说话的没有过失。善于数数的不用筹策。善于关闭的不用门栓而不可打开。善于打结的不用绳索却不能解开。所以圣人总是善于搭救人,故而不会抛弃人;总是善于救助万物,故而不会抛弃物。这就叫"袭明"。所以,善人是不善人的老师,不善人则是善人的借鉴。不尊重他的老师,不

---

① 河上公本与王弼本有一字之差,河上公本写为"善计不用筹策",与王本"善数"意同,这里采取王弼本。傅奕本与王本基本相同,只在"善言""善行"等字之后多一个"者"字。帛书本也是在"善言""善行"等字之后多一个"者"字。其他相异之处:"善行者无达迹","善闭者无關籥而不可啟也","善结者无繻约而不可解也","是以圣人恒善救人,而无弃人","物无弃财,是谓愧明","虽智乎大迷","是谓妙要"。

爱惜他的借鉴,虽然自以为聪明,其实是太糊涂,这就叫要妙。

[释文] "善行无辙迹。善言无瑕谪。善数不用筹策。善闭无关楗而不可开。善结无绳约而不可解"句中的"辙迹"谓走路留下的行迹,"瑕谪"谓过错、毛病,"筹策"谓计算的工具,"关键"谓门栓,"绳约"谓绳索。老子的意思是,能够行走、能言善辩、精于筹算等,还称不得"善",只有行而不留行迹,数而不用筹策,闭而不用门栓,打结而不用绳索等,才称得上"善行""善言""善数""善闭"与"善结",这些都是超然的功夫,它们是建立在超越事相基础上的,即不著于事相,如行可能是意识上的行,言可能是无言,数可能是心上的功夫,闭可能是不用门栓,结可能是不用绳索,这里推崇的都是"棋高一着",而不是在具体的事相上推求。如若仅以事相上推求,便难以超越,如《庄子·人间世》所言:走路不留行迹容易,但走路不着地就难了。① 以闭门与结约为言,门上了栓是为了让人打不开,却未必能防住小偷;结了约就如同以绳索把双方捆在了一起,却未必能够约束住人。如同万里长城本是防御外敌的,却一天也没有能够抵挡住外敌的入侵。与其那样,不如没有门栓,却不能打得开;没有绳约,却不可以解得开。善闭者在于精神上的守持,善结者在于结其心,不是靠门栓与绳索。②

"是以圣人常善救人,故无弃人。常善救物,故无弃物。是谓袭明"句,六十二章说"人之不善,何弃之有",是说道不弃物,道不弃人,这里说"圣人常善救人,故无弃人",圣人为得道之人,故遵道之行,也不抛弃任何人、任何物。"袭明",为含藏的智慧。论家认为,

---

① 《庄子·人间世》:"绝迹易,无行地难。"
② 《老子河上公章句》:"善以道闭情欲、守精神者,不吐门户有关键可得开。""善以道结事者,乃结其心,不如绳索可得解也。"

这是因袭常道的智慧。①

"故善人者,不善人之师。不善人者,善人之资。不贵其师,不爱其资,虽智大迷,是谓要妙"句,意谓善人会主动求道,不善人得到了道的救助,却不知求道,所以,善人应当成为不善人的老师,而善人也会拿不善人作为借鉴,诸如反面教材等。最后两句话,主要针对那些自作聪明的人,既不尊重自己的老师,也不爱惜他的珍贵的借鉴,所以是糊涂之人。而明白上述道理的人,就得深妙的真理了。

---

① 《老子河上公章句》:"圣人善救人物,是谓袭明,大道也。"陈鼓应《老子注译及评介》引释德清注:"承其本明,因之以通其蔽,故曰袭明。袭,承也,犹因也。"又引奚侗的注:"'袭明'谓因顺常道也。"(第170页)

## 不言之教

## 第四十三章

天下之至柔,驰骋天下之至坚。无有入无间,吾是以知无为之有益。不言之教,无为之益,天下希及之。①

[译文] 天下最柔弱的力量,能在天下最坚实的东西之间自由穿行。这个看不见的东西进入到了没有间隙的东西,我因此知道了"无为"的益处。不言说的教导,无为的益处,天下没有什么能够与之相比。

[释文] "至柔",论家有的认为是水②,有的认为是气③,有人

---

① 河上公本与王弼本同。傅奕本写为:"出于无有,入于无间","吾是以知无为之有益也","天下稀及之矣"。帛书本文章不齐,录其异者为:"驰骋乎天下之至坚","无有入于无间","吾是以知无为□□益也","不□□教,无为之益","□下希能及之矣"。
② 《老子河上公章句》:"至柔者水,至坚者金石,水能贯坚入刚,无所不通。"
③ 王弼《老子注》:"气无所不入,水无所不经。"陈景元《道德真经藏室纂微篇》:"水之流注如骏马之奔竞也,水之至柔为用,而能贯穿金石,沉溺万物,故曰驰骋天下之至坚也。"

认为指的是"道"①，还有人认为既指水，也指道②。各说皆能通，只是从后面的话"无有入无间"，以及"不言之教，无为之益"，可知这里指的是"道"。水不是看不见的"无有"③，如果是指水的话，那也只是用来打比喻，就像第八章所说"上善若水"，也是拿水德喻人德，这里要说的对象是道，"无为""不言"说的都是道。第七十三章说："天之道不争而善胜。不言而善应，不召而自来。"表述的正是道不言却善于回应世间的所有事情。不言胜过言，无为而无不为，这些都是道带给世间的益处，由于道不弃人、不弃物，所有的人或事，道都给予无私的、持续的益处，故此说"天下希及之"。

---

① 严君平《道德经指归》："道能驰骋经纶天地万物也。"
② 李荣《老子注》："有象之至柔者水也，无象之至柔者道也。……言人若能鉴之于水，体之于道，足能洞之于人我，经之于丘山，微妙玄通，都无滞碍，此谓驰骋之至坚也。"
③ 傅奕本写为"出于无有，入于无间"。

不行而知

## 不行而知

## 第四十七章

不出户,知天下。不窥牖,见天道。其出弥远,其知弥少。是以圣人不行而知,不见而名,不为而成。①

[译文] 不出门户,能知道天下事。不从窗户向外窥探,能见知天道。走出去越远,知道得越少。所以,圣人不用行就能知道,不用见就能明了,不用做就能成功。②

[释文] 这段话似乎是反对人的社会实践,其实老子是有特指的。老子主张静观、玄览,主张清静中客观地观察事物,而不是躁动不安的,或者带有主观成见地看待外界事物,所以,与其心急气躁地胡乱作为,不如静定下来,冷眼旁观,从中领悟出道理。还有,老子在这里强调的是"圣人",圣人体道,深契事理,不必像常人那样事事

---

① 河上公本、王弼本同。傅奕本写为:"不出户,可以知天下","不窥牖,可以知天道","其出弥远,其知弥赺"。帛书本文章不齐,写为:"不出于户,以知天下","不窥于牖,以知天道","其出弥远者,其知弥□","□□而名,弗为而成"。

② "不见而名",《韩非子·喻老》作"明",古时"名""明"通用。

都要亲力亲为,故此可以"不行而知,不见而名,不为而成"[①]。如果常人照此去做,恐无见成。

这章又一次提出了"天道"的问题,第七十七章说"天之道,损有余而补不足。人之道则不然,损不足以奉有余",意谓天道与人道不同,天道讲求自然平等、公平,人道则要有意制造不平等与不公平。但是,人应当追求和效法天道,以天道来治理人道。"知天下"是知天下的事,"见天道"则是见悟天道,见悟天道,确乎是无须观察世间的事物,而知天下的事,则是需要观察的。第一章说"故常无,欲以观其妙;常有,欲以观其徼",第十六章说"万物并作,吾以观复",第五十四章说"以身观身,以家观家,以乡观乡,以国观国,以天下观天下",都是强调需要正确地观察,不是不要观察,也不是不要社会实践,这大概是见悟天道与知天下事的根本区别吧。

---

[①] 《老子河上公章句》:"圣人不出户,以知天下者,以己身知人身,以己家知人家,所以见天下也。"

## 不可得而贵贱

### 第五十六章

知者不言,言者不知。塞其兑,闭其门,挫其锐,解其纷,和其光,同其尘,是谓玄同。故不可得而亲,亦不可得而疏;不可得而利,亦不可得而害;不可得而贵,亦不可得而贱。故为天下贵。①

[译文] 懂得的不说出来,说出来的不懂得。塞住其孔窍,关闭其门户,挫抑其锐气,消解其纷扰,涵藏其光芒,与尘垢相混同,这就叫作"玄同"。他不会以什么原因而亲近,也不会因什么原因而疏远;不会以什么原因而得利,也不会以什么原因而加害;不会以什么原因而尊贵,也不会因什么原因而低贱。所以,他才为天下人所敬重。

---

① 这里采取河上公本。王弼本在"不可得而疏""不可得而害""不可得而贱"三句之前少一个"亦"字,另外,"解其纷"写为"解其分"。傅奕本与河上本基本同,只在首句多两个"也"字,"知者不言也,言者不知也"。帛书本也基本亦与河上本同,写为:"知者弗言,言者弗知","塞其垸,闭其门"。竹简本写为:"知之者弗言,言之者弗知","齨其稔,解其纷"。

[**释文**]　此章主要谈论的是德性修养问题。先是谈论知与不知的问题,知道、懂得的人不会说,爱说的人反而不知道或不懂。说的多的人总是离真相与真理更远一些,而真正懂得真相或真理的人,反而少说,说的越多,错的越多,而且,对于真理或者道来说,主要靠的是领悟,不是靠说。

接下来,老子都集中在如何修道的问题,"塞其兑,闭其门",这两句在五十二章里已经说过,这里再次强调。与上两句类似,"挫其锐,解其纷,和其光,同其尘",都是针对修道者自身来说的,人皆有棱角,人皆有意见的纷争,但修道者当挫抑自己的锐气,并非不要方正、原则和锐利,只是不要因此伤人;也不要坚执纷争,议论不休,而是求同存异,争取共识。和光同尘,讲求的是将自己的睿智、聪颖敛藏起来,而不致锋芒毕露,又姿态平常,在表现与行为上与尘垢、世俗保持同调,与其混同起来,而不是曲高和寡,与世俗社会格格不入。"玄同","玄"是深妙的意思。"同",不是与世俗的相同,而是与道相同的境界。①

"故不可得而亲,亦不可得而疏;不可得而利,亦不可得而害;不可得而贵,亦不可得而贱。故为天下贵"这段话可能有两种理解,一是说人们对于"为天下贵"的人,不可亲不可疏,不可利不可害,不可贵不可贱,②二是"为天下贵"的人,他在德性上,不可以亲疏、利害、

---

①　《老子河上公章句》:"玄,天也。人能行此上事,是谓与天同道也。"陈鼓应《老子注译及评介》引王纯甫语:"玄同者,与物大同而又无迹可见也。"(第273页)

②　任继愈《老子新译》:"不可能对他亲近,不可能对他疏远。不可能使他得利,不可能使他受害。不可能使他尊贵,不可能使他下贱。"(第182页)

贵贱论。① 我认为第二种情形才符合老子之意。因为老子所描述的与道"玄同"的人所具有的德性修养,而不是他人与他接触的感觉,要是对某些人亲近,就意味着对另一些人疏远;既可以从别人那里获得利益,别人也就可以加害于他;既然他可以从别人那里得到尊贵,也就可以从别人那里被视为低贱。② 正是因为超然亲疏、利害、贵贱,从而不染指利害,可以公平地看待他人,他人也不能加害于他,③所以,他才能为天下人所尊贵。④

---

① 《老子河上公章句》:"不以荣誉为乐,独立为哀。""志趣无欲,与人无怨。""身不欲富贵,口不欲五味。""不与贪争利,不与勇争气。""不为乱世主,不处暗君位。"李荣《老子注》:"夫有远近则亲疏明矣,存得失则利害生矣,定上下则贵贱成矣。今解纷挫锐,和光同尘,爱憎平等,亲疏不能入,毁誉齐一,利害不能干,荣辱同忘,贵贱无由,得能行此者,可以为天下贵。"

② 王弼《老子注》:"可得而亲,则可得而疏也。可得而利,则可得而害也。可得而贵,则可得而贱也。"

③ 王弼《老子注》:"无物可加之也。"

④ 《老子河上公章句》:"其德如此,天之不得臣,诸侯不得屈,与世沉浮,容身避害,故为天下贵也。"

## 善为士者

## 第六十八章

善为士者不武,善战者不怒,善胜敌者不与,善用人者为之下。是谓不争之德,是谓用人之力,是谓配天,古之极。①

[译文] 善于当武士的不爱武力,善于打仗的不愤怒,善于战胜敌人的不与敌人斗,善于使用人的对人谦下。这就叫不争的德性,这就叫用别人的力量,这就叫德性配天,从古至今的极则。

[释文] "士",有文士、武士之分,武士为统领士兵的人。② "与",指与人相斗。③ 此章谈论的是统领军队的人的武德。中国文化对武力的理解为"止戈为武",即武力并不是为了逞强的,而是用来制止暴力的。老子所说的这种武德,正体现了这个精神。爱以武

---

① 王弼本与河上公本有一字之差,"善用人者为之下"句,河上本少一个"之"字。这里采用王弼本。傅奕本写为:"古之善为士者不武也","是谓配天,古之极也"。帛书本写为:"故善为士者不武","是谓用人","古之极也"。
② 王弼《老子注》:"士,卒之帅也。武尚先陵人也。"
③ 同上:"与,争也。"

力逞强的不能算是"善为士者",凭怒气用兵的不能算是"善战者"①,爱与敌人斗狠的不能算是"善胜敌者",趾高气扬的不算是"善用人者"。《孙子兵法》告知:尽知用兵之害者,方知用兵之利。一个真正的武士,当是和平的捍卫者,而不是穷兵黩武。只是在不得已的情形下才使用武力,这才是武士的真精神。老子将这一系列行为在德性上概括起来就是"不争之德",所谓"不争",即不与人争强斗狠。所谓"用人之力",指善于借用他人的力量,统率军队的人不一定自己力量过人,而在于善于用人用兵,而这又是与自己谦下的态度有关的。②"不争之德",加上"用人之力",合起来就构成可以配天道的武德,老子甚至把这种德性称为从古至今的极则,即最高的准则。

---

① 苏辙《道德真经注》:"圣人不得已而后战,若出于怒,是以我故杀人也,以我故杀人,天必殃之。"
② 《老子河上公章句》:"能身为人下,是谓用人臣之力也。"

## 哀者胜矣

### 第六十九章

用兵有言：吾不敢为主而为客；不敢进寸而退尺。是谓行无行，攘无臂，扔无敌，执无兵。祸莫大于轻敌，轻敌几丧吾宝。故抗兵相加，哀者胜矣。①

[译文] 兵家有一个说法：我不敢为先而为后，不敢贸然前进一寸而可退后一尺。这就叫做虽有阵列，却无阵可列；虽有手臂，却无手臂可举；虽有摧毁的手段，却无敌而摧；虽有兵器，却无兵器可执。祸害莫过于轻敌，轻敌则几将丧失我的宝物。所以，敌对的双方相对抗，慈哀者终究会获胜。

[释文] 与六十八章相同，此章也讲用兵之道。"吾不敢为主而为客；不敢进寸而退尺"，主客关系，其实就是主次、先后关系，谁

---

① 这里采取王弼本。河上本"扔无敌"写为"仍无敌"。傅奕本写为："用兵有言曰"，"执无兵，仍无敌"，"祸莫大于无敌，无敌则几亡吾宝"，"则哀者胜矣"。帛书本写为："用兵有言曰"，"执无兵，扔无敌"，"祸莫大于无敌，无敌近亡吾宝矣"，"则哀者胜矣"。

是战争的主动一方,意谓谁是战争的发动者,道家反对战争,如果发生了战事,也是处于被动一方而应战,所以说"不敢为主"。"不敢进寸而退尺",是说战争中不可贸然前进,需要知己知彼,全面衡量敌我双方的力量与态势,然后采取对策,所以,先要退避,"寸"与"尺"所表达的比例与态势,也表示了对待战争的不得已的态度。

"是谓行无行,攘无臂,扔无敌,执无兵"中的"行",谓军队的行列、阵势。"攘",举起之义。"扔"字,摧毁之义。① "兵",谓兵器。摆开阵势与敌对抗,这是敌对双方的基本态势,然而,善用兵者,仗却通常不是这么打的,兵法讲求,"凡战者,以正合,以奇胜"。老子讲"以正治国,以奇用兵"(五十七章)。即正面对抗,侧翼出奇兵,至于奇兵从哪里出,则是根据现场的情况,总是瞄准对方的薄弱环节。攘臂是撸起袖子,振臂而呼,却无臂可举,此是说这仗本是不情愿打的,也不是主动挑起事端。"扔无敌",本来有手段摧毁敌人,然而敌人似不存在,因为本来就不想与人为敌,不战而能屈人之兵,是为上策。"执无兵",手里有武器,却像没有武器一样,武器是防卫的最后手段,为不得已而用之,不是用来残杀的。

"祸莫大于轻敌,轻敌几丧吾宝",不想战争,不愿残杀,并非放松警惕,更不是轻敌。轻敌有两个情形:一是轻视对手的实力,发动战争,冒犯、欺凌对手,结果激发了对手与之战斗的意志,因为正义的性质在对方;二是在具体的战役中轻敌,没有知彼知己,轻率出兵。老子应当主要指前一种情形,因为与此相关的后面一句话"轻敌几丧吾宝",表明了所针对的对象。"宝",不是指战争手段,而是慈爱、仁慈之宝,即六十七章"三宝"(慈、俭、不敢为天下先)中的第

---

① 河上本、傅奕本皆写为"仍",解释为"引",王弼本、帛书本皆写为"扔","扔"有拉的意思,这与河上公的解释相近,不过,"扔"也有摧毁之意,用在"无敌"上似更合理。

一宝。作战需要勇士,然而勇士不是好勇而成为勇士的,而是因为慈爱,"慈故能勇"。如果战争不是为了防卫,而是为了侵略,就没有慈爱的基础了,也就不能产生真正的勇士。所以说"轻敌几丧吾宝"。

"故抗兵相加,哀者胜矣"这最后一句为整章意思的总结,凡是敌对的双方的军队相战,战争的结果一定是"哀者胜"。"抗",对抗相战。① "哀",慈哀,因为战争无论如何都要引起残杀,所以用兵的人,出于慈哀会反对战争,如果战争已不可避免,也要正义在己,以慈哀之心奋起抗击,最终将会赢得战争。② 恰如第六十七章所说的那样:"夫慈以战则胜,以守则固。天将救之,以慈卫之。"③上天要是想要救助人的话,就会用慈爱去护卫他们,慈爱就是最大的力量源泉。

---

① 《老子河上公章句》:"两敌相战。"王弼《老子注》:"抗,举也。"
② 《老子河上公章句》:"哀者,慈仁,士卒不远于死。"
③ 王弼:《老子注》:"言吾哀慈谦退,非欲以取强无敌于天下也。不得已而卒至于无敌,斯乃吾之所以为大祸也。宝,三宝也。故曰'几丧吾宝'。"

被褐怀玉

## 被褐怀玉

## 第七十章

吾言甚易知,甚易行。天下莫能知,莫能行。言有宗,事有君。夫唯无知,是以不我知。知我者希,则我者贵,是以圣人被褐怀玉。①

[译文] 我的话很容易了解,很容易实行。然而天下竟无人能了解,无人能实行。说话要有主旨,行事要有根据。正是由于不了解我的话,所以也就不了解我。了解我的人很少,按照我说的去做就难得了。所以,圣人穿着粗麻布衣服,却怀里揣着宝玉。

[释文] "吾"与"我",应当是老子自称;② 有人认为"吾言"就

---

① 河上公本、王弼本同。傅奕本写为:"而人莫之能知,莫之能行","是以不吾知也","知我者稀,则我贵矣","是以圣人被褐而怀玉"。帛书本写为:"吾言易知也,易行也","而天下莫之能知也,莫之能行也","夫言有宗,事有君","夫唯无知也","知者希,则我贵矣","是以圣人被褐而怀玉"。然而,帛书甲本写为:"言有君,事有宗。"

② 《老子河上公章句》:"老子言:吾所言,省而易知,约而易行。"

是"前章所言",即第六十九章所言①;有人认为是"圣人之言"②。我认为,第一种情形为真。《老子》书中,"吾""我""圣人""道"之间的关系,颇为隐晦。东汉后期的《老子想尔注》中,对于"我""吾",皆以"道"来注解,但这终究是道教产生之后的宗教学现象。而在《老子》中,老子是没有把"吾""我"与"道"相称的,如"吾不知其名,字之曰道"(二十五章),我、吾只是述道者的身份,而没有等同于道。这里的"吾"与"我"也没有分别,用在主语称"吾",用在宾语称"我"。只是"吾"与"我"可不可以称为"圣人",从前面说"吾言甚易知,甚易行",到后面说"圣人被褐怀玉",似乎老子并没有拒绝"圣人"的称呼,虽然是拿"被褐怀玉"这件事作了比喻,这有如孔子不自称"圣人",却也不拒绝别人称他"圣人"一样。即便如此,"圣人"与"道"也有区别,"圣人"追求道且得了道,而道则是宇宙的精神,象征了和谐、自在、公平、正义等等。

说"吾言甚易知,甚易行",这是表明老子的主张简约而易行,恰如司马迁《论六家要旨》所说的,道家"旨约而易操,事少而功多"。然而,天下了解和实行的人却很少,这是为何?原因犹如"被褐怀玉"一样,世俗社会爱看人的外表、装饰,看重人的社会身份、地位、头衔,而不看内在,不看粗糙的外衣下藏了什么东西。这也是说,不在意自己的外表而得道的人总是少数,得道意味着得真理。

"言有宗,事有君。夫唯无知,是以不我知",是说自己的主张不是凭空的想象,而是有思想主题的,且有根据的,这个根据就是"道"。然而这个"道"少有人知,所以也就不知述说这个"道"之言

---

① 成玄英:《老子疏》:"'吾言'即前章是也。"
② 严君平:《道德经指归》:"圣人言不言之言,为不为之为,绝言之道,去心除意,止为之术。去仁与智,止术去行,归于自然。群生得志,以至长存。言易知,事易行。"

的我。

　　"知我者希,则我者贵,是以圣人被褐怀玉",尽管知道"我"的人很少,但遵"我"之言而实行的人,一定会受到人们的敬重的,因为我所说的是真理,这是道之尊、德之贵所决定的。

## 信言不美

### 第八十一章

信言不美,美言不信。善者不辩,辩者不善。知者不博,博者不知。圣人不积,既以为人己愈有,既以与人己愈多。天之道,利而不害;圣人之道,为而不争。①

[译文] 真实的言辞不华美,华美的言辞不真实。善良的人不巧辩,巧辩的人不善良。真知道的不广博,广博的不知道。圣人不积蓄,越是帮人,自己越富有;越是馈赠别人,自己越多。天之道,有利万物而不伤害他们;圣人之道,作为而不争功。

[释文] "信言不美,美言不信"这两句话也可以通俗地讲:真实的话不好听,好听的话不真实。② 之所以如此,在于真实的话只是表达的实情,实情不都合乎听者的期待;合乎听者期待的一定是

---

① 河上公本、王弼本同。傅奕本写为:"善言不辩,辩言不善","圣人无积,既以为人己愈有"。帛书本写为:"知者不博,博者不知。善者不多,多者不善","圣人无积","既以予人矣,己愈多","故天之道,利而不害","人之道,为而弗争"。

② 《老子河上公章句》:"滋美之言者,孳孳之美词。不信者,饰伪多空虚也。"

好听的话,这种好听的话往往是经过修饰的,甚或矫饰的,是应对着听者期待的,所以不真实。老子这两句话是在最一般意义上说的,实际生活中则涵盖了种种复杂情况,最显明的一种情形是,在等级分明的社会里,低贱者对高贵者说话,他缺乏自由意志,所以,为了不违逆听者的喜怒之情,故意把话说得好听了。在现代社会里,则多见于被领导者对领导者说话,也会如此。所以,老子这话自古至今,仍然很有效。对于听者而言,则需要明了:实话不好听,好听非实话。别人之所以对你说好听的,是基于你高高在上的位置的考虑,反过来,敢于对你说不好听的话,只要不是有意诋毁,说明他是你的朋友。

"善者不辩,辩者不善",此处的"善者",有人解为善良[1],有人解为行善者[2],也有解为修道的人士[3],还有一种不同的理解,"善者"为善言者,这是基于傅奕本"善言不辩,辩言不善",这种理解与庄子"大辩不言"的观点切近。[4] 上述几种都通,我意倾向于最后一种,虽然"辩"有巧词矫饰的意思,有不善的意味,但与"辩"相对应的更可能是不善辩的意思。也就是说,这两句话更可能是真假的事实判断,而非道德判断。如是,真正善于表达的是毋需多言的,而多言的反而是不达要旨的。

"知者不博,博者不知"这两句话可以自一般意义去理解,那就是深入理解的不广博,广博的理解不深入。也可以在特指的意义去

---

[1] 苏辙《道德真经注》:"以善为主,则不求辩;以辩为主,则未必善。"陈鼓应《老子注译及评介》:"行为良善的人不巧辩,巧辩的人不良善。"(第349页)
[2] 林语堂:《老子的智慧》:"行善的人,不需言辩;好辩的人,行为反非至善。"(北京:新世界出版社2015年版,第242页)
[3] 《老子河上公章句》:"善者,以道修身。不辩者,不綵文也。"
[4] 李荣:《老子注》:"大辩若讷,无劳词费,善者不辩也。偏词过当,多言数穷,辩者不善也。"

理解,即"知者"为知道,也就是理解了道的人毋需广博,而广博的人不理解道,这个理解合乎老子说的"为学日益,为道日损,损之又损,以至于无为"(四十八章)。我倾向于后者,其中河上公也是如此解释的。[①] "为学"就是要广博的,但"为道"则须不博,即减损繁芜,守一专精。庄子从得真理的意义谈论过可言与不可言的问题,《秋水》:"可以言论者,物之粗也;可以意致者,物之精也;言之所不能论,意之所不能察致者,不期精粗焉。"意思是言论之知、意会之知,都不是道之知,对于道、真理的知,是毋需广博的,换句话,凡是广博之知,都不能称为对于道的知。

"圣人不积,既以为人己愈有,既以与人己愈多","圣人"乃是得道之人,圣人之所以不积蓄,首先是由于他用度不繁,他的生活俭约,不贵难得之货。其次,因他总是帮助别人,而自己并不因此减少了,而是越来越有;他给予别人东西了,自己反而越发东西多起来了。一边是慷慨付出,一边又反馈回来更多,如此形成了反复循环。这个反复循环之所以能够形成,关键在于圣人无私心,无私藏,故而人们愿意回馈他更多。

"天之道,利而不害;圣人之道,为而不争",最后这几句话在于阐明天道与圣人之道的一致性,只是表现形式不同而已,天之道对于所有的事物都是有利它们,却从不伤害它们;圣人之道面对的是人间社会,圣人不是没有作为,而是作为了,因为不争功,故而没有人知道他做了什么,似乎是无为一样,而圣人也只是想通过似乎无为的方式,达到无不为的境界。

---

[①] 《老子河上公章句》:"知者,谓知道之士。不博者,守一元也。""博者,多闻见。不知者,失要真也。"